**Der Himmel ist näher
als Du denkst**

Friedel Henne

Der Himmel ist näher als Du denkst

**Depression Angst Borderline Psychose
Mein Weg einer psychoanalytischen Selbstheilung**

Bibliografische Information der Deutschen Nationalbibliothek
Die Deutsche Nationalbibliothek verzeichnet diese Publikation
in der Deutschen Nationalbibliografie; detaillierte bibliografische
Daten sind im Internet über http:// dnb.d-nb.de abrufbar.

Umschlagdesign und Grafiken im Text von Antonio Thamm.
Satz, Herstellung und Verlag:
BoD – Books on Demand
ISBN 978-3-7448-4755-1

Einladung zum Lesen

Dies ist ein Erfahrungsbericht. Allerdings gelang mir meine Heilung nur, indem ich beobachtete, was in mir ablief, ständig dazu Notizen machte und im Endeffekt diese wissenschaftlich auswertete. Ich benutze eine eigene Terminologie, die allgemein verständlich ist. Sozusagen eine Fallstudie über Jahrzehnte an mir selbst und meinem Mann. Wir beide haben eine Psychose erlitten bzw. ich im Übergang Depression, Angst und Borderline. Ich bin geheilt, mein Mann ist solide stabilisiert. Wir haben sehr unterschiedliche Grundcharaktere.

Wie konnte unsere Psychose entstehen? Wie verlief sie? Wie gingen wir damit um? Wir sind Christen, glauben an einen liebenden himmlischen Vater und an das Evangelium Jesu Christi. Ich entdeckte meine eigene Psychoanalyse. Und mit beidem die langsame aber stetige Heilung. Im Endeffekt erarbeitete ich eine menschliche Typologie mit drei dynamischen Verhaltensebenen, in denen jeder sich wiederfinden kann. Sie basiert auf den Gegensätzen von »depressiv« und »aggressiv« und ihren Zuspitzungen in der »Paradoxie-Zone«. Die Beweisführung arbeite ich im gesamten Buch empirisch auf und erleichtere das Verstehen, indem ich dafür wichtige Textteile fett drucke. In diesem System kann auch jeder Gesunde sich selbst und seine Entwicklungen wiederfinden, ebenso die Mitmenschen respektieren lernen.

Meine Thesen:

1)… Psychose / Borderline weist im inhaltlichen Erleben individuelle psychische Gesetzmäßigkeiten auf, abhängig vom Lebensschicksal des Einzelnen. Für meinen Mann und mich hat es sich bewiesen, dass unsere Psychose nicht durch Gen-Belastungen verursacht wurde, sondern durch frühe Traumen und darauf folgende fortschreitende seelische Überforderungen. 2)… Während meiner selbständigen Heilungsprozesse entdeckte ich unwillkürliche formale Gesetzmäßigkeiten, die mit Sicherheit übertragbar sind auch auf andere Kranke. Ja, auch bei Gesunden beobachtete ich Entsprechendes, nur weniger auffallend. 3)… Psychose / Borderline weist individuell typische seelische Störungen auf, die im Komplex unübersichtlich erscheinen (Klärung der paradoxen Abläufe in allem). Angst, Traumen, Zwänge,

Depressionen, Neurosen u.a. sind bei genauerem Hinsehen als Einzelphänomene in diesem Komplex zu erkennen und deshalb begrenzt oder sogar vollständig therapierbar. Ich wünsche mir für die Zukunft Psychologen, die sich auf Psychose / Borderline spezialisieren. Psychiatrische Ärzte bitte ich, genauer hinzuschauen, was sich in dem psychotischen Wahn versteckt oder verdrängt hat. Dieses Buch gibt authentische Einblicke dieser Art.

4) … Unsere tatsächlich vorhandene Stärke wird von der Krankheit absorbiert, so wie andere Krankheiten auch den Organismus schwächen. Laien und Fachleute suchen oft Ursachen ausschließlich in den Genen oder: »Das sind schwache Menschen.« Transmitter-Probleme: Ursache oder Folge von persönlicher Überforderung? Gibt auch hier die Seele Unerträgliches an den Körper (das Gehirn) ab? Die bedeutsame Rolle der Paradoxie sollte erkannt werden. Wir fanden aus den Qualen dieser Krankheit heraus. Weitere Aufklärung ist nötig.

Betroffene warne ich ausdrücklich vor tiefenpsychologischen Alleingängen. Es besteht Gefahr, die zahlreichen Tiefpunkte nicht zu verkraften!

Dieses Buch soll Anregungen geben, die eigene Position zu überdenken. Besonders Fachleuten, aber auch Betroffenen. Dafür die verständliche Sprache. Ein lebendiger Erfahrungsbericht, verbunden mit Erkenntnisentwicklung zur Selbstakzeptanz und aus Liebe zu meinen Mitmenschen. Ein Mut-mach-Buch.

Unser Elternhaus ist in der Regel unsere Basiserfahrung und -prägung. Wenn ich meine Lebensgeschichte und die meines Mannes beschreibe, darf nicht der Eindruck entstehen, ich würde Schuld suchen bei unseren Eltern. Eher Tragik. Auch sie dürfen Verstehen beanspruchen in ihren besonderen Lebensumständen. Echte Dialoge zwischen den Generationen sind allerdings wünschenswert. Die Summe des Erlebten entscheidet.

Ich schildere hier unsere Erkenntnisse, unseren Weg. Finden Sie Ihren eigenen!

Es gibt ihn.

Ihre Friedel Henne

Inhalt

Teil I

Wie es zu meiner Psychose kam (Nacheinander)

Was nacheinander an Erleben erfolgte von dem Zeitpunkt ab, an dem ich mich entschloss, professionelle Hilfe in Anspruch zu nehmen

Ein Versuch, die wachsenden und voneinander abhängigen Bedrängnisse meines Lebens so darzustellen, dass der Zusammenbruch in der Psychose logisch und deutlich wird.

A1. Diagnose (depressiv – aggressiv)

(**Herbst 1979 / 38 Jahre**) Interessiert es Sie, wie es zu einer falschen Diagnose kommen konnte, deren Folgen letztlich in einer Psychose endeten? Psychose ist Wahnsinn. Und wie die ungeplante Hinwendung zum Evangelium alle Weichen stellte für meine Heilung auf psychoanalytischem Weg?[1] Unwahrscheinlich? Doch, so war es, genau so!

Welcher Normalpatient weiß schon, dass es in einer Psychotherapie neben allem anderen darauf ankommt, ob der / die Patient / in ein depressiver(sich zurücknehmender) oder ein aggressiver (sich durchsetzender) Charaktertyp ist?[2] Unabhängig vom Ausprägungsgrad wird aus entgegengesetzter Richtung therapiert. Vereinfacht ausgedrückt: Entweder es wird gestützt, gestärkt, Verstehen signalisiert, oder es wird eher reserviert auf Distanz gegangen, herausgefordert. Ich wurde über diese Unterschiede später zufällig so belehrt. Welcher Normalbürger würde die angebliche Neigung zu Geltungsbedürfnis als Kennzeichen eines aggressiv gepolten Menschen einordnen und daraufhin demselben mit permanentem Frust begegnen? Welcher Normalbürger weiß schon – vorausgesetzt, er würde versuchen, einen Menschen in dieser Weise zu charakterisieren -, dass sowohl depressiv als auch aggressiv gepolte Menschen eine depressive Verstimmung haben können, die sich allerdings unterscheidet? Dasselbe gilt für aggressive Anwandlungen. Ich als Normalbürger wusste nichts dergleichen. Ich wusste lediglich, dass ich Hilfe benötigte und Abstand brauchte von allem, was ich nicht mehr aushielt. Ich weiß

---

1 Der Buchtitel ist mein Dank für erlebte »Hilfe von oben«
2 Psychologisch versteht man darunter a) **nicht** einen depressiven Typ, der ständig unter akuten Depressionen leidet, sondern einen zurückhaltenden, eher schüchternen Menschen, b) **nicht** einen aggressiven Typ, der z.B. oft feindselig, angriffslustig oder gar gewalttätig reagiert, sondern einen, der sich durchzusetzen versteht. Beides ist in Abstufungen möglich, nicht abwertend gemeint, nur ordnend. Umgangssprachlich wird es anders verstanden. Die Tendenz zur Zuspitzung stimmt damit allerdings überein.

heute, ich war mein gesamtes Leben lang ein depressiver Grund-Typ. Ich habe kein Geltungsbedürfnis, sondern litt am Gegenteil, nämlich starker Verunsicherung im Selbstwertgefühl, hatte Scheu vor Öffentlichkeit. Regelmäßiges Arbeiten in der Kindheit und späterer Beruf hatten mich – entgegen meiner schüchternen Veranlagung – gelehrt, manches zu tun, was ich eigentlich nicht mochte, nämlich eine Art Durchsetzungsfähigkeit wider Willen. Ich war seit 15 Jahren in einem Beruf tätig, in dem ich viel mit Menschen zu tun hatte, in dem ich Verantwortung bewältigte. Ich trug auch privat die Verantwortung, die mein alkoholabhängiger Lebenspartner verweigerte. Das prägte mich nach, glich meine depressive Einseitigkeit wenigstens oberflächlich aus.

Ich war 38 Jahre alt, zufrieden und erfolgreich im Beruf, aber mit einer unglücklichen Lebenspartnerschaft belastet. Wer Alkoholismus kennt, weiß, was das für die Angehörigen bedeutet, besonders für die Partnerin. Kinder waren nicht betroffen. Und genau das brachte das Fass zum Überlaufen. Zehn Jahre liebevollen Abmühens in der Hoffnung, mit dieser meiner Liebe und Toleranz den zwiespältigen Mann zum Besseren beeinflussen zu können. An sich selbst arbeiten, um in allem Vorbild und Ermutigung zu sein für ihn, keinen Anlass zur Kritik bieten. Unerhörte Verhaltensweisen und Zumutungen immer wieder verzeihen. Sich trennen und wieder zusammenfinden. Warum? Weil die mütterliche Verantwortung für diesen Mann angefangen hatte, das Eigene schrumpfen zu lassen. Eigene Interessen, eigene Grundbedürfnisse, sogar die notwendige Erholung von seinen Eskapaden. Ich war sozusagen atemlos nur noch mit ihm beschäftigt und empfand das selbst nicht mehr als normal. Ich hatte ihn all die Jahre nie unter Druck gesetzt, nicht einmal in dem Wunsch nach einer erweiterten Familie mit Kindern. Ja, er hatte sich so sehr selbst als ein »unerzogenes Kind« entpuppt, da war für weitere kein Platz mehr. Ich schaffte mir als Kind-Ersatz einen Dackel an. Rolf gab bedenkliche Reden von sich, falls unsere Kinderlosigkeit an mir läge. Nach einer Untersuchung stand fest, er war zeugungsunfähig. Damit brach die letzte Hoffnung auf ein normales Familienleben in mir ein. Mit fast 40 Jahren war für mich sowieso ein Grenz-Zeitpunkt erreicht, an dem es nicht selbstverständlich ist, dass der Kinderwunsch sich erfüllt. Er war in dieser sensiblen Frage ausschließlich egoistisch mit sich selbst beschäftigt, ohne jede Einfühlung für mich – wie üblich. Schnell gleichgültig. Zunächst unbemerkt, steigerte sich das Depressive in meinem Gemüt, bis ich es auf zweierlei Weise bemerkte: Ich war völlig erschöpft, nur noch traurig, weinte viel. Und es wuchsen Ängste in mir, weil ich Terminarbeiten im Beruf immer weniger zügig bearbeiten konnte. So ging es nicht weiter! Ich beschloss, das erste Mal in meinem Leben eine Kur zu beantragen, um wieder zu Kräften zu kommen. Das war Voraussetzung, um zu schaffen, mich von Rolf[3] endgültig zu trennen. Das wollte ich nun, denn das Maß war voll. Von einer Bekannten erfuhr ich die **Adresse einer psychosomatischen Klinik**, die so weit entfernt war, dass Rolf es am Wochenende nicht schaffen konnte, mich zu besuchen. Ich wollte konsequent Schluss machen mit ihm. Aus Selbstschutz.

Alles war organisiert: Dienstbefreiung genehmigt, Anmeldung in der Klinik. Nur noch eine einwöchige Dienstreise hinter mich bringen. 3 Tage danach die geplante Abreise in den neuen Lebensabschnitt. Es war ein Freitagvormittag, mit der Post kam die Absage der Kostenübernahme durch meine Krankenkasse. Ratlosigkeit. Die Gewissheit spüren, ich benötige diese Hilfe – und zwar jetzt und nicht irgendwann! Denn ich fühlte mich am Ende sämtlicher eigenen Möglichkeiten und Kräfte. Die Klinik angerufen: »Nein, wir sind kein Sanatorium, sondern eine Klinik, da muss die Krankenkasse bezahlen. Gehen Sie mal zu Dr. D-Mann, der überweist Sie direkt zu uns. Dann klappt das übernächste Woche hier bei uns. Sagen Sie uns bitte Bescheid.« Jetzt erst erkannte ich meinen Fehler. Ich hatte bei der Kasse einen Sanatoriums-Aufenthalt beantragt gehabt, nicht ahnend, worin der Unterschied zu einer Klinik besteht. Sofort bei Dr. D-Mann (D wie Diagnose) angerufen, der zum Glück in der Nähe praktizierte. Lage geschildert: »Ja, wir fragen ihn mal. (Pause) Sie können sofort kommen.« Ich atmete auf. Die Praxis war um diese Zeit leer. Binnen einer Viertelstunde saß ich dem Arzt gegenüber. Er fragte mich nach meinen Gründen für den Wunsch, in die von ihm sehr geschätzte Klinik gehen zu wollen. Ich antwortete bedrückt etwa so: »Ich kann mich schon lange nicht mehr richtig auf meine Arbeit konzentrieren. – Ich

---

3 Alle Namen und Orte sind in diesem Buch erfunden. Auch der Name der Verfasserin ist ein Pseudonym. Wenige Tatsachen sind leicht verfremdet, damit die Beteiligten nicht identifiziert werden können. Alles andere ist so erlebte Realität.

verzögere jede Terminarbeit – Ich lebe seit 10 Jahren mit einem Alkoholiker zusammen und muss dauernd weinen.« Weiter kam ich nicht, weil meine Tränen flossen. Diese wenigen Worte hätten ihn schon auf die Spur führen können, dass ich in einer akuten Depression steckte. Ich selbst konnte meine Inaktivität und Traurigkeit nicht einordnen. Er wollte nichts Genaueres hören, fragte auch nicht. Als in diesem Moment eine Helferin eintrat, schickte er mich mit ihr hinaus in einen Nebenraum.

Was nun folgte, schildere ich genau. Es klärt, wie die grundfalsche Diagnose zustande kam. Die Helferin legte mir ein Blatt Papier vor und einen Stift: **»Zeichnen Sie bitte einen Baum, Sie haben Zeit!«** Einen Baum also. Zuerst wollte ich einen Strich für die Erde ziehen, aber in meiner übersensiblen Verfassung hatte ich Sorge, damit den geplanten Baum zu »verletzen«. Also fing ich mit dem Baum an, platzierte ihn mitten ins Bild. Ein kräftiger Stamm mit einer großen Krone aus Ästen und Zweigen, danach ein ebenso großes passendes Wurzelwerk. Wie Bäume so gewachsen sind. Ich überlegte, wie ein fülliges Blattwerk zu zeichnen sei. Ich bin zeichnerisch nicht die Talentierteste, wollte kein Gekritzel anbringen. Ein paar große Baumblätter anstelle vieler kleiner? Sehr erschöpft und irgendwie müde entschloss ich mich, dem auszuweichen. Ich fühlte mich nervös und überfordert, meine Phantasie von einem schönen, intakten Baum umzusetzen und schrieb mit Worten daneben: »Dies soll ein voll belaubter Baum sein.« Dazu ein Bleistift-Pfeil zu den Zweigen. Da erschien auch schon die Helferin, fragte, ob ich fertig sei. Ich, zaghaft: »Ich glaube.« Sie nahm mir das Blatt aus der Hand, gab mir ein Heft. **»Das kreuzen Sie bitte an. Das sind Farben. Immer die, die Sie besser finden.«** Ich hatte von beiden Tests gehört. Mein Lebenspartner hatte etliche Jahre vorher beim selben Arzt aus anderen Gründen diesen Farb-Test gemacht. Dessen Auswertungs-Kommentar hatte ich noch im Sinn: »Sie brauchen sinnliche Geborgenheit.« Ich hatte mich damals gefragt: »Was besagt das? Rolf hat bei mir genau das. Fehlt es ihm, oder braucht er das, was er hat? Was sagt der Test genau aus?« Ich war nicht dabei gewesen, die Frage blieb offen. Nun war ich dran. Ich blieb allein und musste mich zuerst in das System hineindenken. Sehr kleine Quadrate, etwa 2 cm Seitenlänge, in 2 Reihen senkrecht angeordnet. Auf der ersten Seite war links untereinander alles gelb, rechts untereinander diverse andere Farben. Die beiden waagerecht nebeneinander liegenden Farbquadrate sollte ich bewerten, welches mir mehr zusagte, also jedes Mal Gelb als Alternative. Mit deutlichen Angstgefühlen dachte ich nur: »Licht! Licht! Licht!« und kreuzte auf der gesamten Seite **Gelb** als Favoriten an. Mir fehlten Vorstellungen, was ich mit den Farben gegenständlich verbinden könnte. Auf den nächsten Seiten nahmen meine innere Ruhe und mein Interesse zu, ich stellte mir zu jeder Farbe etwas Passendes vor und entschied, welche ich zu diesem Gegenstand schöner fände. Das funktionierte. So absolvierte ich den größeren Teil des Tests sehr konzentriert und differenziert. Ich beruhigte mich dabei ein wenig von den Aufregungen des Tages. Fertig. Etliche Minuten Wartezeit.

Wäre ich behutsam zu beiden Tests gefragt worden, was in mir vorgegangen war, wie aufschlussreich hätte das werden können! Es kam ganz anders und irritierte mich sehr. Dr. D-Mann rief mich in ein drittes Zimmer und fragte belanglos: »Gab es etwas Besonderes?« Ich war abgespannt und zog unschlüssig die Schultern hoch. Nun sah er mich streng an, nahm meine Baumzeichnung von seinem Tisch und begann betont vorwurfsvoll und scharf akzentuiert: »Hier fehlt ja die Erde! Was soll denn das?« Ich fühlte mich sehr schüchtern, schluckte und überlegte. Er sah mich fragend an. Ich, zaghaft: »Ich weiß nicht.« Und statt ihm von meiner Sorge zu erzählen, mit dem ersten Strich für die Erde den Baum »verletzen« zu können, dachte ich es nur wieder. Eingeschüchtert. Ich ahnte in diesem Augenblick, dass ich der Baum war, der auch in dieser Situation verletzt wurde, und zog mich äußerlich zurück. Ich hatte in der gewissen Hektik die Erde am Ende vergessen. Der Baum »hing in der Luft.« Und dabei bin ich ein naturverbundener, bodenständiger Mensch. Es tat mir so leid um die Erde und um den Baum. Ich konnte weder gedanklich schalten noch argumentieren. Ich war nur dankbar, dass dieser Arzt mir ermöglichen würde, gut eine Woche später in die dringend notwendige Erholung zu fahren. In mir weinte alles von den Anspannungen. »Und was soll das hier?«, unterbrach er barsch meine eingeschüchterte Ratlosigkeit. –»Was meinen Sie denn?« – »Da sind gar keine Blätter!« Ich, unsicher: »Da steht doch ein Satz.« – »Wo? Ach ja, hier. Und was soll das?« – »Ich wusste nicht, wie ich die Blätter zeichnen sollte. Und da hab ich geschrieben: Dies soll ein voll belaubter Baum sein.« Er: »Naja.«

Erlauben Sie mir bitte an dieser Stelle einen **Kommentar**. Welch klärendes

Gespräch hätte sich ergeben können, wenn dieser Mann mit etwas Feingefühl, ohne Vorurteil vorsichtig erkundet hätte, in welcher seelischen Bedrängnis und Not ich zu ihm gekommen war, wenn er sich an meine einleitenden Worte erinnert hätte. Der »voll belaubte Baum«, den ich kahl gezeichnet hatte, entsprach meinem unerfüllten Lebenswunsch, dem Traum, der Sehnsucht vom normalen Leben, wie andere es in meinem Alter führten. Meine Verbundenheit mit Gartenerde, in der zu buddeln mir in der Großstadt so sehr fehlte. Unser Garten ersetzte mir in der Kindheit oft genug die schmerzlich vermisste mütterliche Zuwendung. Welch vertane Möglichkeit, mich richtig einzuschätzen. Ich hatte tiefste Hemmungen, frei zu sprechen. Und das nur wegen seines vorwurfsvoll-knurrigen, ungehaltenen Tonfalles.

Nun nahm er ein großes Heft, offenbar das Auswertungsheft zu diesem Lüscher Persönlichkeitstest aufgrund von Farbwahl. Er sah mich über die Brille hinweg streng an: »**Sie haben aber ein ganz großes Geltungsbedürfnis! Ein extremes!**« (Gelb!) Mit dieser Behauptung konnte ich absolut nichts anfangen. Ich kann es kaum noch glauben, aber in dieser Situation konnte ich mir unter dem Begriff Geltung überhaupt nichts denken. Etwas Fremdes, das in meiner Vorstellung nicht vorhanden war. Mir fiel auch nichts ein, was dazu etwas Konkretes hervorrief. Kein Wunder, denn ich bin gegenteilig veranlagt. Ich habe von jeher einen tief liegenden Minderwertigkeitskomplex und war in dieser Situation sowieso ohne nennenswertes Selbstwertgefühl.[4] Er fuhr fort: »Aber seltsamerweise auch Begeisterung für Menschen.« Das gefiel mir sofort. Ich erkannte meine Seele, lächelte und nickte. Das Problem »Geltung« schob ich vorerst weg aus meinem Gedächtnis.

Die gesamte Begegnung dauerte höchstens eine Stunde. Er war einverstanden, mich für zunächst drei Wochen in die gewünschte Klinik zu überweisen. Als ich am Nachmittag die nötigen Papiere abholte, fühlte ich mich von seinen Blicken misstrauisch taxiert. Ich machte deshalb ein belangloses

---

[4] Wenn ich z. B. im Beruf selbstbewusst Widerstände überwinden musste, ging es mir immer um die Sache, nicht um meine Person oder Leistung. Wenn mir nach großen Anstrengungen etwas gut gelingt, bleibe ich unsicher. Bei Geltungsbestreben genießt man sich selbst in solchen Situationen.

Gesicht, das mir, so beäugt von ihm, als angespannt bewusst geworden war. Mein Grundgefühl war irritierte Dankbarkeit, arglos und ohne die leiseste Ahnung, was dieser Mann mir mit seiner fahrlässigen Diagnose antat.

Ich wurde also mit der **Diagnose »extrem geltungsbedürftig« (= aggressiver Charaktertyp)** in eine tiefenpsychologisch arbeitende Klinik eingewiesen, in deren Abstinenz-Therapie es absolut wichtig war, ob ein / e Patient / in aggressiv oder depressiv gepolt ist. So erfolgte dort eine kontraindizierte Therapie. Vier Monate lang. Die Einweisungs-Diagnose wurde mir nicht mitgeteilt. (Ich konnte sie zu spät eindeutig erschließen.) Sie wurde nie überprüft. **Mit der fatalen Spätfolge einer Psychose.**

So wie bei der Diagnose-Findung schon mit Frust-Tonfall »therapiert« worden war, so ging es weiter. Mit etwas mehr Sorgfalt hätte Dr. D-Mann problemlos die richtige Diagnose stellen können, indem er ein offenes Gespräch mit mir geführt hätte. Stattdessen waren ihm nur die Testauswertungs-Vorschläge[5] wichtig, nämlich die erste Seite und einzige Farbreihe zu Gelb, nach denen ich ein aggressiv gepoltes Naturell hätte, obwohl ich ein depressives habe; in dieser Situation sogar eine fortschreitende Depression und Erschöpfung durch 10 Jahre seelischer Dauer-Überforderung aufwies. **Richtig wäre gewesen, er hätte der Klinik ehrlich mitgeteilt, dass eine Diagnose in so kurzer Zeit nicht möglich sei, eine Klinikeinweisung aber als gerechtfertigt erscheint.**

(Zehn Wochen[6] später teilte mir die mich dort medizinisch behandelnde Ärztin mit: »Herr Dr. D-Mann hat **jetzt** eine sehr ausführliche Diagnose geschickt. Mein Gott, was müssen Sie mitgemacht haben!« Ich dachte nur: »Der weiß doch gar nichts von mir«, genoss aber tieftraurig das so ausgesprochene

---

5 Aus heutiger Sicht rate ich den Herausgebern des Lüscher-Farbtests dringend, ihre Auslegungen auf Paradoxie hin zu überarbeiten. Vergleiche entsprechende Kapitel dieses Buches.

6 Unwahrscheinlich! Denn ich war nur für 3 Wochen dorthin geschickt worden und zu dem Zeitpunkt bereits 10 Wochen mit frustrierender, herausfordernder Therapie (entsprechend der falschen Diagnose) bedacht worden. Frage: Wie hatte Dr. D-Mann etwas »Ausführliches« über mich schreiben können? Es hatte doch nur ein einziges, sehr kurzes Gespräch mit mir über mich stattgefunden! Hatte er Test-Auswertungstexte abgeschrieben?

Mitgefühl. Ich blieb in Wesentlichem ohnmächtig. Obwohl es damals schon mein Recht gewesen wäre, die Diagnose zu lesen, bat ich nie um einen Einblick, um nicht fordernd zu wirken, und tief müde. Ich spürte unausgesprochene Vorbehalte besonders vom Therapeuten, mit dem die Ärztin eng zusammenarbeitete. Als nächsten Satz von ihr erinnere ich: »Sie sind jetzt ein Kind.«In meiner Regression und Re-Traumatisierung war ich unfähig, meine Interessen zu vertreten.)

A2. Eine Bahnfahrt mit Erinnerungen (Co-Alkoholismus)

Hoffnungen

Zurück zum Beginn. Ich absolvierte meine Dienstreise , packte meine Koffer und fuhr erleichtert mit der Bahn einige hundert Kilometer in die Mitte Deutschlands nach Hibbelsburg. Ich freute mich über die schöne Landschaft. Die Oktobersonne schien warm durch die Zugfenster. Tief belastet aber voller Hoffnung beschäftigten mich die bevorstehenden Aussprachemöglichkeiten. Ich musste mich entlasten können von den Zumutungen, die Rolf, der Trinker, in mir aufgestaut hatte. Das lag wie ein geballtes Knäuel dicht und bedrückend auf meiner Seele. Aber ein gelernter Psychologe würde mir durch behutsame Fragen und Anregungen aus dieser Beklemmung heraushelfen können, damit ich es schaffen konnte, aus diesem Wust das Wesentliche anzusprechen. So erhoffte ich es. Ich würde ihn auf keinen Fall in seiner Meinung beeinflussen, vertraute aber darauf, er würde mich ermutigen: »Trennen Sie sich von diesem Mann!«(von Rolf). So unsicher fühlte ich mich in meinem Recht auf eigene Entscheidung, dass ich es tiefenseelisch von dieser Therapie abhängig machte. Und meine Kindheit? Auch darüber würde ich so gern sprechen. Alles Belastende meines Lebens stand im Gefühl an und wollte aus mir heraus. Aber ich brauchte Unterstützung dazu, denn mein Bedürfnis, von all dem abzuschalten und körperlich aufzutanken, war ebenso elementar drängend. Bei meinen Freundinnen hatte ich keine Hemmungen, doch denen mochte ich meinen erregten Wortschwall – wenn es um Rolf ging – nicht mehr zumuten. Ich wusste: »Ich benötige unbedingt professionelle Hilfe!« Ein Hauch von Vorfreude auf das Neue und Befreiende schwang bereits mit. Ich war dabei, mein Leben wieder aktiv ändernd in die Hand zu nehmen, das zählte.

Die lange Bahnfahrt möchte ich jetzt nutzen, um einen Einblick zu geben in die Thematik, die zur Aufarbeitung anstand. Ich nehme mir jetzt die Freiheit, einen Zeitsprung zu machen. So stelle ich die Thematik mit dem Alkoholismus Rolfs und unserer fragwürdigen Partnerschaft dar, wie ich sie heute aus großer zeitlicher Distanz sehe. Es wäre gut gewesen, wenn der Aufenthalt in Hibbelsburg dazu beigetragen hätte, mich in dieser Problematik zu stärken und den Weg zu ebnen für die jetzt folgende Sichtweise. Wäre das gelungen, hätte ich keine Psychose zu erleiden brauchen, nicht Jahrzehnte noch schwerer leiden müssen als zuvor.

Überblick zu meiner ersten Partnerschaft
(1969–79 / 28–38 Jahre alt)

Ich lernte den gleichaltrigen Rolf auf einer Party meiner Wohnungsnachbarn kennen, fast alle Studenten. Er hatte schon eine Berufsausbildung hinter sich, stand nun vor dem Vordiplom an unserer Technischen Universität. Es wurde viel geredet, es gab Musik zum Tanzen, alle leicht angetrunken. Aber sie warnten mich: »Der hat Alkoholprobleme.« **Wenn ich einen Typ von Mann nicht wollte, dann war es ein Alkoholiker.** (Mein Vater hatte dasselbe Problem gehabt.) Trotzdem freundete ich mich mit ihm an. Er war schüchtern, unbeholfen, unsicher, was seine Redeweise anging. Und er hatte Vertrauen zu mir, weil er mir das offen erzählte. So fühlte ich mich aus meinem eigenen Naturell heraus mit ihm seelisch verbunden, nicht ahnend, dass hinter seinen Kurz-Depressionen sehr bald sein rücksichtsloses und aufdringliches »Normalverhalten« deutlich wurde. Ich fragte mich später, warum ich es überhaupt zu einer engen Beziehung hatte kommen lassen. Ich war Ende 20, Berufsneuling mit veränderter Situation, zurückgekehrt in meine Studienstadt. Ich fühlte mich sehr einsam, obwohl einige Studienfreundinnen in der Nähe wohnten. Sie alle hatten eine junge Familie gegründet. Und danach sehnte ich mich auch. Zwei unglückliche Lieben hatten sich nicht erfüllt. Es war schwierig, einen passenden Mann kennenzulernen. Ich meinte, derjenige zukünftige Ehepartner sei der richtige, mit dem ich auch alle Unvorhersehbarkeiten eines zufriedenen Familienlebens gemeinsam bewältigen könnte: Nicht nur Liebe, gegenseitige Fürsorge und gemeinsame Interessen und Pläne, sondern dazu die alltäglichen Herausforderungen, Krankheiten, vielleicht Arbeitslosigkeit, oder gar Behinderung oder Tod eines Kindes, sich um die betagten Eltern kümmern usw.

Das alles hätte ich – mit der Basis glücklicher Phasen und Momente – gern mit dem richtigen Partner geteilt. Ich halte das heute noch für gute, solide Vorstellungen, bin sowieso sehr vernünftig, realistisch und verantwortungsbewusst. Kann ebenso fröhlich und humorvoll sein. Rolf nutzte alle meine häuslichen Eigenschaften gern egozentrisch für sich selbst, absorbierte sie regelrecht. Da war kein Platz mehr für jemand anderen. Aufgrund seiner Rücksichtslosigkeiten nahm ich Kontakt mit seiner Mutter auf, um zu fragen, was mit ihm los sei. Es kam danach unter Alkohol zu einer ungeheuerlichen Zornes-Handlung von ihm, nach der ich Schluss machen wollte. Dann tat es ihm leid. Er lud mich ein, mit ihm die drei Autostunden zu seinen Eltern zu fahren. Ich lernte zwei sehr angenehme, sympathische Menschen kennen, gut situiert, mit akzeptablen bürgerlichen Wertvorstellungen. Sie kannten seine Probleme und freuten sich, dass er »so eine Frau« mitbrachte. Für mich entstand der Konflikt: »Was soll ich von ihm halten?« Die deutsche Teilung spielte eine Rolle, Studentenrevolten beherrschten die Nachrichten. Rolf zeigte sich von seiner besten Seite, seinem Vater ähnlich. Es war angenehm, in seinem Zuhause zu sein. Wir sprachen offen, hauptsächlich mit seinem Vater. Spielte Rolf mit seinen Verrücktheiten nur Theater, um willkürlich zu provozieren, eine Rolle zu spielen, seine Komplexe zu überspielen? Er blieb mir eine detaillierte Antwort schuldig, schob alles vereinfacht auf seine Hemmungen vor Frauen und die Rolle der Sexualität in seinem Jugendleben. Aus Frust Ausweichen auf Alkohol. Es war außerdem die Zeit, in der sexuelle Freizügigkeit propagiert wurde und Pärchen ohne Trauschein zusammenleben konnten, ohne diffamiert zu werden. Kurz, wir blieben zusammen, und er zog irgendwann in meine Wohnung ein. Zum Heiraten war mir das Risiko zu groß; er dachte nicht an »so etwas«.

Seinem positiven Elternhaus entsprachen seine guten Seiten, die mich anzogen. Wir hatten ähnliche Interessen, über die wir uns gut austauschen konnten. Meine Häuslichkeit und Warmherzigkeit genoss er, Dankbarkeit äußerte er nicht. Die Zeitspannen, in denen er nüchtern blieb, dehnten sich merkbar aus. Er bestand sein Vordiplom und seine Diplomprüfung. Sein Vertrauen wuchs, meines in Teilen auch. **So lebte ich in der Hoffnung, meine Liebe und mein Beispiel würden ihn dazu bewegen, die Unmöglichkeiten abzustellen – und eines Tages den Alkohol nicht mehr nötig zu haben,** nicht mehr zu wollen. Und darin unterschätzte ich gewaltig das Komplex-Phänomen Sucht.

Er war im Beruf sehr begabt und erfolgreich, geschätzt von seinen Chefs. Jedes Mal solange, bis ihnen sein Alkoholmissbrauch firmenintern zu anstrengend wurde. Seine beruflichen Erfolge verführten ihn dazu, sich unter Kollegen wie auch zu den Chefs Überheblichkeiten herauszunehmen, private Grenzen zu missachten, zu provozieren. Auf diese Weise erreichte er nie die berufliche Stellung, die ihm möglich gewesen wäre, leugnete jedoch die Ursachen.

Nach Hibbelsburg (1980) verweigerte ich ihm konsequent das Betreten meiner Wohnung. Er hatte zu dem Zeitpunkt schon wieder eine eigene. Nächtliche Anrufe und Klingeln an der Haustür ignorierte ich, hörte sie regelmäßig, konnte dann nicht mehr schlafen. Seine nächste Lebenspartnerin warf ihn nach 7 Jahren ebenfalls raus, er tröstete sich schnell mit einer dritten. Nach einem unerwarteten Delir im Kreise seiner Familie machte er endlich eine Entziehungskur und lebte »trocken.«[7] Als ich, 20 Jahre später, die letzten »Nachrichten« über ihn hörte, war er arbeitslos. Heute ist er wie ich auch in Rente. Ich begegne ihm selten und wenn, dann zufällig. Wir sprechen nicht mehr miteinander.

Zurück in die belastete Situation vor Hibbelsburg: Im Privatleben häuften sich Fehlverhaltensweisen nicht nur, wenn er betrunken war, nein. Im nüchternen Zustand erschienen sie etwas harmloser für Außenstehende, nicht so drastisch ins Auge springend wie in der Trunkenheit. Ich erlebte hingegen alles mit. Er überschritt ständig meine und anderer Leute Grenzen. Kommentar einer Wohnungsnachbarin: »Dass du das aushältst! Das halten ja drei normale Frauen nicht aus.« Übrigens betrank er sich nur in Gaststätten, nicht zu Hause. Spätestens alle 2 bis 3 Wochen zog er seine »Runde«, blieb dann ungefähr 4 Tage kritisch. Unregelmäßig, also nicht voraussehbar. Ein betrunkener Alkoholiker ist in der Regel schockierend, unzurechnungsfähig, unappetitlich, abstoßend. Je nach Stadium auch dumm, frech, unverschämt,

---

7 »Trocken« ist ein Alkoholiker, der in dieser Zeit ganz auf Alkohol verzichtet. Trotzdem bleibt er ein Leben lang suchtgefährdet. Abstinenz vom Suchtstoff ist unbedingt nötig für eine wieder normale Lebensführung auf Dauer. Etliche Ärzte verharmlosen z. B. diese Notwendigkeit totaler Alkoholabstinenz.

verbal angriffslustig. Gewalttätigkeiten gab es nicht bei uns. Wenige verdiente Ohrfeigen. Die meisten Frauen, ich auch, platzen in dieser Situation und sagen diesem »Helden« unverblümt ihre Meinung. Am nächsten Tag weiß er von nichts mehr, »Filmriss«. Und sie ist erschöpft. Zweimal verlor er den Führerschein wegen Trunkenheit am Steuer, beim dritten Mal hätte er ihn ganz verloren. Diese mögliche Konsequenz wirkte, denn nun ließ er sich vom Taxi seine »Runden« fahren. Übrigens hielt er es in 10 Jahren zweimal ein halbes Jahr »trocken« aus. Seine Launen zeigten sich auch dann, was mich sehr bedenklich stimmte.

Zusammengefasstes Fehlverhalten

a) Missachtung gesellschaftlicher Konventionen sowohl im Privatleben als auch **im beruflichen Umkreis:** fehlende Rücksichtnahme, fehlende Einfühlung / egoistische Durchsetzung dessen, wozu er gerade Lust hatte, Tag wie Nacht, egal, ob der Mitmensch ihn zu einem Fest eingeladen hatte oder nicht, am nächsten Tag arbeiten musste oder nicht / beanspruchte Narrenfreiheit / Herabsetzung von bestimmten, leistungsstarken Berufsgruppen / Neid, Hemmungslosigkeit, Schamlosigkeit, totale Egozentrik / ausgeprägte Zwiespältigkeit in sich selbst / nehmen aber nicht geben.

b) **Privates Fehlverhalten:** traf sich ohne leiseste Skrupel offen mit anderen Frauen, während er sich auf meine Treue verlassen konnte / aus gegebenem Anlass strikte Trennung der Finanzen nötig / Ränkespiel im Hause, indem er log, der und der hätte das und das gesagt, nur um Zwiespalt zu säen. Folge war ein Umzug / isolierte mich von meinen Freundinnen, indem er nach Einladungen kein gutes Haar an ihnen bzw. ihren Ehemännern ließ / kritisierte mit feinsten Maßstäben andere, während er selbst grob verletzte / gingen wir in einem Restaurant essen, muffelte er die ganze Zeit auf die übelste Weise, sodass ich meinte, er wolle speziell mit mir nicht dort sein / ließ sich im Haushalt in allem bedienen / nahm keine Rücksicht auf meine beruflichen Belastungen, z. B. durch gewohnheitsmäßige Störungen der Nachtruhe / wenn er »unterwegs« war, schlief ich bald nicht mehr; das waren angstvolle, quälende Nächte für mich, denn ich wusste nie, was er eventuell wieder angestellt hatte und in welchem Zustand er zurückkommen würde.

Hatte er sich etwas besonders Schlimmes erlaubt, wollte er hinterher nichts davon hören: »Du brauchst mir nichts zu erzählen! Das ist ja furchtbar! Ein idiotisches Verhalten! Glaub mir, ich hab´ jetzt begriffen. Das kommt nicht mehr vor, nie mehr!« 14 Tage später erfolgte mit Gewissheit der nächste Suff. Oder er zitierte mich am Abend in eine nahe Kneipe: »Ich habe dich nur geholt, damit du weißt, ich werde immer ausflippen!« Oder er argumentierte, er sei kein Alkoholiker, denn er könne aufhören, wenn er wolle; aber er sei ein Trinker, das gebe er zu. Die Logik verstehe einer! Ich kam mir immer mehr vor wie ein Gummiband, an dem er zog, um es wieder loszulassen. Es leiert aus. Das waren fortlaufende Zerreißproben, die jede Partnerin eines typischen Alkoholikers kennt. Wenn ich mit solchen Leidensgefährtinnen sprach, wunderten wir uns, wie ähnlich sich unsere Männer verhielten, jedenfalls die meisten.

Es tut sich ein vorherrschendes Muster auf. Heute weiß ich, es ist in der Regel das Muster eines aggressiv gepolten Menschen mit SCHAUKEL-CHARAKTERISTIK[8], Variationen inbegriffen. Der Alkohol enthemmt zusätzlich. Frauen von Alkoholikern nennt man auch CO-ALKOHOLI-KERINNEN. Auch sie weisen überwiegend ein gemeinsames Grundmuster auf, eine zunehmende DEPRESSIVE VARIATIONSBREITE, »passend« zu ihren Männern. Ein »Zahnrad« fasst ins andere. NEUROTISCHE BEZIEHUNG zu Lasten der meisten Frauen, während der suchtkranke Partner unter Umständen aufblüht. Zunächst. Weil die Frau die Spirale nach unten aufhält. So verringert sie seinen Leidensdruck, der allein ihn zur Umkehr bewegen könnte. Und den müsste sie zulassen. Eine Nervenprobe ohnegleichen. Solche Muster enthalten auch auffallende Teil-Gleichheiten zu anderen Menschen. Ich kenne einige Ehen, in denen der Mann sich ähnlich aggressiv verhält, ohne einen Suchtstoff zu benötigen, ein Trauerspiel. Jeder, der das Drama mit ansieht, schüttelt den Kopf. Nur er selbst findet sich normal. Normalität hat eine große Spannweite. Sofern die Partnerin durch seelische Überbeanspruchung krank wird, möchte ich nicht mehr von Normalität sprechen. Wenn umgekehrt, aggressiv gepolte Frauen ähnliche Probleme produzieren, finde ich das für ihre Ehepartner und ihre Kinder noch schlimmer. Gut, dass das weniger vorkommt.

---

8 Vergleiche Teil III dieses Buches »Paradoxie-Zone«

Zurück zur Partnerschaft mit Rolf: Wir hatten schöne Urlaube im europäischen Ausland, aber sehr spannungsreich, obwohl er dort trocken blieb. Er arbeitete fast ein Jahr in einer anderen Gegend Deutschlands, hielt mich sogar aus dieser großen Entfernung immer wieder in Atem mit mich kränkenden Eskapaden.

Ich deute jetzt wenige Erlebnisse von vielen ein wenig genauer an, damit ein Außenstehender sich etwas Konkretes vorstellen kann. Ich hatte zur beruflichen Qualifikation eine schriftliche Hausarbeit anzufertigen, an der ich nebenberuflich wochenlang intensiv arbeitete. Es war die letzte Nacht, in der ich durcharbeitete, weil am nächsten Tag eine Bekannte diese wichtige Zusammenfassung aller Ergebnisse abtippen wollte, damit der Abgabetermin eingehalten wurde. Rolf wusste selbstverständlich um meinen Termin-Stress. Um Mitternacht kam er betrunken nach Hause, meinte, mich »belabern« zu müssen. Er war nur gekommen, weil er kein Geld mehr zum Weitertrinken gehabt hatte. Nur um ihn loszuwerden, lieh ich ihm mangels Kleingeld einen größeren Geldschein. Er beteuerte, er setze sich bei 1 – 2 Gläsern Bier in die nahe Kneipe, bliebe dort lange genug, käme, wenn er müde sei, zurück und lege sich sofort schlafen. Er versprach, das Geld nicht auszugeben. »Du musst doch auch mal Vertrauen zu mir haben!« Als er zum Glück erst Stunden später zurückkam, war er stockbetrunken und hatte angeblich das »Restgeld« verspielt. Ich weiß nicht mehr, wie ich in dieser Nacht die notwendige Konzentration aufbrachte für meine Arbeit. Eine bodenlose Gemeinheit! In seiner Erinnerung schrumpften solche Vorkommnisse zu einem Nichts. In meiner Erinnerung dehnten sie sich aus. Beides nicht objektiv. Er verweigerte notwendige Verarbeitung, ich bewältigte sie nicht mehr.

Eines Tages äußerte er überraschend: »Ich habe einen schlechten Charakter.« Ich widersprach, denn ich hatte das alles noch nicht durchschaut zu dem Zeitpunkt. Ich schob seine Verfehlungen noch ausschließlich auf den Alkoholmissbrauch, wie viele Menschen es meinen. »Doch, doch, glaub mir, es ist so, das weiß ich besser.« Etwa in der gleichen Zeitspanne kam von ihm: »Du hast keine Fehler.« – »O doch, ich kenne einige.« – »Nein, du hast keine Fehler. Ich habe dich genau beobachtet. Du hast keine Fehler.« Lange Pause. »Und das ärgert mich.« Was hieß das?

Als ich seiner Nachlässigkeiten im Haushalt überdrüssig geworden war, legte ich ihm eine detaillierte Liste hin mit allen regelmäßig wiederkehrenden Tätigkeiten, trug ein, welche ich bereit war, allein weiter zu erledigen, forderte ihn auf, sich ebenfalls verpflichtend einzutragen. Eine Woche passierte nichts, dann setzte ich ihn unter Druck, etwas auszuwählen. Es wurde Nacht, er mauerte, stur schweigend. Auf die Frage, warum er die Mitarbeit verweigere, kam endlich: »Vielleicht bist du ja nicht mein Typ.« Auch eine unsachliche Gemeinheit nach Jahren des alltäglichen und intimen Zusammenlebens. Depressive Gefühle meinerseits waren die unmittelbare Folge. Ich hätte ihn in derselben Nacht vor die Tür setzen sollen. Aber in dem Fall hätten mich seine Schwierigkeiten, eine vorläufige Bleibe zu finden, mehr beunruhigt als vermutlich ihn.

Er versteckte seine »Balken im eigenen Auge«, um bei anderen die »Splitter herauszuziehen«.[9] **Er suchte an anderen Fehler, um herauszufinden, womit er sein Gegenüber demütigen konnte und tat das anschließend »genussvoll«.** Mehrfach hatte er in der Kneipe deshalb Prügel bezogen. Dasselbe tat er mit seinem letzten Chef, es kostete ihn seine lukrative Stellung. Bei mir fand er heraus, dass mein Selbstwertgefühl als weibliches Wesen sehr unsicher war, also wählte er diesen wunden Punkt, um der Mitarbeit im Haushalt zu entgehen. Zutiefst unfair. Ich zerbrach mir den Kopf, dieses verletzende Verhalten zu erklären. **Ich wollte ihn verstehen können, um eine Veränderung zu ermöglichen. Gute Seiten an ihm waren ja nicht unbedeutend ebenfalls vorhanden.** Heute weiß ich, was ich damals nur ahnte:

Ich beobachtete damals einige Abläufe zwischen ihm und seiner Mutter, über die ich mich bei unseren Besuchen sehr wunderte. Seine Mutter war irgendwie niedlich, aber nicht ganz erwachsen. Sie war humorlos und einseitig übertrieben auf Äußerlichkeiten bedacht, sagte gern, was ihr an solchen Dingen missfiel. Anschließend tat er absichtlich genau das, was sie gerade abgelehnt hatte. Daraufhin legte sie sich ins Bett und weinte. Dann tat es ihm leid: »Ich hab´s ja nicht so gemeint!« Worauf sie fröhlich aufsprang: »Dann ist es ja gut!« Lieblingskind! Als wäre nichts geschehen. Sie hätte sich das verbitten müssen und Ärger ausdrücken. **Dieses »Spielchen« mit seiner**

9 Bibel: Matthäus 7:3

Mutter war das Manipulations-Muster, mit dem er sowohl mich als auch andere kränkte, nur dass wir nicht im Endeffekt positiv reagierten, wie seine Mutter es leider tat. In unserer Kindheit galt die falsche Annahme, dass Kindererziehung vor allem Sache der Mütter sei. Heute weiß man, dass speziell Jungen ihren Vater sehr brauchen. Rolfs vernünftiger Vater hatte sich aus der Erziehung seines Sohnes rausgehalten, das war ein großer Fehler. So wurde Rolf vom Vater in seinen Unarten nicht reguliert.

Es gab belastende Geschehnisse in Rolfs Kinderleben. Kurz nach der Geburt musste er für etwa 6 Wochen ins Krankenhaus. Seine Mutter lieferte ihre Muttermilch ab, durfte ihn aber nicht sehen. Man weiß heute, dass so etwas für das Baby ein schweres Trauma[10] bedeuten kann. Solche frühen Extrem-Ängste können später in Aggressionen umschlagen. Damals in der Hitler-Diktatur und deren Ideologie fand man solche Vernachlässigung von Säuglingen richtig, mit dem Argument, man dürfe sie nicht zu verwöhnten Plagegeistern erziehen.

Als Grundschulkind verwehrten die Eltern ihm einen heiß ersehnten Ausflug, ungerechtfertigt. Er hatte angeblich nicht gehorcht. Grund: Äußerlichkeiten. Seine verständlichen Erklärungen wurden nicht beachtet. Er wurde eingesperrt in seinem Zimmer. Immer wieder erzählte er mir dieses traumatische Erlebnis als für ihn unfassbar hart und unerträglich. Späte Folge dieser mütterlichen Betulichkeiten war seine totale Ignoranz sämtlicher gesellschaftlicher Konventionen, egal ob überflüssig oder notwendig.

Sie verwöhnte ihn im Alltag: »Das ist das Los der Frau.« Dasselbe erwartete er von mir. Kurz vor Schluss hatten wir eine Aussprache mit seinen Eltern, bei der ich Beispiele seines Fehlverhaltens anführte.»So war Rolf schon immer, damit musst du dich abfinden«, war die Reaktion. »Das kann ich nicht. Das hält keiner aus«, antwortete ich. Achselzucken. Hinterher fragte ich mich, wo denn ihre rechtzeitige Charaktererziehung gewesen war. Auch damals war es üblich, alles auf die Vererbung zu schieben. An deren Stelle setzt man heute den Begriff Gene ein. Ist dasselbe. Damals wie heute eine einseitige und deshalb falsche Einstellung

---

10 griechisch »Wunde«, durch Schreck oder Schock im Unbewussten nachwirkende Erschütterung

Durch solche Überlegungen verstehe ich heute Rolfs Entwicklungsbedingungen und habe meinen Frieden mit zehn »verlorenen« Jahren gemacht. Damals verzieh ich ihm wieder und wieder, vielleicht auch wegen seiner jungenhaften Fröhlichkeit, mit der er die Belastungen wegwischte. Ich reagierte auf meine ständige Überforderung und Erschöpfung psychosomatisch. Kein Arzt erkannte, wie sehr ich auch körperlich litt. Ich vermag nicht zu jammern und meinte, meine Andeutungen seien deutlich genug. Außerdem ging ich nur zum Arzt, wenn es unbedingt sein musste. Letztendlich landete ich bei einem ausgezeichneten Heilpraktiker, dem ich nichts zu erzählen brauchte. Mit Hilfe der Elektroakupunktur-Diagnose stellte er fest: »Sie sind am völligen Ende Ihrer Kräfte.« Durch Neuraltherapie, biologisch-homöopathische Verfahren und konsequent umgestellte Ernährung hatte er mich nach 1 ½ Jahren körperlich wieder hergestellt. Danach wurde mir der seelische Anteil meiner Leiden klar bewusst, und ich beschloss aus den bereits erwähnten Gründen die endgültige Trennung von Rolf. **Ich hatte unbegrenztes Zutrauen zu den Fachleuten in Hibbelsburg, die mir helfen würden, das alles zu bewältigen.**

Der Vollständigkeit halber möchte ich noch erwähnen, wie sehr ich mich bemüht hatte, viel über Alkoholismus zu lernen. Ich besuchte Veranstaltungen der Anonymen Alkoholiker, der AL-Anon-Angehörigen-Gruppe, setzte mich mit den 12 Schritten der AA auseinander, legte sie Rolf vor. Von ihm kam dazu nichts. Ich verzichtete auf jeden Tropfen Alkohol, um es ihm leichter zu machen. Vergeblich. Einmal kam er mit zu einem Alkoholiker-Hilfswerk. Dort legte ich einen Kalender vor, an dem ich über Monate hinweg die Daten seiner »Touren« eingekreist hatte. Der Leiter, ein trockener Alkoholiker ,ein sehr netter Mann, stufte ihn als Gamma-Alkoholiker ein. Auch das ließ Rolf unberührt.

Ein Wort an Co-Alkoholikerinnen: Lasst Euch nicht einreden, welche Fehler Ihr angeblich typischerweise alle macht. Ich erinnere, wie behauptet wurde, wir litten an der Sucht, gebraucht zu werden, an Kontrollsucht usw. Vereinfacht ausgedrückt: wir bräuchten diesen Typ von Mann, um unsere eigenen neurotischen Anwandlungen ausleben zu können. Da müssten wir doch eigentlich glücklich sein mit solchen ebenfalls (sucht-)belasteten Männern – oder? Was ist Ursache, was ist Wirkung? Nein, wir leiden. Wir haben in der Regel normale Sehnsüchte von mittlerer Spannweite.

Das Verdrehteste, was mir in einem Fachbuch begegnete, war die Behauptung, wir seien unfähig zur Nähe. Auch hier leider eine paradoxe Verdrehung der Fakten.[11] Wir sollten genau prüfen, was zutrifft und was nicht. Auch Autoren können in Teilen schlicht irren. Anders stand es in einem klugen Fachbuch, dessen Titel und Verfasser mir leider entfallen sind. Dort hieß es, der Alkoholiker brauche seine Heilige, denn was diese Frauen durchmachen, mehrheitlich ohne dabei selbst abzugleiten, im Gegenteil, in der Regel vorbildlich für sich und ihre Kinder entscheiden und handeln, sei unglaublich. **Ich ergänze: Der Alkoholiker fordert seine *HEILIGE,* ansonsten kritisiert er sie in Grund und Boden, um sich selbst vor Angriffen zu schützen, die von ihr gar nicht ausgesprochen wurden. So raubt dieser Typ von Mann seiner Frau das Selbstwertgefühl, zermürbt und isoliert sie.** Gleichzeitig »klebt« er an ihr und hält sie fest, denn sie ist sein Rettungsanker und sein bequemes »Ruhekissen«. Ich machte **nicht** den Fehler, seine Schandtaten zu verschweigen, ein Geheimnis daraus zu machen. Ich machte bald **nicht** mehr den Fehler, die Folgen seines Fehlverhaltens auszubügeln. **Die öffentliche Diskussion ist sehr hilfreich für die Leidtragenden jeglicher Sucht, für beide Seiten. Wir sollten genau nachdenken, was auf uns Frauen zutrifft und was nicht – was auf unsere Männer zutrifft und was nicht.** Mit größerer Bewusstheit kann man sich grotesken Situationen seelisch entziehen, die ich auch erlebte, nachdem er mich von meinen Freundinnen und Bekannten durch seine Nörgeleien an ihnen zu isolieren versucht hatte. Ich war ausgesprochen deprimiert wegen seiner Beharrlichkeit, Wesentliches nicht zu ändern. Sagte er zu mir tröstend: »Keiner hält zu dir. Aber ich werde immer zu dir halten, darauf kannst du dich verlassen.« **WIDERSINNIGKEIT AM FLIESSBAND, PARADOXIE PUR.** In den letzten gemeinsamen Jahren

---

11 Robin Norwood »Wenn Frauen zu sehr lieben« Die heimliche Sucht, gebraucht zu werden. Hbg. / Ein ansonsten gutes Buch zum Thema Alkoholismus. Ein bekannter Psychologe soll gesagt haben: **»Nähe ist Verantwortung. Verantwortung ist Nähe«.** Co-Alkoholikerinnen tragen oft sämtliche Verantwortung innerhalb ihrer Ehe und Familie. **Warmherzigkeit ist Nähe. Also kann man uns nicht die Fähigkeit zur Nähe absprechen. Im Gegenteil.** Der Suchtkranke übt Zwanghaftes auf seine Familie aus, das diese mit krank macht.

schob mein Unterbewusstsein unerwartet Aufregungen hoch, gerade dann, wenn äußerlich um mich herum und ohne Rolf Ruhe eingetreten war. Ein Grund bei mir, das so lange mitzumachen, war tatsächlich mein mütterliches Verantwortungsgefühl für dieses »rebellische Kind«. Ich habe die Gabe, den anderen so zu lieben, wie Gott ihn gemeint hat und brauche lange, ehe ich die Unmöglichkeiten als solche benenne und auf Distanz gehe. Diese Gutmütigkeit wurde ausgenutzt.

Das konnte ich sehr viel später gründlich lernen und verändern. Nach meiner Eheschließung mit Bernd (1994), also 14 Jahre nach der Trennung von Rolf, rief der mich plötzlich wiederholt an, um wie früher über Belangloses zu plaudern. Er wurde mir schnell zu vertraut, ich bat ihn, das zu lassen. »Ich möchte keine Ehe zu dritt führen.« – »Ich habe die älteren Rechte.« – »Du hast gar nichts«, ich legte auf. Von da an lief eine Verhaltenskette ab, die heutzutage als Stalking benannt wird und als Straftatbestand angezeigt werden kann. Ständige Versuche, mich anzurufen, brach ich ab durch einen Anrufbeantworter. Auf den sprach er anfangs Beleidigungen, dann gab er das auf. Es folgten insgesamt mehr als 20 Briefe, teils unflätigen, immer aber beleidigenden Inhalts. Ich hütete mich, zu antworten. **Er erdreistete sich zu der Behauptung, er hätte mir die besten Jahre seines Lebens geopfert.** Das traf auf mich umgekehrt sehr wohl zu. Am Beerdigungstag meiner Mutter schrieb er: »Der Teufel soll dich holen!« Allerdings wusste er nichts von ihrem Tod. Von da ab las ich nichts mehr von ihm, stapelte die weiteren Briefe als Beweise, falls ich Übergriffe zu befürchten hätte. Viele Jahre später las ich sie ansatzweise, um zu sehen, ob es einen einzigen gab, der einen vernünftigen Inhalt aufwies. Nein, keinen. Ich warf erleichtert alle weg: »Aus, vorbei!« Fast alles. Die unverschämteste, in maßloser Wortwahl angreifende Karte mit Drohungen, mir Führerschein und Beruf wegen meiner Psychose durch Anzeige zu gefährden, besitze ich noch. Er hatte sich zwar etliche Zeit danach bei mir entschuldigt, aber solch einen Text überhaupt zu denken, war maßlose Unverfrorenheit, vielleicht sogar punktuell Hass, mindestens mangelnde Selbstbeherrschung. Der Drang, Macht auszuüben? Ich hatte ihn gerade ab der Trennung wohlbedacht in nichts provoziert. Auch vorher hatte ich immer gemeint, er müsse sein Fehlverhalten selbst bemerken und ändern wollen.

Ich fragte mich schon während unseres Zusammenseins, wieso ich dergleichen so lange mitmachte. Ich denke, aus meiner Fähigkeit heraus, selbstlos zu lieben. Dem entgegen war Rolfs Fähigkeit zur seelisch-geistigen Liebe spärlich entwickelt. **Sein Egoismus dominierte. Geltungsbedürfnis (!) kam hinzu.** Er wollte »groß rauskommen«, was er beruflich zeitweise schaffte. **Sich selbst ändern zu wollen, Schritt für Schritt, ist für aggressiv gepolte Charaktere äußerst unattraktiv. Oft Unfähigkeit zu echter Partnerschaft.** Mein lange anhaltendes Problem blieb, die übermäßige Verantwortlichkeit für Rolf, wenn es ihm schlecht ging (z. B. bei »Alkohol-Kater«), abschütteln zu können. Davon sagte ich ihm nichts. Er hätte es für seine Zwecke benutzt. Schlaumeier argumentieren gern: »Es liegt immer an beiden.« Falsch. Kann manchmal sein, muss aber nicht. Oder: »Man muss sich selbst ändern, nicht den anderen.« **Sich selbst zu verbessern, darin sind Co-Alkoholikerinnen wahre Meisterinnen.** Mein Rat: Überlegt Euch, ob dieser Mann so viele Opfer wert ist. Verdrängt nicht immer wieder Eure seelisch-nervlichen Angst-Qualen seinetwegen! Und schont ihn nicht mehr mit Euren richtigen Urteilen über die Unmöglichkeiten seines Verhaltens. **Konfrontiert ihn mit sittlichen Forderungen! Es gibt ein erstrebenswertes Leben ohne ihn.** Entweder Euer Fortgehen bewegt ihn zur Einsicht, oder er säuft sich schlimmstenfalls tot. Besser einer geht zugrunde als zwei. So ändere ich auch mein eigenes Verhalten.

Von einem Mann mit gutem Charakter, der Verantwortung empfindet, erwarten wir, dass er zum Arzt geht: »Ich schaffe es nicht, den Alkoholmissbrauch aus eigener Kraft zu unterlassen. Mein Gewissen verbietet mir, so weiterzumachen. Ich kann das meiner Frau und meinen Kindern nicht länger zumuten. Bitte verschreiben Sie mir eine Entziehungskur. Es ist mir ernst damit.«

Diese Zusammenfassung ist keine Schwarz-Weiß-Malerei, sondern schildert an meinem Beispiel traurige Tatsachen wie sie Tausende in allen Gesellschaftsschichten erleben, bei denen zu Hause die Sucht regiert. Man kann davor die Augen verschließen oder eine rosarote Brille aufsetzen, um zu beschönigen. Auch Rangordnungen aufzustellen, wer es schlimmer oder besser habe, nützt niemandem. Ich musste mich überwinden, das hier so darzustellen, wie es sich aus heilsamer Distanz nüchtern darstellt. Nicht um anzuklagen, sondern um deutlich zu machen, welche Problematik in mir zur Verarbeitung anstand, als ich ahnungslos und arglos auf die Psychosomatische Klinik zufuhr. **Nervlich völlig erschöpft, aber voller Zuversicht, die Hilfe zu erhalten, mit der ich mich würde befreien können von einer Bürde, die ich nicht mehr tragen konnte und wollte. Praktizierter SELBSTSCHUTZ. Hier hätte man ansetzen sollen. Ich musste das ganz allein leisten. Die belastete Beziehung zu Rolf ist heute und hier für mich völlig abgeschlossen. Tausende von Frauen halten ein Leben lang so etwas aus oder resignieren damit und werden krank. Tausende Tragödien.**

A3. In der Psychosomatischen Klinik (Re-Traumatisierung) (1979/80)

Überblick einer Fehl-Therapie

(**Herbst 1979 – Frühjahr 1980 / 38 Jahre alt**) Ich bemühe mich jetzt, meinen Rutsch in die persönliche Katastrophe nachempfindbar zu machen. Es ist schwierig, mich kurz und prägnant zu fassen. **Die Therapie in Hibbelsburg verursachte eine Re-Traumatisierung.** Das ist ein Begriff, der mir erst 22 Jahre später so benannt wurde. **Dieser äußerst einengende, beklemmende, lähmende Gefühlszustand, unterbrochen durch Momente klaren Urteilens, in denen ich mich davon zu befreien versuchte, wurde nicht erkannt.** Er begann dort, manifestierte sich zunehmend und hielt – wieder zu Hause – noch viele Jahre danach vehement an. (Gesteigert durch die Psychose, die ein Jahr nach Hibbelsburg einsetzte.) Die damals für mich typische depressive Aktivitätslähmung allerdings war dort schwächer als vorher, wurde aufgehoben durch meine Liebe zum Therapeuten und die damit verbundenen Eindrücke. Was lief dort insgesamt ab?

Wie schon beschrieben, kam ich erschöpft aber voller Hoffnung in Hibbelsburg an. Ich füllte einen Fragebogen aus zu meiner gesundheitlichen Situation. (Ich hatte immer psychosomatisch reagiert, hatte in den zwei Jahren davor jedoch weitgehende körperliche Heilungen durch die schon erwähnte Heilpraxis erfahren, folglich hielt ich diese Angaben in der Klinik dementsprechend kurz.) **Eine Reihe von Erlebnissen hätte zur Überprüfung der falschen Diagnose getaugt: a)** Das Begrüßungsgespräch mit einem Arzt fiel irritierend aus. Ich beantwortete gerade mit Zögern seine Frage, als er mich unterbrach. Ich sprach meinen angefangenen Gedanken zu Ende und wurde angeblafft: »Unterbrechen Sie mich nicht!« Brav schwieg ich und hörte zu, was er mir zu sagen hatte. **b)** Während dieser kurzen Zeit stahl man mir aus meinem Zimmer eine beträchtliche Summe Bargeld, ich hatte keinen Schlüssel erhalten. Die Klinik verlangte von mir einen schriftlichen Bericht. Ich erhielt ihn zurück mit der Aussage, das sei meine Privatsache. Für längere

Zeit hatte kein Patient einen Zimmerschlüssel, man versuchte auf diese Weise einen Dieb zu ertappen. Seltsam genug, dieses gesamte Vorgehen. Außerdem war ich in den ersten Tagen ins Büro gerufen und gefragt worden, welchen Therapeuten ich haben möchte. Ich hätte die Wahl, weil ich Privatpatientin sei. Keine Ahnung, ich kannte niemanden und sagte ratlos: »Vielleicht jemanden, der warmherzig ist und gleichzeitig aggressiv denken kann.« »Warmherzig für mich«, dachte ich so, »und aggressiv wegen Rolfs Naturell.« Antwort: »Ja, da kommt eigentlich nur der Dr. Müller-Meier[12] in Frage, unser Oberarzt.« Ich zuckte fragend mit den Schultern. »Ich ruf ihn gleich mal an, ob er Sie nimmt.« Er wollte sich meine Akte ansehen und sagte etwas später zu. c) In dieser ersten Woche verordnete man mir eine Wärmebehandlung. Ich lag auf dem Bauch, hilflos die Arme am Körper, unter einem hölzernen Bogen mit intensiver Wärmestrahlung. Der Bademeister ließ mich in dem Kellerraum allein mit den Worten: »15 Minuten.« Schräg vor mir konnte ich eine Wanduhr sehen, wenn ich meinen Hals nach oben reckte. Die Zeit verging, ich spürte beängstigende Hitze und beklemmende Herzreaktion in diesem Brutkasten. Es war 19 Uhr, völlige Stille ringsum, fast 30 Minuten waren vergangen. Voller Angst überlegte ich, ob ich um Hilfe rufen sollte, ließ es jedoch sein aus einer eigenartigen Vorsicht heraus, man könne das missdeuten. Endlich ein Geräusch, als ob die Tür aufging, gleich wieder zu. »Hallo«, rief ich. Und leiser: »Ich halte das nicht mehr aus.« Der Bademeister hatte mich gehört und befreite mich aus meiner Not, keine Entschuldigung oder Erklärung. **Wären die hier aufgezählten »Maßnahmen« zur Überprüfung der längst eingetroffenen Diagnose eingesetzt worden, hätte man eindeutig feststellen können, dass ich bemerkenswert friedfertig reagierte. Stattdessen waren Sie mit großer Wahrscheinlichkeit – vergleichbar dem Tonfall des Dr. D-Mann bei der Diagnosefindung – bereits vorarbeitender Bestandteil der Therapie.** Denn sicherlich war dessen Fehldiagnose dort bereits bei meiner Ankunft eingegangen. Wöchentlich wurden nun zwei psychoanalytische Einzeltherapie-Stunden (je 30 Minuten) angesetzt.

In der zweiten (von drei verordneten!) Wochen sollte das erste Gespräch stattfinden. Ich fühlte mich bereits unter Stress wegen der sich verkürzen-

---

12 Abkürzung ab jetzt Dr. MM oder einfacher MM

den Zeit. Außer Gruppentherapie, Atemtherapie, Autogenem Training und Wassertreten nach Kneipp erinnere ich keine weiteren Maßnahmen für mich in diesen ersten Wochen, obwohl die Klinik einiges mehr zu bieten hatte[13], vor allem gesundheitlich. Am Abend vor dem ersten Therapie-Gespräch mit Dr. MM war ich extrem aufgeregt, ja ängstlich. Es hing so viel davon ab. Die Zeit von nur noch 2 Wochen war denkbar knapp. Ich beschloss, ihm eine Zusammenfassung meiner anstehenden Probleme zu geben, damit er aktiv werden könne. Trotz meiner Erschöpfung entwarf ich einen Überblick, es strengte mich sehr an. Ich kam in sein Zimmer und hatte bei seinem Anblick spontan ein wärmendes Gefühl, mit ihm »zu Hause« zu sein. Eine einzige Anmutung von tiefem Vertrauen und großer Sympathie. Ungefähr mein Alter um die 40, größer als ich mit meinem Gardemaß. Ein seelisch liebenswürdiger Eindruck, auch wenn ich so etwas wie einen reservierten Gesichtszug wahrzunehmen meinte. Er wies mir auf meiner Seite des großen Schreibtisches einen Sitzplatz an und setzte sich selbst mir gegenüber.

Ich gab mühsam einen Überblick, warum ich gekommen sei: die aufgetretenen Konzentrationsprobleme und Verzögerungen im Beruf, das Alkoholproblem Rolfs in der Partnerschaft über 10 Jahre. Und letztendlich mein Anliegen, im fortgeschrittenen Alter von nun 38 Jahren mir so sehr ein Baby zu wünschen – dabei weinte ich spontan. Er nickte freundlich, die Zeit sei um. Ich ging mit einem entlasteten Gefühl und so etwas wie leiser Vorfreude. Mit diesem Mann würde es gut laufen. (Ich ging davon aus, dass Ärzte und Therapeuten über Alkoholismus mehr wüssten als ich. Das erwies sich bald als Irrtum.) Wieder auf meinem Zimmer, spürte ich eine überwältigende Zuneigung zu diesem Mann. Liebe auf den ersten Blick? Sowas hatte ich noch nie erlebt, wusste damit nicht umzugehen innerlich. Zufällig gehört, entpuppte er sich als Single. Durch diese intensive Zuneigung muss wohl in mir die Thematik mit Rolf – von dem ich mich ja trennen wollte – in den Hintergrund gerückt sein. Am Abend vor dem zweiten Gespräch stürmte meine Kindheit auf mich ein. Ich war ohne Therapie schon voll in

---

13 Später kamen auf mein Drängen hin noch 2x Sauna, 2x Baden, 2x Schwimmen hinzu. Wanderungen machte ich freiwillig mit. Vielleicht kann man das alles zusammen als eine Kur bezeichnen.

Regression[14], nahm ein Heft und notierte unwillkürlich stichwortartig alles, was mir bedrängend einfiel. Eine unübersichtliche, zu große Menge für eine halbe Gesprächs-»Stunde«. Ich beschloss, der Reihe nach vorzugehen, mit dem zeitlich Ersten zu beginnen. Das war meine Einschulung. (Als Kind ein neuer Lebensabschnitt, wie er jetzt – gefühlt – für mich auch anstand.) Ich wähnte mich voll in dieser Zeit und empfand allen Kummer der damaligen Vernachlässigungen. So bedrängt, begann ich die folgende Therapiestunde mit der zaghaften Frage: »Darf ich mit meiner Kindheit anfangen?« Dr. MM sah mit einem äußerst gereizten Blick an die Decke und schwieg. Ich auch. Zuerst. Dann redete ich mir die extreme Anspannung irgendwie von der Seele. Völlig unwichtige Dinge, z. B. wie es mir in der Klinik gefiel, kamen zur Sprache, weil er danach fragte. Ich wehrte diese Fragen etwas unwirsch ab, sie lenkten mich ab vom Wesentlichen, stahlen Zeit. Man mag hier einwenden, warum ich ihm nicht die Führung überließ, wenn ich doch ein Mensch bin, der sich zurücknimmt. Ich denke, ich stand unter innerem Zeit-Zwang, durchzuhalten und dahinter stand wiederum Angst. Ein überwiegend schweigender Therapeut signalisiert außerdem keine Führung. Soweit der Anfang dort. Sein Blick nach oben, die darin ausgedrückte Gereiztheit, setzte bei mir bereits etwas Re-Traumatisierendes in Gang. Damit verbunden ein verstärktes Angstgefühl, es ihm nicht recht zu machen. »Hier stehst du auf dem Prüfstand, niemand anderes!« unausgesprochen, aber spürbar. Das konnte ich nicht gebrauchen in meinen inneren Nöten. Nach außen geschah, was mir zunehmend außer Kontrolle geriet: Ich redete unentwegt, gleichzeitig aber todunglücklich darüber. Immer mehr mit dem Drang, ihm deutlich zu machen, dass ich ein Mensch bin, der sich zurücknimmt und schüchtern ist. **Meine hektischer werdende Sprachform und verhaltener Sprachinhalt**

---

14 In der **Regression** dominieren seelische Gefühle, die einer vergangenen Entwicklungsstufe zugehören. Der analytisch arbeitende Therapeut frustriert den Patienten absichtlich durch sogenannte Abstinenz, um kindliche Verhaltensstrukturen in ihm hochzuholen und zu erkennen. Die damit verbundene Übertragung ist aufschlussreich. Gesündere Nachreifungen werden möglich.
Von all dem wusste ich nichts. **Bei mir war die Regression schon vor der Therapie gegeben. Die Abstinenz war nur zeitweilig wohlwollend durchgehalten worden.**

passten immer weniger zusammen. Widersinnig. Meine Uralt-Erzählungen nahm er wohlwollend zur Kenntnis, als sei das bereits ein Therapieerfolg. Keine Ahnung, was in ihm vorging, denn er verweigerte geradezu jede normale Rede in der Therapie. Überwiegend Stichwörter, zu denen ich mir den Rest wohl denken musste. Er half mir nicht, zur Ruhe zu kommen. Mir wurde zunehmend deutlicher, dass er nicht wahrnahm, was ich dringend benötigte, nämlich ein lösendes, beruhigendes Gespräch, in dem er Führung und Initiative freiwillig übernommen hätte.

Vielleicht würde er paradox behaupten, ich hätte ihm dazu keine Chance eingeräumt.[15] (Heute weiß ich: Es war eine »abgewehrte Depression«.) Äußern konnte ich allenfalls: »Ich dachte, Sie sagen auch mal was.« Die anderen Patientinnen klagten jedoch über ähnliche Verhaltensweisen ihrer Therapeuten, so dass ich es langsam aufgab, etwas ändern zu wollen. **Ich kam gegen seine gewollte Mauer nicht an. Äußerlich hielt ich durch, innerlich wurde ich immer verzweifelter.** Auch humorvolle Versuche, ihn aus seiner Reserve zu locken, schlugen fehl. Seine Reaktion: »Sie verpflaumen mich.« Und als Antwort auf mein verstörtes Gesicht: »Sie dachten wohl, ich wäre ein bunter Papagei – und nun bin ich der böse Wolf!« Mimisch überzogen von ihm. Seine Abweisung übertraf den Humor darin. **Meine Gefühle steigerten sich**

---

15 Jahrzehnte später entdeckte ich den Hauptgrund für mein hektisches Reden sowie für die spätere Fehldiagnose MMs in einem Buch. Zitat von *Martin Dornes* in »Frühe Kindheit«, Ffm 1997, S. 81:

»... Die analoge Frage in Bezug auf die Therapie und die Neurosen lautet: An welchen averbalen Affektsignalen und Verhaltensweisen kann man den **Unterschied zwischen der Hektik einer echten Hysterie und der pseudohysterischen Hektik einer abgewehrten Depression** erkennen? (vgl. spätere Klinikdiagnose für mich: schizoid-hysterisch) Solche Fragen sind bisher kaum systematisch erforscht worden. Dies wäre die Aufgabe einer speziellen interaktionellen Neurosenlehre, in der die differentiellen interpersonellen Ausprägungen intrapsychischer Konfigurationen untersucht werden müssten.« (Hervorhebungen hinzugefügt).

Folgerung für mich: Ich entwickelte im erlebten Stress sprachliche Hektik als abgewehrte Depression, Hysterie, Schizoides liegen nicht in meinem Wesen. Ebenso wenig wie Geltungsbedürfnis oder Narzissmus. Es ist ein »**Funktionsausgleich**«. (siehe Teil III, »Normal-Zone«)

zu ihm mehr und mehr in einen krassen Zwiespalt. Einerseits nahm ich Signale an ihm wahr, die von Heiterkeit, Warmherzigkeit und Empfindsamkeit zeugten, etwas Offenes, Strahlendes. Ich habe für Leute mit ähnlichem Wertgefüge wie ich es habe, gute Menschenkenntnis, so auch bei ihm, daran hielt ich mich fest. **Bei mir setzte Idealisierung seiner Persönlichkeit ein.** Andererseits verstärkten sich meine Minderwertigkeitsgefühle, die Rolf reichlich genährt hatte, so sehr, dass ich unter MMs Anleitung gern meine angeblichen Defekte abgelegt hätte, z. B. meine Unsicherheit im geselligen Umgang, wenn keine reale Problematik anstand. Denn in Engagement und Problemlösung fühlte ich mich vom Denken her geübt. **Ich spürte, er wollte mich auf keinen Fall beeinflussen oder manipulieren, paradoxerweise geschah genau das hochgradig.** Der Witz war, ich fühlte mich von ihm fortwährend erzogen, aber am falschen Ende. Immer wieder wollte ich »normal« mit ihm sprechen, vergeblich – weil er es nicht zuließ. **Ich erwartete aus Erschöpfung alles von ihm, was Normalität ermöglicht hätte, er alles von mir. Eine Zwickmühle, eine Tortur.** Durch sein für mich unverständliches Verhalten dachte ich zunehmend mehr über ihn nach als über mich. Er rutschte sozusagen an die Stelle von Rolf, der mich betrunken ebenso stark, wenn auch anders, strapaziert hatte. Was wollte er, das ich tun soll, damit er sich zugewandt benahm, wurde auch hier mein Hauptanliegen. Paradoxerweise schien MM allein von mir zu erwarten, dass ich mein Verhalten in diesem Sinne änderte. Auch er entwickelte wohl Anspannungen, sonst hätte er mich nicht eines Tages gefragt, ob ich einen anderen Therapeuten haben möchte. »Nein, im Gegenteil.« Oder er sprang auf, lief neben mir hin und her: »Sie verwirren mich! Worauf wollen Sie raus?«. Meine beide Male harmlose Erklärung verblüffte ihn offensichtlich.

Er deutete selbstsicher einen Traum anders als ich, wischte meinen Einwand, ich sei die Katze, weg. Ich wurde nebenher provoziert, indem man mir meine bezahlte Diät verweigerte. Sie entsprach dem, was ich seit zwei Jahren für meine Gesundung zu beachten gehabt hatte. Hier erhielt ich immer das, was ich nicht essen sollte, was mir durchaus gut geschmeckt hätte, und verschenkte es an meine Tischnachbarn. Nach Wochen solcher Mogeleien meinte eine ältere Tischnachbarin: »Ihre Geduld hätte ich nicht.« Es gelang mir endlich aufgrund meiner Bescheidenheit, das zu regeln. Ich hatte besonders guten Kontakt zu einigen Patientinnen und entdeckte, dass sie zu meinem Geschwister-Muster passten. Aber dennoch konnte ich mich niemandem anvertrauen, alle hatten eigene Probleme. **Außerdem: Wozu ist ein Therapeut da?**

Mit »irgendjemandem« kann ich mich auch zu Hause unterhalten, dazu fahre ich nicht in eine Spezialklinik!

Es war der Gipfel an beabsichtigter Feindseligkeit, als Dr. MM mich provozierte: »Wie alt sind Sie? Was will denn ein Mann von einer Frau? Was haben Sie als Frau denn schon zu bieten?« Das hätte eine Freundin besser beantworten können als ich. Ich gab keine Antwort. **Mein Gefühl für ihn stumpfte ab, das für mich selbst auch. Resignation und Ausweglosigkeit.** Wegen meines ungewöhnlich langen Single-Daseins als junge Frau dann wieder: »Wie haben Sie kompensiert?« Ich schrieb ihm einen Zettel: »Durch Überforderung und Erschöpfung.« Kein interessiertes Nachfragen, keine Reaktion von ihm. Ich kann nur wenig von dem aufführen, was uns gegenseitig zu verwirren schien. Mein Aufenthalt war auf unbestimmte Zeit verlängert worden.

Dann kam der Spätnachmittag, an dem ich seelisch aufgab. Als er nach etlichen Wochen noch keine Anstalten gemacht hatte, ein aufgelockertes Gespräch anzusteuern, brach es aus mir heraus. Alles hat seine Grenze, bei mir sehr spät. **Ich setzte mich, sagte gar nichts und begann, hemmungslos zu schluchzen, weinte verzweifelt um Hilfe von ihm. Das war ein letzter Ausbruch ins Vertrauen, raus aus meinem Re-Traumatisierungs-Prozess. Überwindung mindestens zweier noch nicht aufgedeckter kindlicher Traumen. EINE KLARE BOTSCHAFT: »ICH KANN NICHT MEHR!«** (Jahre später sollte ich herausfinden, warum ich als Kind nie lernen durfte zu sagen oder gar durchzusetzen: »Ich kann nicht mehr.«) Und wie reagierte er in dieser entscheidenden Situation? Zuerst gar nicht. Als ich zu ihm aufsah, äußerte er kühl, wenn nicht arrogant: »Sie schnauben mich an!« **Das hätte an diesem, meinem Wendepunkt niemals kommen dürfen, solche Zurückweisung.** Völlig vor den Kopf geschlagen, erhob ich mich, verabschiedete mich höflich, hatte draußen im Gang Hemmungen, so aufgewühlt, mich jemandem zu zeigen, versteckte mich hinter ein paar Blumenkübeln und grübelte. Plötzlich ging Dr. MM hinter mir wiederholt so vorbei, dass ich ihn hören musste. Devot sagte ich: »Sie haben ja auch Recht.« Dachte dabei:

»Man kann ja über alles sprechen und muss nicht weinen.« Aber genau das war doch unmöglich gewesen! MM ging sichtlich entspannt weiter.

Ich reagierte mit stumpfen Gefühlen, schlich an den Abendbrot essenden Patienten vorbei, wollte die Treppe zu meinem Zimmer hoch. Und wer steht mir im Wege? Ein Mitpatient, der sich sehr für mich interessierte. Man hatte mich am Esstisch absichtlich neben ihn platziert. Er war ein trockener Alkoholiker! Ich wollte mit ihm jetzt nicht reden, auf gar keinen Fall, mit niemandem. Sowas fehlte mir gerade noch. Aber er ließ nicht locker, forderte mich eigentlich ziemlich aufdringlich auf, wenn auch echt besorgt, ihm meinen Kummer anzuvertrauen. Ich wollte nicht. Er gab sich aber so väterlich, dass ich schließlich nachgab und ihm im Zimmer alles erzählte. Und noch mehr: Ich begann in den folgenden Tagen, ihm den ganzen Kummer mit Rolf zu erzählen. Alle schwerwiegenden Erlebnisse, auch die ungeheuerlichsten. Es tat mir gut. Die Liebe zu MM lag in mir auf Eis. Rolf hatte mich seelisch allein gelassen, MM ließ mich seelisch allein. Da griff ich zum falschen Angebot. Ich fühlte mich bald ausgehorcht, weigerte mich, weiter zu erzählen, fragte umgekehrt, wieso dieser Mann denn in dieser Klinik sei. Er erzählte nach einigem Zögern haarsträubende Dinge aus seiner Vergangenheit. Mich berührte, dass er meinte: »Das, was Dein Rolf da mit Dir gemacht hat, das hab ich doch auch alles gemacht. Ob ich Schuld bin, dass meine geschiedene Frau so verkommen ist?« Darauf musste er die Antwort wohl selbst finden. Ich erkannte bald seine geradezu krankhafte Eifersucht auf alle, mit denen ich freundschaftlich redete. Es ergaben sich etliche Verwicklungen seinetwegen, bis mir alles zu viel wurde mit ihm. Seltsamerweise veränderte sich in dieser Zeitspanne MMs Verhalten zu mir. Er wurde zugewandter, normaler. Ich vielleicht auch, wer weiß. Von meiner Beziehung sprach ich nicht, trotzdem sagte er richtig: »Sie lassen andere zu sehr in Ihr Privates eindringen!« Von da ab traute ich mich endlich, von dem Mitpatienten voll Abstand zu nehmen. Nach einer gespielten Trunkenheit wurde sein langer Klinikaufenthalt beendet, ich atmete auf. Aber er suchte wiederholt telefonischen Kontakt mit mir, den ich nicht wollte. Es folgten typische Abläufe eines (auch eines trockenen) Alkoholikers, der seinen Willen durchsetzen will: Aufdringlichkeiten, ein Erpressungsversuch, sogar ein plötzlicher Besuch bei mir zu Hause, als ich mit einer befreundeten Patientin bei mir zu Hause im **Weihnachtsurlaub von der Klinik** war. Es war Hochstress, bis es mir gelang diesen Mann diplomatisch endgültig zu verabschieden. **Erleichtert schrieb ich Dr. MM einen Brief, mit dem ich mich für seine »Behutsamkeit« bedankte. In der Hoffnung, er würde erkennen, wie selten das der Fall gewesen war, wie sehr ich das also vermisste, ja existentiell benötigte.** Dazu eine Musikkassette mit sanfter Klaviermusik als Weihnachtsgruß.

Meine neue Freundin fuhr früher als ich zurück in die Klinik, rief mich von dort an: »Der liebt Dich!« – »Wer?« – »Na, MM.« – »Wieso?« – »Na, der hüpft hier rum und strahlt. Der liebt Dich! Der hat doch Deinen Brief gelesen.« Mein Herz schmolz vor Freude bei dieser Nachricht. Und ich dachte, nun würde es normaler zugehen. Außerdem konnte sie sich auch irren. Als ich aber nach Weihnachten ebenfalls zurückkam, war dort alles umorganisiert. Ich bekam ein anderes Zimmer im anderen Haus, war plötzlich in MMs Gruppentherapie. (In diesen Veranstaltungen, 1x pro Woche, gab es übrigens keine Regeln, an denen man etwas für sich hätte lernen können.) Gleich am ersten Montag fand sie statt. Er wich meinem Blick aus, beschäftigte sich in unserer Einzelstunde danach verlegen an seinem Schrank und war im Gesicht rötlich gescheckt wie ein Pfirsich. Wir schafften es beide, »sehr sachlich weiterzumachen«. **Was mich entsetzte war, dass der Frust von vorne losging.** Nun gab ich, total resignierend, wieder seelisch auf. Er quittierte das mit der Bemerkung: Ich muss das mal sagen: »Seit der XX weg ist, läuft das hier nicht mehr.« Dr. MM stellte teilweise Richtiges fest an mir, aber seine falschen Behauptungen überwogen, z. B.: »Sie müssen erst mal das Arbeiten lernen!« Das machte mich sprachlos. Das Gegenteil stimmte. Zu selten stellte er offene Fragen, aber einige wenige doch, z. B. »Wie stellen Sie sich Ihre Zukunft vor?« Meine Antwort: »Rot, Gelb, Blau – mit schwarzen Strichen drüber.« **»Wollen Sie eine Psychoanalyse machen?«** – »Nein.« (Denn ich wollte eine Familie gründen in meinem Alter.) **Meine Eigenheit, wenn ich nicht mehr kann, in hektischem Reden durchzuhalten, ist traumabedingt.**

Heute weiß ich das, damals nicht. Ich begann, über meine **Eltern** zu sprechen, vor allem über meinen Vater, aber harmlosere Dinge im Vergleich zu tatsächlich erlebten Extremen. MM erfuhr dort nie, dass mein Vater Alkoholiker war, auch nichts von unserem Stressalltag in der häuslichen Gastwirtschaft. **Durch exaktes Fragen hätte er sowohl Klarheit als auch Entspannung**

zwischen uns erreichen können. Ich konnte mich nur noch minimal konzentrieren. MM meinte bald geradezu gebieterisch: »Ihren Vater kann ich mir jetzt vorstellen, von dem will ich nichts mehr hören.« (Gehe ich in eine Therapie, damit der Therapeut »Bescheid weiß«, oder habe ich das Recht, auch selbst »aufgeklärt« zu werden?) Oder »Sie martern sich. Sie durchbohren sich selbst. Nur um eine Person zu schützen!« Ich hätte gern geantwortet: »Sie!«, fragte aber, ihn ängstlich schonend: »Meine Mutter?« Er zuckte fragend mit seinen Schultern. Von da ab lastete ich nur noch meiner Mutter die aktuellen Stressgefühle an. Ich fragte mich, wie ich sie darstellen sollte, erkannte den Zwiespalt zu ihr nicht. Stellte ich ihre liebevollen Seiten dar, könnte MM folgern: »Das kleine Mädchen (ich) hat diese gutmütige Mutter ausgenutzt.« Stellte ich ihre Härte dar, könnte MM folgern: »Darin hat sie(ich) ihre Mutter nachgeahmt.« **Hexenkreise an seelischer Zerrissenheit waren das.** Ich hatte frühkindliche, konkrete Anwandlungen, fragte ihn, ob das möglich sei, erhielt keine Antworten. **KONTRAINDIZIERTE THERAPIE: Das, was er in mir ändern wollte, rief er tatsächlich / paradox erst hervor.**
Diagnosen müssten laufend überprüft werden!
Letztlich äußerten sich in meiner Verhaltensvielfalt meine verzweifelten Versuche, ihn **indirekt** aufmerksam zu machen auf meine absolute Not. Fast immer vergeblich. Nach meinem verzweifelten Ausbruch: »Das ist keine Taktik! Und das ist auch kein Trotz!« soll er mit glasigen Augen die Treppe hochgerannt sein. Am selben Abend ging ich mit anderen in eine Weinstube. Warum das? Weil ich von seiner Sorge um mich erfahren hatte – und deshalb etwas erleichtert – Ablenkung vom Stress suchte. Plötzlich hupte MM am Steuer seines Autos neben uns. Er hatte seine Scheibe herunter gedreht. MM wurde auf der vereisten Straße abgeschleppt und lachte mich fröhlich an, wohl erleichtert, dass ich wieder intakt wirkte.

Ich suchte Entlastung

Vier der Gedichte, die ich dort geschrieben hatte, gab ich MM. Viel später äußerte er das Wort »innig«. Zwei Briefe, ein frecher von Rolf, ein bekümmerter von meiner Mutter, hätten ihn zu Fragen an mich veranlassen müssen. Nichts. Ich erhielt sie nie zurück. Vermutlich glaubte er Rolf dessen Unterstellungen, mit denen der mich provozieren wollte, weil ich seinen Besuch

strikt abgelehnt hatte. MM steckte kommentarlos alles ein. Der zwanghafte Gedankenwust in mir hinderte mich, bei ihm noch einmal darauf einzugehen und selbst meine Gedichte und Briefe zu thematisieren. **Frust blieb seine Methode. Ich hatte keine Kraft mehr, etwas zu klären, verbindlich nachzufragen oder gar irgendetwas zu fordern, in welcher Form auch immer.**
Auch Angenehmes passierte manchmal. Ich möchte seine liebevollen aber versteckten Reaktionen hier nicht aufführen. Sie waren mir kostbar und riefen in dieser Phase **euphorische Gefühle** in mir wach, nie vorher so gekannt. Wegen dieser mich anrührenden, ganz sicher unbeabsichtigten Mimik und »verräterischer« Reaktionen überlebte ich dort, **scheinbar** unbeschadet – nach außen jedenfalls. **Es erfolgte eine POLARISIERUNG IN MEINEN GEFÜHLEN, entgegengesetzte Möglichkeiten im Extrem, während meine Mitte schrumpfte. Heftigstes inneres Schaukeln unter seelischer Lebensgefahr.** Als ich einmal meine Verzweiflung in erregtem Tonfall äußerte, erhielt ich die Maßregelung: »In dem Stil nicht!«
Alles weitere, was ich plante, um ihm meine Not mitzuteilen, sagte zu genau diesem Zeitpunkt irgendeine andere seiner Patientinnen genauso zu ihm, und ich erfuhr seine stets ironischen Antworten darauf an sie. Wieder ein verstellter Weg zur Klärung für mich. **Anhaltende Hexenkreise!** Es passierte noch einiges an seelischen Zusammenballungen zwischen uns. Er machte immer wieder das harmloseste Gesicht, blind dafür, dass ich um meine seelisch-geistige Existenz rang. **Mein Denken wurde zunehmend ZWANGHAFTER.** Ein Ausdruck, der mir erst Jahre später zur Verfügung stand. Wenn ich vor ihm saß, kam ich mir wie hypnotisiert vor. Ich konnte nichts mehr gedanklich festhalten, musste wichtige Dinge aufschreiben. Es trat eine **BESCHLEUNIGUNG IM DENKEN** ein. Zwischen den Gesprächen liefen mehrere Themen in meinem Kopf weiter, sodass ich an nichts mehr anknüpfen konnte, was vorher besprochen worden war. **Auch die einsetzende Erkenntnis, ihm zu sagen, ich sei kein aggressiver sondern ein DEPRESSIVER CHARAKTERTYP, war in meinem Gedächtnis nicht mehr festhaltbar.** Er mutete mir oft am Ende der halben Stunde einen provozierenden Satz zu. Ich suchte darin einen guten Sinn, also sollte ich ihm wohl widersprechen? Dann war alles wieder weg in mir.
In Gedanken spitzten sich paradoxe Phänomene zu, indem alle Möglich-

keiten, ihn zur Umkehr zu bewegen daran scheiterten, dass ich in Gedanken vorwegnahm, er würde sie nicht verstehen und gegenteilig beantworten. Tatsächlich passierte das mehrfach konkret. Ein Beispiel: In meiner wachsenden Verzweiflung begann ich in einer Stunde über die Probleme mit Rolf sprechen zu wollen. Damit mal was Reales auf den Tisch kam, was er nicht kannte. Kaum zu glauben, aber er wusste nach fast 4 Monaten von meinen wirklichen Problemen, derentwegen ich gekommen war, noch sehr wenig. Kaum hatte ich über Rolf begonnen, fuhr er mir vehement dazwischen: »Wo lassen Sie denn einem Mann die Freiheit?« Ich, erschrocken und entmutigt, wagte schüchtern zu sagen: »Ich hatte keine Freiheit mehr.« Das traf zu. Er, heftig: »Den möcht ich sehn, den möcht ich hier sehen!« Mit einer angsteinflößenden Armbewegung bohrte er mit seinem Zeigefinger in die Luft nach unten: »Beweise! Beweise! Beweise!« So erstickte er jede Widerspruchs-Möglichkeit schon im Ansatz.

Es gab noch einige auf Misstrauen beruhende Missverständnisse mit heftigen Reaktionen seinerseits, die ich zu korrigieren vermochte. Sie kamen zwischen uns nie klar zur Sprache. Ich spürte sie, riet die Ursache und klärte das Thema. Seine entspannte Reaktion darauf gab mir Recht. Er ließ sich nicht in die Karten gucken, verhielt sich so, als wenn ich versuchte, bei ihm »einzudringen«. Widersinnig genug, denn seine falsche Therapie brachte mich in Babybefindlichkeit. Und Babys sind nun mal auf permanente Zuwendung angewiesen. (Übertragung auf ihn: In meiner ersten Lebensphase litt ich zudem noch unter starkem Zuwendungsmangel, der auch später nicht ausgeglichen wurde.)

Eines Sonntags reagierte ich voller Verzweiflung mit beklemmenden, wirklich gefährlichen Herzreaktionen. Ich überwand meine Not und Verlustangst, indem ich einen Ausweg fand: Ich schrieb in dieser Verfassung eine Art »Büttenrede« für die »Rosenmontags-Gruppe« am nächsten Tag. Er reagierte wieder mit Ignoranz, delegierte jedoch ein wohlwollendes Strahlen an seine anwesende Kollegin. Wie das geschah, wurde mir erzählt. Mehrfach wies ich ihn auf eine Kleinigkeit hin, auf die er erstaunlich einfühlsam reagierte. Da kam er mir entgegen. Doch in dem, was mich zerriss, nicht. Einmal meinte er: »Sie haben eine Skala von Verhaltensweisen, die ist atemberaubend.« Ganz bestimmt nicht freiwillig. Unbewusst versuchte ich wohl durch diverse Verhaltens-Spielarten, ihn zu einer Änderung seiner Blockadehaltung zu bewegen. Das war ein neues Verhalten meinerseits. (Tut man das als Kind? Ich damals nicht.) Es gab Momente, die mit Gewissheit darauf hindeuteten, dass ich ihm nicht gleichgültig war. Das machte die Beziehung für mich bleibend zwiespältig. Es gab Einflüsse durch die mir zugeordnete Ärztin, deren zeitweiliges Mitgefühl mir gut tat. Ihr hatte ich meine Liebe zu ihm gestanden. »Dann wird das jetzt sehr hart für Sie.« »Noch härter geht gar nicht«, dachte ich, »und das schon von Anfang an.« (Später teilte ich auch ihm aus notvollem Anlass meine Liebe verzweifelt schriftlich mit, was wieder ein groteskes Missverstehen auslöste.)

Es gab mit der Ärztin nur wenige Gespräche. **Sie erklärte mir eines Tages knapp den Unterschied zwischen ÜBERTRAGUNG (von Seiten des Patienten zum Therapeuten) und PROJEKTION (von Seiten des Therapeuten zum Patienten), letzteres sei »viel gefährlicher«.** Ich war nicht mehr in der Lage, diesen »Schlüssel« auf mein Problem mit MM anzuwenden. **Ja, er projizierte auf mich das Denkmodell einer aggressiv gepolten, geltungsbedürftigen Frau.** Von der Ärztin kam auf dem Höhepunkt der Unterstellungen knallhart: »Passen Sie auf, dass Sie von ihm nicht eine kalte Dusche erhalten, die Sie Ihr Leben lang nicht vergessen werden!« (Hat ein Therapeut dazu das Recht? Ich hatte dort zu keinem Zeitpunkt irgendjemandem irgendetwas zu Leide getan. Im Gegenteil, ich begegnete allen anderen, Patienten, Personal und dem Therapeuten mit Sympathie und hilfreich, wo immer es möglich war. Ich respektierte meine Mitmenschen und quittierte vieles mit gewohntem Humor. Ich zog mich allerdings zunehmend in mich selbst zurück. Selbst wenn er diagnostisch Recht gehabt hätte: Sind aggressiv gepolte Menschen schlechtere Menschen, die man massiv erziehen und demütigen müsste? Ganz klar nein! Psychisch gestörte auch nicht!) Unter extremen Ängsten konnte ich die betreffende Angelegenheit harmlos aufklären. Dieselbe Ärztin unterstützte mich etwas später energisch, nachdem ich eine zu lange Wanderung mitgemacht und Hüftprobleme dabei entwickelt hatte (die jahrelang anhielten). **Kurz vor Schluss stellte Sie fest: »Sie haben eben fast sämtliche klassischen Erschöpfungsmerkmale aufgezählt.«**

Alle professionell in der Klinik Tätigen waren vernetzt mit den Therapeuten, das war ohne Zweifel nach einiger Zeit feststellbar. Das ist keine Einbildung von mir. Als ich das MM mitteilte, guckte er erschrocken. Ich beruhigte ihn: »Keine Sorge, ich verrate nichts an die anderen.« **Ich war fortwährend bemüht, dass MM seelisch wieder ins Lot kam, obwohl es stets zu meinen eigenen Lasten ging.** In der letzten desolaten Phase gab es auch für mich abweisende Reaktionen des Klinikpersonals (die ich schon bei anderen als »arrangiert« beobachtet hatte), aber zum Glück wenige. Sie verstärkten meine verzweifelte seelische Grenzsituation geradezu explosiv. MM hatte sichtlich keine Hemmungen. Ich reagierte schließlich zweimal mit nie vorher dagewesenen, verschiedenen seltsamen Kopfschmerzen, deren letzte ich MM mitteilte. »Sie fahren nach Hause.« – »Und wann soll ich wieder arbeiten?« – »In 10 Tagen« – Ganz leise: »Das kann ich nicht.« – »Das können Sie!« In meinem Hals zog sich schon lange immer mehr alles zusammen. Auch heimliche punktuelle, aggressive Ausbrüche, deren harmlosestes Wort »Gehirnwäsche« war, retteten mich nur in dem abwehrenden Moment. Sie waren keinesfalls überzogen. **Ich war so sehr traurig, dass ich keine Chance von ihm erhielt, endlich einmal entspannt so sprechen zu können, wie ich normal bin!** Auf einem meiner Tiefpunkte saß ich spätabends bei den Schwestern in der Rezeption und klagte seelisch aufgelöst: »**Es dreht sich alles um! Es dreht sich alles um!**«Ratlos boten sie an, das weiter zu melden an den Therapeuten, aber ich lehnte ab, eben weil sich jeder Versuch zu klären, ins Gegenteil entwickelte, d. h. sich eben »umdrehte«. Das war ja gerade mein Problem. Das ist Paradoxie oder Verdrehung im Widersprüchlichen.

In meiner letzten Woche erfolgte durch den Kliniklautsprecher eine Ansage, die mich geradezu elektrisierte. Alle Neupatienten wurden aufgefordert, zu einer wichtigen einführenden Veranstaltung zu kommen, Zeit und Raum genannt.[16] Was wäre, wenn es an meinem Beginn auch so etwas gegeben hätte

---

16 Eine Klinik muss sicherstellen, dass wichtige Informationen beim Einzelnen ankommen, es nicht dem Zufall überlassen, ob man es hört. Denn wir hatten jeder Zeit freien Ausgang, und es gab mehrere Gebäude. Ein Plakat aufhängen oder persönlich einen Zettel aushändigen, wäre eine sichere Information gewesen. **Hätte ich mit einer Informationsveranstaltung am Anfang meines Aufenthaltes eventuell eine Chance gehabt, meine Not zu äußern und die Fehltherapie abzustellen? Durch Nachlässigkeit der Klinik verpasst?**

und Hilfen für den Notfall angegeben würden? Da musste ich unbedingt hin!

Pech, ich hatte zu dem Zeitpunkt einen bindenden Termin. Nun spitzte sich alle Hoffnung auf die letzte Therapiestunde zu. Ich war schon seit mindestens zwei Monaten in völlig abnormer Seelenlage. Seit MM meine Abreise angekündigt hatte, provozierte er mich nicht mehr mit Einzelsätzen, sondern wirkte insgesamt schweigend wohlwollend. **Ich haspelte nur noch vorgeübte Zwangsreden ab, die ihn immer wieder irritierten.** Einmal hielt er neben mir am Bürgersteig mit seinem Auto, so als solle ich einsteigen, guckte mich groß an. Ich trappelte weiter wie ein Automat, war nicht mehr imstande, zu reagieren. Auf dem Rückweg wiederholte sich dieselbe Szene. **Ich erhoffte völlig entkräftet die Auflösung aller Unmöglichkeiten durch ihn in der letzten Therapie-Stunde.**

Liebevoll besorgte ich einen schönen Frühlingsblumenstrauß als Abschiedsgeschenk, darin befestigt, eine »Angel« aus Stöckchen plus gebogener Büroklammer. MM hatte mal geäußert, er gäbe den Leuten keine Fische zu essen, sondern eine Angel zum Fischen. Er stellte den Strauß behutsam in eine Vase und sah mich strahlend an, ganz lieb, total zugewandt, geradezu glücklich abwartend. Und was tat ich in meiner absoluten seelischen Zuspitzung? Ich spulte extrem verlegen meinen diesmal kurzen vorgefertigten Text ab, dass ich nämlich gehen könne. Warum? Weil ich immer noch meinte, er durchschaue die Wahrheit und wolle mir nahelegen, ihm an Stelle von Rolf den Laufpass geben zu sollen. Sozusagen indirekte Heilung von Abhängigkeit auf dem Umweg über den – absichtlich wiederholenden – Therapeuten. Aber offenbar war dem nicht so. Solche geplante Martertherapie gibt es hoffentlich nicht, sage ich heute. Er guckte entsetzt und wieder ermutigend, immer abwechselnd. **Ich erinnere einen einzigen heftigen Satz: »Können Sie mir einen einzigen Patienten nennen, dem es so ergangen ist wie Ihnen?«** Im Nachhinein war das aufschlussreich für mich, aber in der Situation und in meiner Grenzverfassung konnte ich nicht darauf reagieren. Wir waren beide tief getroffen. Bis wir gemeinsam von unseren Stühlen aufstanden. Völlig kleinlaut sagte ich zwanghaft ein letztes Mal: »Ich dachte, Sie sagen auch mal was. (lange Pause) Danke für alles. (Pause) Auf Wiedersehen.« **Er blieb wieder weitgehend sprachlos, ließ mich gehen. Aus, vorbei. Keine Aufklärung** von ihm, keine Auflösung der endlosen Rätsel dieser vier Monate, nichts zu mir, nichts auf ihn selbst bezogen. Er war sichtlich erschüttert. Warum? **Ich noch viel mehr als er.**

Ich schluchzte mich bei meiner Zimmernachbarin aus, die direkt nach mir ihr Abschieds-Gespräch bei ihm gehabt hatte und am ganzen Körper zitterte. Danach irrte ich durch das Gelände, wusste nicht, wie ich körperlich-seelisch-geistig existieren sollte, erinnerte Nächte, wenn Rolf »blau« unterwegs war, schrieb das an die Ärztin auf. Als ich am nächsten Tag mit Gepäck vor der Klinik wartete, fühlte ich mich vom Fenster aus beobachtet, fuhr dann zunächst mit dem Bus zu meiner neuen Freundin, die in der Nähe zu Hause war. Sie war schon vorher entlassen worden. Ich schrieb dort einen ziemlich konfusen Brief an MM mit der Kernaussage: »**ICH BIN EIN DEPRESSIVER GRUND-TYP**«[17] Kommentar meiner lesenden Freundin: »Das ist viel zu kompliziert. Schreib kurz: Bitte helfen Sie mir!« So lautete dann auch meine letzte Nachricht; ich schickte sie an die Ärztin. Auch, dass ich zu dieser Mit-Patientin gefahren sei, und an welchem Morgen ich von der nahen größeren Stadt aus mit der Bahn heimfahren würde.

Ich wünschte mir, MM würde mich noch vor der Abreise »retten«:
Den Tag in der größeren Stadt meinte ich, ihn zu sehen, dabei waren es nur nacheinander zwei ihm erstaunlich ähnlich sehende, etwa gleichaltrige Männer an verschiedenen Plätzen. Seine Brüder? Vor lauter Angst sprach ich sie nicht an, aber offensichtlich hielten beide nach jemandem Ausschau. Ich war so extrem verkrampft, dass ich nichts unternahm, z. B. auf sie zuzugehen und eine klärende Frage zu stellen. Am nächsten Morgen fuhren zwei Fernzüge mit einer Stunde Abstand nach Norddeutschland. Ich nahm den zweiten, weil meine Pension das Frühstück nicht vorher ansetzte. (In der Klinik hatte ich immer zu den Ersten gehört, die morgens zum Kneipp-Wassertreten kamen. Das wurde dort notiert. Wohl deshalb meinte MM ich nähme den ersten Zug. Ich schlief ja schon lange nur noch drei Stunden pro Nacht, deshalb mein frühes Aufstehen.) Als ich mit einem Taxi auf den Bahnhofsvorplatz zufuhr, erblickte ich sofort MMs Privatauto, das gerade vor dem Bahnhof

---

17 Die Tragweite dieser einfachen Feststellung für die Therapie war mir immer noch nicht klar.

gehalten hatte, nun wendete und auf die Straßenampel zufuhr, die Rot zeigte. Die Entfernung war noch zu weit, um ihn am Steuer sicher zu erkennen, aber Fahrzeugtyp, Farbe und das auffallend angebrachte Nummernschild trafen zu. **Ich hätte ihn mit meinem Taxi beim Warten an der roten Ampel einholen können. In diesem zwiespältigen Augenblick stieg ein Unmaß an Angst vor ihm in mir auf, vermischt mit Freude.** In meiner Phantasie fiel ich ihm in die Arme. Er würde mich sicher normal ansprechen wollen. Doch ich fühlte mich unfähig, ruhig zu reagieren, hatte nur den zwanghaften Drang, meine desolate Verfassung herauszuprudeln. Er würde wieder nichts verstehen – und sich für immer abwenden. Das war Sekundensache im Geist. **Ich ließ ihn, von meinem eigenen Zustand zutiefst entmutigt, wegfahren.**

Auf der langen Bahnfahrt kam ich mir vor wie im Fieber. Am Abend zu Hause starrte ich aufs Telefon. Wenn er mit mir endlich vernünftig reden wollte, würde er mit dem verbilligten Tarif Punkt 22 Uhr anrufen. Es klingelte tatsächlich genau um diese Zeit. Wieder schoss Angst in mir hoch. Ich nahm den Hörer ab. Das folgende Schweigen war zu lange für mich. Maßlos enttäuscht, dass wieder nichts von ihm kam, wehrte ich ab mit dem verzweifelten Satz: »Dann eben nicht.« Und legte auf. Klar, dass danach nichts mehr kam von ihm. Aber er rief bei meiner Mutter zu Hause an, wie es mir ginge. »Normal«, hatte sie geantwortet. Dabei wusste sie gar nichts von mir. **Es verletzte mich sehr, dass er mit anderen verständlich sprach – über mich statt mit mir.**

Dr. D-Mann hatte Nachricht von Ihm erhalten und teilte mir **MMs Klinik-Diagnose** mit: »**SCHIZOID-HYSTERISCH**« **Was hieß das denn nun wieder?** (Jahre später sagte mein Psychoanalytiker zu mir: »Wenn Sie wenigstens ein bisschen davon hätten!«) Von ihm so demütigend, kränkend, verletzend alleingelassen, driftete ich ab in eine noch gefährlichere Seelenlage. Zum Glück hatte ich zusätzlich zu den 10 Tagen Krankschreibung noch unerwartet 3 Wochen Urlaub vom Dienst. Unfähig, mich zu regulieren, bewältigte ich knapp meinen häuslichen Alltag. Meine Kontakte reduzierten sich auf drei enge Freundinnen. Nur mein Kopf funktionierte noch einigermaßen. **Unwillkürliche Erinnerungsfetzen schüttelten mich. Eine äußerst anstrengende Phase der vorübergehenden SELBSTAUFGABE,** wenn nicht die Hoffnung auf eine Verwirklichung unserer doch wohl beidseitigen Liebe letztendlich stärker gewesen wäre. **Wie könnte ich seinen Irrtum aufklären?**

Ja, ich hatte Liebe auch bei ihm wahrgenommen, teils durch Indizien verstärkt. Denn wegen meiner Selbstzweifel konnte ich es nicht wirklich glauben. Mein Selbstwertgefühl stagnierte um Null. **Ich war in meiner Kindheit in puncto Zuwendung stets Verliererin gewesen. Und dieses mangelnde Zutrauen zu mir als weiblichem Wesen hatte sich durch das Phänomen der Übertragung wiederholt.** Das sollte eine der neuen Spuren werden, auf der ich noch einmal seelisch-geistig überleben konnte. Bis hin zum I-Punkt der Katastrophe, der akuten Psychose.

Immer wieder beherrschte ein weiterer Gedanke meine Überlegungen: »**DA IST WAS PARADOXES ABGELAUFEN! DA IST WAS PARADOXES ABGELAUFEN!**« Immer wieder diese selben Worte. Wie ist es sonst möglich, dass dieser auch fähige, intelligente, liebenswerte Mann seinen Irrtum und seine Fehler nicht nur nicht einsah, sondern sich bestätigt glaubte durch mein Verhalten? Wie kommt er zu einer für mich geradezu exotischen Diagnose und zu äußerst fragwürdigem Therapieverhalten? Er war sich seiner Sache dermaßen sicher gewesen, ließ keinen leisesten Zweifel an der ursprünglichen Diagnose zu, erkannte meine zahlreichen Hinweise und Signale nicht. Wie war das möglich? **Was bedeutet Paradoxie in diesem Zusammenhang? Klar, scheinbare Widersinnigkeit. Aber wodurch begründet? Antwort: Die gleichen – also identischen – menschlichen Äußerungsformen lassen entgegengesetzte Deutungen zu, können entgegengesetzten Motiven entstammen, depressiven wie aggressiven. Im Großen wie im Kleinen.** Das war vermutlich MM unbekannt. Ist es überhaupt schon erforscht? Auch im täglichen Leben wimmelt es geradezu von Fehleinschätzungen, Unterstellungen und Missverständnissen aus diesem Grunde. **Paradoxie ist ein alltägliches Phänomen, das uns auf Schritt und Tritt irreführen kann. Aber auch erheitern – und Versöhnung herbeizuführen imstande ist – wenn man sie erkennt! Das muss dringend erforscht werden. So ist meine heutige Erkenntnis, 30 Jahre nach meiner persönlichen Katastrophe, dem Wahnsinn, Psychose genannt.**

Letzter Rettungsanker

Ich hatte mich schon lange an IHN geklammert, von dem ich heute weiß, dass er schon in meiner Kindheit meine Zuflucht gewesen war, wenn ich restlos verzweifelt und einsam etwas für mich Schreckliches erlebt hatte. Ich stamme nicht aus einem gläubigen Elternhaus, aber ich hatte früh etwas von unserem liebenden Gott gehört, das mir gut tat. **Und nun durfte ich erleben und kann es dreißig Jahre später, also jetzt, bezeugen: Wir alle haben einen liebenden himmlischen Vater, der uns genau kennt.** Er half mir deutlich sichtbar, mein Leben a) wieder in den Griff zu bekommen, b) mich zu führen und zu leiten und c) den Sinn meines Leids zu erkennen. Ich sollte noch einen vierten »aggressiv gepolten« Mann (außer meinem Vater, Rolf und MM) bewältigen, nämlich meinen jetzigen Ehemann. Ich kann das heute mit späten Erleichterungen sagen. **Ich denke, ich habe meine Mission, den Auftrag meines Erdenlebens begriffen und bin noch dabei, ihn mit Herzblut zu erfüllen.** Dieses Intensiv-Erleben mit vier schwierigen Männern half mir, das Rätsel Paradoxie im mitmenschlichen Leben in wesentlichen Zügen zu entschlüsseln. Die Ergebnisse erleichtern Selbsterkenntnis sowie Menschenkenntnis für jeden.[18] Meine elementare Erkenntnis für mich: DAS EVANGELIUM, DIE »FROHE BOTSCHAFT« JESU CHRISTI IST WIRKLICH WAHR! Auch im Hinblick auf seine ihm immanente Paradoxie, deren fatale Begleiterscheinungen bei Gott ihre Schrecken verlieren. Jedes Leben bringt Belastungen und Bedrängnisse mit sich, sie dienen zu unserer Reifung. Paradoxerweise möchte Gott, dass wir Glück und Freude haben. SEIN Angebot an Kraft und Hilfe geht zurück auf das sühnende Opfer Jesu Christi am Kreuz. Wenn die eigene Kraft zur Bewältigung meiner täglichen Herausforderungen nicht ausreichte, half ER mir hindurch. ER nahm es aus Liebe zu uns freiwillig auf sich. Wir sollten diese Heilsbotschaft an alle Menschen sehr ernst nehmen, wenigstens akzeptieren, noch besser wäre, sie selbst kennenzulernen und auszuprobieren.

Das Folgejahr (1980/81)

Und jetzt? Ich hatte mit keinem anderen Therapeuten etwas abzumachen, meinte ich. Ausschließlich mit Dr. MM. Sollte ich über das, was er mit mir gemacht hatte, mit einem anderen Fachmann sprechen, in meinem Zustand?

18 siehe Teil III »Entwurf eines Modells zur paradoxen Persönlichkeit«

Auf keinen Fall. **Nach vier Monaten Behandlung schon wieder eine The-rapie?** Ich war dort gewesen, um gesundheitlich wieder fit zu werden und um mich von Rolf trennen zu können. Und nun? Wer sollte das genehmigen oder gar bezahlen? MM musste etwas erkennen, und das konnte nur ich ihm vermitteln. Aber wie? Wegen der in mir fortwährend hochschießen-den bedrängenden Erinnerungen aus meiner frühen Kindheit könnte deren Kenntnis – wie ich meinte – ihn dazu veranlassen, seinen Irrtum einzusehen, ohne dass ich das Entsetzliche für mich in Hibbelsburg beim Namen nennen müsste. Würde er sich dann zu unserer Liebe bekennen? Eine andere Chance sah ich nicht. Das Mindeste, das ich erwartete, war eine ehrliche, formelle Entschuldigung für seine falsche Therapie und eine wohlwollende Absage, seine Gefühle zu mir betreffend. Mit einem höflichen Bedauern würde ich umgehen können, nicht aber mit der erlebten abrupten Art und Weise. Damit würde ich die Kränkungen und den Konflikt in mir ausschalten und mich zufrieden geben können. Ich strebte verzweifelt eine getröstete Basis für die elementar nötige Kräftigung und Gesundung an, die ich existenznotwendig dringend benötigte. Ich befürchtete, dass ich das auch nach einem respektie-renden Kontakt allein bewältigen müsste. Es versteckte sich hinter meinem immer noch ziemlich logischen Denken tiefste Depression in jeder Hinsicht. Das waren für mich typische, vernünftige Gedanken, doch ich hatte mich nicht mehr normal im Griff. Es kam noch schlimmer.

Realitäten nach Hibbelsburg

Das Berufsproblem war durch 4 Wochen Pause (10 Tage Krankschreibung plus Urlaub) vorerst aufgeschoben. Zunächst fühlte ich mich unfähig zur Arbeit für unbestimmt lange Zeit. **Auf meinem Sofa liegend erlebte ich mich die meiste Zeit als Spielball extremer Affekte in stetem Wechsel.** Ausgelie-fert. Verzweiflungsanfälle, Entsetzen, nie vorher so erlebte, sich fortwährend wiederholende Weinkrämpfe, alles angstbesetzt, punktuelle Aggressionsan-wandlungen, erregte Daueranspannung. Kurze Anwandlungen von Norma-lität. All das überwiegend begleitet von hektischem, teils rasendem Denken. Dann wieder ausgedehnte, innige Sehnsucht. Nichts davon war willentlich zu beeinflussen oder gar abzuschalten. **Mindestens zwei Wochen lang (da-nach abnehmend) wurde ich von Affektschüben geschüttelt, war selbst** völlig passiv, während ich paradox äußerst aktive, zwanghaft ablaufende Extremgefühle und Gedanken erlitt. Heftigste Weinphasen. Dabei geschah es immer wieder, dass ich mittendrin urplötzlich BRUCHSTÜCKE FRÜHERER TRAUMATISCHER KINDHEITSERLEBNISSE gegenwärtig hatte. Erinnerungsfetzen, momenthafte Originalgefühle schmerzlichster Art. Und davon nach und nach etliche, völlig verschiedene. Sie fügten sich zunächst nicht in real erinnerbare, längst vergangene Zusammenhänge. Ich merkte mir die Bruchstücke mühsam. Irgendwann gab mein Gedächtnis die verdrängten schlimmen Einzelerlebnisse im Ganzen frei. Ort, Zeit, beteiligte Personen, einschließlich ihrer Reden und Handlungen lebten auf. Dazu meine Wahrnehmungen und Gefühle in diesen Situationen. Aufgrund dieser neu erlebten Wiederholung konnte ich die damaligen Gefühle und Eindrücke mit heutiger Sprache exakt kennzeichnen. Zu dieser Zeit fühlte ich mich etwas entspannter. Von einem bestimmten Zeitpunkt an lagen die wichtigsten traumatischen Ereignisse meiner frühen Kindheit glasklar vor mir. **Die zuerst gegenwärtigen Bruchstücke waren identisch mit dem jeweils als tiefstem Punkt erinnerten Teil der Gesamtsituation. Später wiederholten sich in mir diese Punkte nur noch als Erinnerungen, während andere Tiefmomente derselben Situation noch einmal im Original aufblitzten.** (Jahre später wiederum war alles nur noch seelisch nahe gehende Erinnerung, begleitet von intensiven Kummergefühlen. Doch so weit war es damals noch lange nicht).

Seltsames Erleben: a) ein ganz frühes, inniges Erlebnis lief so ab: Ich sitze real auf dem Fußboden, mit dem Rücken an meinem Heizkörper. Plötzlich fühle ich mich als Säugling in den Armen meiner Mutter liegen und sehe ihr lächelndes Gesicht über mir. Sie sieht jung aus. Sofort danach erfasst mich eine drängende Sehnsucht, selbst ein Kind im Arm zu halten, und ich erlebe es so. Alles ganz kurz. Dann der seelische Schmerz, real kein Kind zu haben. Das selbst Erlebte und der Wunsch, die Rollen zu tauschen, haben offensichtlich viel miteinander zu tun in unserem Unterbewusstsein. Dieses regierte über mein Normalbewusstsein. Meine normale erwachsene Mitte oder Reife war verloren. **b) Ich schaukelte zwischen den Gegensätzen meiner Tiefenseele: innig gestillt und anschließend zu lange allein gelassen**

worden zu sein. Unwillkürliche Saugbewegungen des Mundes am realen Esstisch, gleich darauf »simuliertes« Einschlafen, danach tiefes Erschrecken, mich wieder allein zu finden. Offensichtlich Phänomene meiner Stillzeiten als Säugling. c) Ein anderes Mal liege ich verzweifelt weinend in meinem Bett und grabsche immerzu krampfhaft mit den Händen ins Bettlaken. Urplötzlich spreche ich einen unwillkürlichen Satz laut aus: »Nur der liebe Gott hat mich lieb und sonst keiner!« Irgendwann in meiner Kindheit musste ich genau das gesagt haben, in derselben Verzweiflung. Aber wann und bei welcher Gelegenheit? Ich sollte es noch herausfinden eines Tages.

An meinem Notzustand war offensichtlich die Gesamtheit der belastenden Erlebnisse meiner Vergangenheit beteiligt; demgegenüber stand innige Geborgenheitsvermittlung durch meine Mutter während der Babystillzeiten (ein 3/4 Jahr), die ich ebenfalls nacherlebend mit MM erinnerte, so als ginge ein Wonnegefühl telepathisch von ihm zu mir aus. **Ein anhaltender abnormer Ausnahmezustand in jeder Hinsicht. Aber es wurde in mir verdrängte Realität hochgeholt. Haarscharf vor einem Absturz ins Irreale einer akuten Psychose.** Warum trat sie in dieser Situation noch nicht ein? Weil es ein Gegengewicht gab: Meine Liebe zu MM und die damit verbundene Hoffnung auf Kontakt und Klärung.

Ich dachte in dieser großen Krise auch viel über meinen Charakter nach. Mich zeichnet ein besonderes Verantwortungsgefühl aus und große Opferbereitschaft. Ich hatte früh das Arbeiten gelernt. Das Wir-Gefüge im elterlichen Betrieb überwog bei weitem unsere kindlichen Ich-Bedürfnisse. Ich hatte nie lernen dürfen, meine ureigensten Grundbedürfnisse anzumelden oder gar durchzusetzen.

Ich hätte meine seelischen Bedürfnisse bei Rolf, dem Trinker, deutlich machen müssen. Ebenso bei Dr. MM in Hibbelsburg. Auch ihm hatte ich gestattet, meine SEELISCHEN GRENZEN permanent zu verletzen. Was hatte ich mir eigentlich alles gefallen lassen in meinem Leben über jegliche Schmerzgrenze hinweg? Abbild meiner Kindheitsnöte. Ich hatte mit MM unmäßig verstärkt seelisch Ähnliches erlebt wie mit Rolf. Verstärkt deshalb, weil ich in nervlicher Erschöpfung und akut depressiver Verfassung dorthin gefahren war. Und weil Liebesgefühle sensibler machen, je intensiver sie sind. Wo mich vier Monate vorher noch ein stabiles Wertesystem und eigene Leistungsfähigkeit immerhin soweit gehalten hatten, dass ich die Trennung von Rolf durchsetzen wollte (was mir im Affekt nun auch gelang), blieb nun der Zusammenbruch meiner gesunden Kräfte übrig und das subjektive Empfinden von Minderwertigkeit. **»Ich bin mir nichts mehr wert.«** Das alles hatte eine so unglaubliche Regression bewirkt, dass ich unfähig war, meine Liebe zu MM aufzugeben (zu früher buchstäblich schmerzender Muttermangel, verbunden mit Sehnsucht) und sachlich mit ihm zu verhandeln(ein Therapeut muss sich auch seiner Fehltherapie stellen). Er hatte sich geirrt, er wusste nichts von meinem Leid und Zustand. So durfte unsere gegenseitige Liebe nicht enden, wünschte ich. **Die Ausweglosigkeit durfte nicht über das Vergeben siegen. Therapeutische Missverständnisse am Fließband als Folge einer fatalen Fehldiagnose hatten zwischen uns einen Riesenkonflikt aufgebaut, den er a) nicht so empfand »in aller Unschuld« und b) nicht allein zu analysieren vermochte. Ich war hochgradig re-traumatisiert und in diesem Zustand alleingelassen worden. Nicht aus Fahrlässigkeit, sondern aus Unwissenheit – und wegen der unerkannten Paradoxie in all dem. Wie sollte ich in meinem Zustand etwas klären können?** Eine nachträgliche kurze schriftliche Zusammenstellung der tatsächlichen Probleme in meinem Elternhaus blieb ohne Antwort. Ein humorvolles »Poesiealbum« u.a. mit paradoxen Sätzen bewirkte ebenfalls keine Reaktion. Ich stellte mir vor, wie ratlos er sich fühlte. Was tun? Mein erneuter Arbeitstermin nach insgesamt fünf Monaten Pause rückte näher, mein Arbeitgeber würde verständlicherweise volle Kraft von mir erwarten. Und ich kämpfte um meine blanke Existenz!

Vorläufige Lösung

Endlich fand ich eine Idee, die sich verwirklichen ließ. Wenn ich MM meine nun reichlich vorhandenen Kindheitstraumen aufschrieb, müsste er seinen Irrtum und dessen fatale Folgen erschließen können und das Einzige tun, was man von einem anständigen Menschen erwarten kann, nämlich die Sache wieder in Ordnung bringen, soweit von ihm aus möglich. Selbstverständlich unter Wahrung seiner Entscheidungsfreiheit. Ohne sein Entgegenkommen konnte ich nicht mehr existieren oder gar berufstätig sein. Ich hatte keine andere Wahl, würde ins Nichts fallen. Wie konnte ich ihn unter diesen desolaten Bedingungen dazu bringen, solche für mich notwendige Berichterstattung per Post überhaupt anzunehmen? Er steckte voller zementierter Vorurteile mir gegenüber. Seltsam, dass er mich unter solchen Umständen überhaupt gemocht hatte! **Um die sicher vorhandenen Skrupel seinerseits zu mildern und eine minimale Chance für mich zu schaffen, mein Seelenleben wieder ins Lot zu bringen, entband ich ihn schriftlich von jeglicher Verantwortung.** Er ging keinerlei Risiko ein, meine geplanten Briefe anzunehmen. Um solches klarzustellen, schickte ich ihm einen Vorschlag meines Vorhabens, das ich auf ein Jahr begrenzte. Auf einer Seite eine Selbstverpflichtung mit neun Unterpunkten, welche sachlichen und persönlichen Grundsätze ich einhalten würde. Auf der anderen Seite eine rechtliche Entlastung für ihn, dass er für eventuell einsetzende Folgen nicht haftbar sei. Daran hielt ich mich bis heute. Ich hatte ausgerechnet, was ein Psychoanalytiker ungefähr für die zeitliche Belastung und Leseleistung berechnen könnte und überwies diesen Betrag im Laufe des Jahres an wohltätige Organisationen. Er nahm die wöchentlichen Sendungen an, reagierte jedoch nie direkt. Allerdings erhielt ich eindeutige Signale über meinen damaligen Heilpraktiker, der »nebenbei« auch Diplompsychologe mit analytischer Ausbildung war. Dessen Telefonnummer hatte ich in der Klinik auch angegeben.

Mit gebührendem Respekt und innerem Abstand zu MMs Person wiederholte ich unbewusst mehrere meiner Muttermuster, z. B. in aller Bedrängnis alles ins Positive zu ziehen, damit sie / er sich keine Sorgen macht und Freude hat an mir. Zuerst konnte ich mich kaum zum Schreiben aufraffen, überwand Schwäche und stärkstes Vermeidungsverhalten. Dann aber empfand ich jedes Mal Erleichterung während des Schreibens. **Ich arbeitete mein Glücksempfinden aus den Babystillzeiten heraus, beruhigte mich damit aktuell, konnte meine Berufstätigkeit wieder erfüllen: recht und schlecht, wie man sagt, wenn es gerade eben so geht. Alles andere diktierte ein unerkannter Zwang in mir.** Die noch reichlich vorhandene Hektik zeigte sich auch darin, dass ich alle Kindheitserlebnisse lediglich beschrieb, aus Mangel an Ruhe und Kraft, ohne sie zu kommentieren, z. B. welche depressiven Gefühle sie in mir hervorgerufen hatten. **Wichtig wäre gewesen, zu betonen,**

dass ich trotz aller Traumen keinen aggressiv gepolten Grundcharakter entwickelt hatte, weil die Liebe zu meiner Mutter unerschütterlich war. Ich reagierte als Kind weder in der Phantasie noch im realen Verhalten aggressiv. Mein kindlicher Kummer war bedrückend und eher selbstschädigend gewesen. Meine Mutter hatte so viele Eigenschaften, die mich begeistert hatten als kleines Mädchen. Aber ihre Abweisungen im Stress waren mehrfach extrem heftig gewesen, verbunden mit permanenten Zurückweisungen aus Arbeitsüberlastung. Von meinem Vater ganz zu schweigen. Das alles war zu übertragen auf meine Reaktionsweisen in Hibbelsburg.

Den gesamten Kindheitskomplex und aktuell Alltägliches schilderte ich mit den erwähnten Auslassungen, letztlich alles indirekt und übertragbar auf meinen Niedergang in Hibbelsburg – MEINTE ICH. Jedoch überließ ich die Deutung vertrauensvoll MM; denn schließlich war er der Fachmann, nicht ich. Ich wollte ihn schonen, aus Angst um ihn, falls er das volle Ausmaß meiner Katastrophe durch sich selbst plötzlich erkennen sollte. In meiner immer noch abnormen Seelenlage ließ ich mich schriftlich eine Zeitlang **zwanghaft** aus über allgemeine sexuelle Abläufe zwischen Mann und Frau, ein verzweifelter Versuch, ihn davon zu überzeugen, dass ich auch auf diesem Gebiet völlig normal sei, nichts Exotisches in irgendeiner Hinsicht. Da traf vieles zusammen in mir: z. B. das allgemein bekannte Wissen, welche große Rolle die Sexualität bei S. Freud spielte und damit bei allen Psychoanalytikern, die sich auf ihn berufen (s. Klinikprospekt damals); z. B. das Strahlen MMs, als ich ihm wider Willen meine Sexualphantasie (typisch in der Jugend?) erzählen sollte und es schließlich tat. **Ich ahnte nicht, dass alles, was ich nun schrieb, wiederum massiv missverstanden und in die falsche Diagnose eingeordnet werden konnte. PARADOXIE AUF SCHRITT UND TRITT, scheinbar ausweglos, eine Spirale nach unten ohne Ende.** Seltsam war, wie ich monatelang über meine Reaktionsgefühle stutzte, wenn ich meine Post abgeschickt hatte. Ängstliches Erschrecken überlief mich jedes Mal, wenn eine Sendung angekommen sein musste. So als sei MM ärgerlich über das zuletzt Geschriebene. Was hatte er schon wieder missverstanden? Im nächsten Brief glaubte ich, das Betreffende geklärt zu haben. Aber nie direkt, sondern stets indirekt, aus tiefer Angst heraus, etwas deutlich auszusprechen. Wieder Stress, vergleichbar dem Geschehen in der Klinik. Ich entwickelte nebenher echtes psychoanalytisches Erfahrungs-Denken auf der Basis weniger Bruchstücke meiner Studienzeit und dessen, was ein gebildeter Mensch damals üblicherweise so aufschnappen konnte aus der öffentlichen Diskussion, besonders unter Studenten. Neues kam hinzu: **FRÜHKIND-LICHE BEZIEHUNGEN WIEDERHOLEN SICH IM SPÄTEREN LE-BEN, SPEZIELL IN LIEBESBEZIEHUNGEN, wurde eine Schlüsselaussage für mich.**[19] **Wegen der Übertragungsmöglichkeiten auf allen Ebenen, fühlte ich mich überfordert und beschloss regelrecht, Vertrauen zu MM zu haben. Ob er wohl den ganzen »Quatsch« leid war?** Im Herbst desselben Jahres hatte ich den unbeschreiblichen Mut, ihn persönlich sprechen zu wollen und fuhr mit meinem Auto nach Hibbelsburg. Pech! Er war im Urlaub. Mit dem Ablauf des geplanten Schreibjahres wuchs meine Angst und damit die Zwanghaftigkeit in mir. Der Tod meines Vaters wühlte mich auf. In einer intensiven Wachphantasie erlebte ich eine elementare Versöhnung mit ihm, die jeden Psychoanalytiker hätte entzücken können.

Endlich war das Ende des festgesetzten Jahres gekommen
MM reagierte nicht. Irgendwann in der Zeit redete ich innerlich mit MM und meinte, eine telepathische Verbindung mit ihm zu haben, denn er »antwortete« mit einer inneren Stimme, allerdings ziemlich belanglos. Als ich meiner Mutter davon erzählte, meinte sie besorgt: »Friedel, das ist nicht normal. Wenn der sich nicht wirklich meldet, dann drehst du durch.« Aber ich glaubte ihr nicht, dann ich wusste es ja besser, dass ich eine »neue reale Dimension« erlebte.
Ich wartete auf eine freiwillige Reaktion von MM. Sie kam nicht spontan. Sie kam überhaupt nicht. Meine inneren Abläufe liefen zwanghaft immer weiter zurück in mein frühestes Leben. Ich beschloss in großer Enttäuschung und seelischer Not, am nächsten Tag MM von mir aus privat anzurufen. Meine Angst steigerte sich vorher auf ein Extrem-Maß. In dieser Nacht lief eine analytische Situation meiner Geburt in mir ab. Ich wurde geboren und bekam selbst ein Kind. Morgens, 6 Uhr rief ich ihn an: »Wolfgang« – Besorgt:

---

19 Hier dem Sinn nach wiedergegebener Satz von Erich Fromm in »Die Kunst des Liebens«

»Ja, was ist denn? Was hast du denn?« – »Ich kann nicht mehr.« – »Ich hab dir doch gesagt, was du machen sollst (eine Psychoanalyse vermutlich).« – Schweigen. Ich, zutiefst getroffen, sagte zögernd wieder zwanghaft diesen Satz: »Ich dachte, Sie sagen auch mal was.« **Schweigen. Schließlich legte er auf. Zwei Stunden später simulierte ich mich simultan mit ihm, als seien wir beide körperlich-seelisch-geistig dasselbe Wesen.** Ich konnte mich scheinbar mit ihm »unterhalten« (mit der inneren Stimme). Eine anfänglich vergnügliche Situation. Die einzige manische im gesamten Wahngeschehen meiner Krankheitsabläufe, danach umklappend in nur noch dramatisch angstvolle Wahnzustände. **AKUTE PSYCHOSE, die die nächsten zwei Jahrzehnte meines Lebens bestimmen würde.** Der Himmel hatte meiner Mutter ein so unruhiges Gefühl vermittelt, dass sie sich an dem kritischen Vormittag in den Zug setzte und mich in meinem Zuhause in akutem Zustand antraf. Unter großen Mühen gelang es ihr, mich in die damalige Landesklinik zu verfrachten, das war eine psychiatrische Einrichtung für die Region. Ich wurde hochgradig unter ein damals übliches Neuroleptikum gesetzt und damit für die nächsten Jahre buchstäblich »lahm gelegt«.

A4. Selbstanalyse:
Meine Entwicklung im Elternhaus (1941–1961)

Allgemeines

Viele psychiatrische Ärzte ziehen sich auf die letztlich bequeme Behauptung zurück, Psychose sei **ausschließlich** eine Stoffwechselstörung im Gehirn und es genüge, die Kindheitseinflüsse mal so am Rande zu erwähnen, wenn denn überhaupt das Bedürfnis dazu bestehe. Oder sie lehnen Derartiges völlig ab. **Natürlich handelt es sich bei dieser Krankheit um eine Störung der TRANSMITTER IM GEHIRN, UM EINE ENTGLEISUNG DER BO-TENSTOFFE, OHNE ZWEIFEL. Ob aber diese Stoffwechselstörung die Ursache für Psychose ist oder erst als Folge von etwas anderem auftritt, das ist noch nicht erforscht. Ursache oder Wirkung? Gibt es beide Möglich-keiten? Eine Beleuchtung des tiefenpsychologischen Aspektes ermöglicht neue, wirksame Heilungswege für eine Vielzahl von Betroffenen. Darüber wird in der Regel nicht gesprochen. Ich habe genau das selbständig getan. Meine Heilung von *REAKTIVER PSYCHOSE*, später als *BORDERLINE* benannt, danach als *NEURASTHENIE*, (vorübergehend *NEUROTIZIS-MUS-SYMPTOME*) endlich als das, was es ganz am Anfang gewesen war, nämlich *PSYCHOSOMATISCHE STÖRUNG*, beweist: Es ist möglich, auf** psychoanalytischem Wege wieder zu altersgemäßer Lebensqualität zu ge-langen. **Selbstverständlich mit Hilfe der heute** üblichen **Psychose-Medika-mente, die ich zunehmend abbauen konnte.** Auf zwei Bahnen (seelisch wie körperlich) zur Freiheit. Eine Low-Dosis gönne ich mir heute noch in An-betracht meiner Überempfindlichkeit und Belastungen. Ich verstehe, wenn familiäre Verantwortung füreinander als heikles Thema vermieden wird. **Dem widersprechen jedoch tiefenpsychologische Erkenntnisse. Und die besagen, wie entscheidend für das spätere Lebensglück die Prägungen der Kindheit tatsächlich sind.** (Manche setzen sie mit durchschnittlich 30% an). Es ist heute bei Biologen und bei verkappten politischen Ideologen üblich, für alles und jedes **ausschließlich** die Gene verantwortlich zu machen. Und damit wäre der liebe Gott Schuld, der uns offenbar reichlich defekt erschaffen habe. Oder es gibt ihn gar nicht. Eltern scheinen eher als Erzeuger von Leben nötig, ansonsten entwickelt sich der kleine Mensch am besten völlig »frei« (aber versorgt) zu ungeahnten Höhen seiner angeborenen Persönlichkeit. Aktive Erziehung sei unnötig. Bildung ja, Bindung unerheblich. Dergleichen Schlauheiten hört und liest man heute reichlich in der öffentlichen Meinung und freien Presse, als seien solche **einseitigen** Behauptungen der Weisheit letzter Schluss. Wie wichtig die Bindung an eine Person ist und wie darauf die Bildung aufbaut, also beides, kann man auch hören und lesen. Aber man muss danach suchen, während die Einseitigkeit ständig präsentiert wird. Werte verlagern sich. Die Mitte ist schwerer einzuhalten, muss immer wieder neu gegriffen werden. Dafür gibt es keine einfachen Rezepte. **Moderne gesellschaftliche Extreme (Ideologien) sind Abwehr früherer entgegengesetzter Extreme. Trotzdem erleben wir teils gleiche Aussagen, nur mit anderen Vokabeln. Die ausgewogene Mitte und das Maß einzuhalten, scheint langweilig zu sein.**

Wir irren uns oft, wenn wir rückblickend unsere Kindheit betrachten. Die meisten möchten gern ein gutes Elternhaus ihr Eigen nennen, weil es auch ein Licht auf uns selbst wirft. Und so schauen wir oft durch die berühmte rosarote Brille. Das ist einerseits in Ordnung, weist es doch auf bleibende Liebe und Verzeihen hin. Oder aber auf Illusionen, die man sich nachträglich gestattet? Wenn ein Mitglied der Familie eine schwerwiegende seelische Krankheit erlebt, sollte es möglich sein, zu fragen, ob speziell dieser einzelne Mensch eventuell im Rahmen der Familie oder allgemein in der Kindheit und Jugend etwas Besonderes erlebt hat, worin eben doch der Ursprung eines Komplexes von spezieller Empfindsamkeit und späterer seelisch-geistiger Entgleisung liegen könnte. Oft müssen ja mehrere Dinge zusammenkommen, ehe eine Krankheit ausbricht. **So wäre es generell notwendig, nach vielen Seiten auszuleuchten. SEELISCHE TIEFENPROBLEME KANN MAN AUFARBEITEN, DAS GESCHIEHT MÜHSAM, DURCH »WIEDERKÄUEN« (WIE ICH ES NENNE), NÄMLICH DER URSPRÜNGLICHEN ODER VERBLIEBENEN EMOTIONEN PLUS REFLEXION DARÜBER. Ich habe meine gesamte Kindheit und Jugend auf diese Weise »abgegrast« und wieder Lebensqualität erreicht. Gedankliche Einsichten** genügen nicht, in der Vehemenz abnehmende emotionale Wiederholungen sind wesentlich.

Die Erkenntnisse dieses Prozesses, der immer wieder neues Verzeihen erforderte, möchte ich heute nicht missen. Einen Bruchteil davon beschreibe ich hier. (Eine gelingende Therapie in Hibbelsburg hätte wohl diesen Weg öffnen sollen.)

Wenn ich jetzt versuchen werde, meine Kindheit und Jugend grob zu umreißen, **dann kommt es mir darauf an, den verdrängten ZWIESPALT deutlich zu machen, der die zugrunde liegende Tendenz meiner seelischen Störung ausmachte. Ich denke, darin könnte sich etwas andeuten, das sich verallgemeinern lässt.**

Äußere Umstände

Ich wuchs in einem norddeutschen sogenannten Marktflecken auf, also einem besonders großen Dorf mit zentral wichtigen Funktionen für die weitere Umgebung. Zahlreiche Handwerke, Geschäfte, Gasthäuser bis hin zu Sägewerk, Mühle, Molkerei und nicht zuletzt Schulen, sogar ein Gymnasium. Ein idyllischer Ort in schöner Landschaft, in dem es sich leben ließ, in dem man zu leben wusste. Etliche Sommergäste, die jedes Jahr gern wiederkamen. Nämlich auch in unsere historische Gaststätte, in der meine Eltern auch Gästezimmer und Mittagstisch anboten. Das war noch nicht alles: Ein großer Saal für Veranstaltungen, Gaststubenbetrieb, eine Tankstelle, ein Kino, das mein Vater einrichtete, und ein riesiger Garten, der uns in und nach dem Krieg vor zu großem Hunger bewahrte, Viehhaltung und Ackerbau im Kleinen. Meine Mutter »konnte das alles«, liebte Hauswirtschaft und Textilarbeit. Unsere engere Familie zählte sieben Personen: Vater, Mutter, Großmutter und vier Kinder. Dazu nur noch vier Personen festes Personal, die quasi mit zur Familie gehörten. Meine zwei älteren Schwestern und mein Bruder wurden zwischen 1933 und 1937 geboren. Ich als Jüngste 1941, also mitten im 2. Weltkrieg. Mein Vater war seit Kriegsanfang Soldat. Meine Mutter und Großmutter stemmten gemeinsam den gesamten Betrieb. 1943 kam mein Vater mit Tuberkulose nach Hause. Meine eigenen Erinnerungen gehen sehr weit zurück, auch in diese Zeit, bis in alle Einzelheiten. Das hat hier keinen Raum. »Meine vier Kinder sind mein ganzes Glück«, hörte ich Mutter später sagen. Ironie des Schicksals: vor lauter Arbeit meinte sie weder Zeit noch Kraft zu haben, uns liebevolle Zuwendung zu geben.[20] **Meine Mutter schenkte uns vier Kindern zu wenig verstehende Ansprache, sie arbeitete unentwegt in dieser weit gefächerten ländlichen Gastwirtschaft.** Wir hatten keine Chance, unsere emotionalen Grundbedürfnisse »anzumelden«. Bei meinem cholerischen Vater bestand keine Chance auf liebevollen Umgang miteinander. Gegenwehr gefährdete uns Kinder, also versuchte das niemand, nicht einmal meine Mutter. Sie respektierte ihn uns gegenüber mit dem mahnenden Hinweis: »Er ist euer Vater!«

Wichtig ist, was meine Mutter mir oft erzählt hatte und was ich in und nach Hibbelsburg wiederholend nacherlebte, nämlich die **Zerrissenheit meines Lebensbeginns.** Acht Tage nach der Geburt wurde ich nur noch zum Stillen und Wickeln aufgesucht und abends zum Baden, blieb ansonsten mir selbst überlassen. Meine Schwestern durften mich nicht aufsuchen, denn »ein Baby ist kein Spielzeug«. Mutter war speziell bei Vaters Abwesenheit im Krieg maßlos überlastet. Ein Arzt hatte ihr, dem Zeitgeist entsprechend, geraten: »Ein Baby im 1. Lebensjahr hört man gar nicht.« Baby Friedel entwickelte nach 6 Wochen sogenannten »Milchschorf«, den man heute Neurodermitis nennt, als Auto-Aggressionskrankheit. (**Somatisierung**[21]. **Die erste von weiteren.**) Morgens lag ich »wie eine Blutwurst« im Bett. Mutter erfand Papprollen für die Arme, damit ich die Ellenbogen nicht mehr biegen konnte zum Kratzen. (In Hibbelsburg ruderte ich unwillkürlich mit meinen Schultern, um die Spannungsgefühle loszuwerden, sagte auch MM, woran mich das erinnerte. Wieder zu Hause empfand ich auch eine Art Schmerzen an solchen Stellen des Körpers, an denen ich in

20 Wenn Reden und Handeln der Erziehenden nicht zusammenpassen, kann eine »**Doublebind-Störung**« entstehen. Also eine widersprüchliche Bindung mit Zwiespalt als Ursache schwerer seelischer Einschränkungen.

21 Es finden sich keine organischen Ursachen. Wenn die Nerven durch Belastung am Ende sind, ohne dass sich das Problem lösen lässt, gibt die Seele an den Körper ab. (Sagt die Seele zum Körper: »Geh du voran. Auf mich hört er/sie nicht!«) D.h. der Mensch benötigt mehr Ruhe zur Verarbeitung, braucht Abstand und/oder Hilfe, um **Somatisierung** zu meiden oder rückgängig zu machen. Auch die Neigung dazu ist in der Regel schon in der Kindheit oder Jugend merkbar, hätte u.U. verhindert werden können.

meiner Jugend Sportverletzungen davongetragen hatte. Im Laufe der Jahre verlor sich Derartiges wieder). Insgesamt ab einer Woche nach der Geburt bis zum 3/4 Jahr überwiegend allein gelassen werden. Danach »ließest du dich nicht mehr im Bett halten.« Ich erhielt wechselnde Kindermädchen zum Ausfahren, wurde im Übrigen in der Karre im Flur abgestellt, wo ich meine flitzenden Familienmitglieder beobachten konnte. Wesentlich sind meine zwei entgegengesetzten Zustände in diesem ersten 3/4 Jahr meines Lebens. Das war einerseits die erbärmliche Verlassenheit, verknüpft mit Schmerzen; andererseits eitel Wonne, ausgelöst von Muttis innigster Zuwendung und liebevoller Herzlichkeit, die ihr als Babymutter eigen war. Der erste Zwiespalt meines Lebens.

(In diese Extreme rutschte ich in und nach Hibbelsburg hinein und klebte nach Ausbruch der Psychose jahrelang darin fest; d.h. **verdrängte Affekte der frühen Kindheit hatten sich Bahn gebrochen. Für den erwachsenen Menschen kann das eine seelisch explosive Katastrophe bedeuten, vor allem, wenn ein Komplex von ähnlichen Belastungen aufbricht wie bei mir.**) Als ich dann laufen konnte, begann meine stete Muttersuche, an die ich mich noch sehr gut erinnere. Ich prägte mein tieferes Naturell aus als »Beobachterin am Rande«, denn bei Annäherung an meine Mutter wurde ich in der Regel ergebnislos weggeschickt. Es wäre nötig gewesen, dass sie etwas später auf mich zugekommen wäre, um mein Anliegen zu klären. Oder mich bei Bedarf mal kurz zu herzen. Auch das geschah nicht. MUTTER-ZU-WENDUNGSMANGEL **blieb mein seelisches Kernproblem. Dieses und mehr begründete meine Ängstlichkeit, Bravheit, und meine Hemmungen, meine Zaghaftigkeit, Schüchternheit und meine Vorsicht. Dazu meine Überempfindlichkeit. Alles zusammen ergab den Drang, meiner Mutter ausschließlich Freude zu machen;** denn dann wandte sie sich mir am ehesten freundlich zu (mit MM ergebnislos wiederholt). Ich wurde von niemandem beachtet und ganz gewiss nicht als Nesthäkchen verwöhnt, auch wenn Mutti mich liebevoll so nannte. Meine älteren Geschwister gingen ihre eigenen Wege.

Kriegsgeschehen und Besatzungszeit blieben für unseren Ort erträglich. Sie spielten in den Gesprächen der Erwachsenen eine große Rolle. Wir mussten nach den »Ammis« den »Tommis« Platz machen (amerikanische bzw.

englische Besatzungssoldaten – eine aufregende Zeit) und mehrere Jahre in eine kleine Wohnung neben dem Heuboden ziehen. Kinder waren keine Gesprächspartner, wir hörten zu. Solange die provisorisch gestaltete Gaststube in unserem großen ehemaligen Klosterkeller unsere Existenz sicherte, waren wir fast eine normale Familie. Nachdem wir wieder umziehen durften, hatten wir kaum noch gemeinsame Mahlzeiten, sowieso keinen Feierabend, keinen freien Tag mehr, keinen Sonntag und keinen Feiertag für uns allein, zwei Stunden als Familie im Jahr am Heiligabend. Unsere sogenannte Wohnstube war eine Rumpelkammer, in der alles abgelegt wurde; nebenbei diente sie als »Büro« meines Vaters. Mit nahen Verwandten verbanden uns auf Dauer viele gute Kontakte, denn in der Zeit unterstützte man sich gegenseitig. Schöne halbprivate Festlichkeiten mit Verwandten fanden statt, außerdem öffentliche Veranstaltungen im Saal. Nach der allgemeinen »Fresswelle« folgte die »Vergnügungswelle« wie man damals sagte. Die Arbeit wurde mehr. Meine Eltern waren beide rechtschaffene, ehrliche, tatkräftige Menschen, auch wenn Mutter mal meinte, mein Vater habe die Arbeit »nicht erfunden«. Er war auch genau und anständig in geschäftlichen, also finanziellen Belangen. **Ich denke heute: Unsere sozialen Beziehungen, verbunden mit all dem sinnhaften, originalen Tun und Geschehen in großer Mannigfaltigkeit, in dem auch wir Kinder mitwirkten, festigten uns emotional und ersetzten die spärliche direkte mütterliche Zuwendung. Und sie schulten das folgerichtige Denken an sinnhaften Beispielen.** Wir hatten alle bestimmte Aufgaben. Ich hatte ab Schulanfang fast täglich abends und den gesamten Sonntagnachmittag bis zum späten Abend Dienst an der Kinokasse, Kino-Reklame war auch bald von mir zu wechseln. Kino als Pflichtbereich, bis ich zum Studium wegging. Zuwendungsersatz waren für mich stets meine gleichaltrige Freundin und mein Hund.

Zu meinen Eltern

Unter tausend Müttern hätte ich keine andere gewählt. Mit ihr verbinden mich ebenso kostbare Erlebnisse und Momente wie ich sie mit MM empfand, natürlich anderer Art. Mutter hatte eine sanftmütige, freundliche, ausgeglichene, heitere, aufgeschlossene, offene Natur, soziales Gespür, verantwortliche Fürsorge und Selbstlosigkeit. Sie sang gern volkstümliche Lieder.

Dazu eine feinsinnige, musisch-künstlerische Neigung, verbunden mit tiefer, weiser Liebe zu den Abläufen des Lebens und der Natur. Heutige Ausdrücke für damalige Eindrücke. Sie begeisterte mich mit all dem. **Idealisiert ein kleines Mädchen seine Mutter? Für den eigenen Lebensentwurf kann das nicht verkehrt sein.** Ein realistischer Sinn, Organisationstalent, Fleiß und Tatkraft kamen hinzu. Jedoch setzte sie das atemberaubende Arbeitspensum im Betrieb über alles. Sie war dabei weder launisch noch mürrisch noch laut oder aggressiv im Ton, allenfalls kurz und bündig. Sie nannte das den »Henneschen Telegrammstil«. Eigentlich arbeitete sie gern und gekonnt. Sie meinte jedoch in permanenter Überforderung, es sei genug, wenn die Kinder Nahrung und Kleidung und die nötige Schule hätten (mit der wir uns selbst überlassen blieben) und grundlegende Erziehung zum sozialen Miteinander. Sie wehrte unser Zärtlichkeitsbedürfnis immer wieder konsequent ab, obwohl sie manchmal erstaunliches Einfühlungsvermögen in kindliche Eigenheiten bewies. Ihre zeitweilige Härte in Überforderungs-Situationen wird noch deutlich werden. Man kann unsere Kindheit nach heutigen Maßstäben und besserem Wissen getrost als beträchtliche Vernachlässigung bezeichnen. Wir waren zu oft uns selbst überlassen. **Aber wir lernten das Arbeiten, wir lernten es, zurückzustehen, uns zu überwinden, Zuverlässigkeit, Anstand und Pflicht. Von all dem etwas zu viel verlangt. Freiräume wurden grundsätzlich zugestanden. Und wir pflegten enge verwandtschaftliche Kontakte, wie eine erweiterte Großfamilie. Das ist auch eine Art Reichtum. Durch handfeste Tüchtigkeit und durch Anstand und Zurückhaltung, Verantwortung und Vernunft, auf die Mutter Wert legte, ernteten wir ANERKENNUNG OHNE DIREKTES LOB. DARAUF BAUTE UNSER SELBSTWERTGEFÜHL AUF, SOWIE UNSERE LEISTUNGSBEREITSCHAFT.** Materiell würde man uns heute fast als »Kinder in Armut« bezeichnen, aber das war damals normal. **Trotzdem hatten wir Freizeit, denn Mutter wusste, dass Kinder Zeit zum Spielen und Freunde brauchen. Orte dafür gab es genug: den Hof, den Boden, den Saal, den Garten.** Oft ging ich allein in den Garten und trauerte um verlorene liebevolle Zuwendung, die ich dort zeitweilig von Mutter erfahren hatte. Mit ständiger Triefnase betrachtete ich voller Sehnsucht die Blumen, die sie so liebte. **Mutti war mein seelischer Mittelpunkt in allem, und ich liebte sie heiß und innig mit einer**

Sehnsucht, die selten gestillt wurde. In ihren späten Jahren empfing sie mich als Erwachsene sogar mit Umarmungen, die mich verwunderten. »Ich finde das schön«, war ihre Antwort auf meine verblüffte Frage: »Warum plötzlich so?«

Ganz anders mein Vater. Er war seelisch überwiegend eine Belastung für uns alle, sowohl für meine Mutter als auch für uns Kinder. Ich empfand Angst und Schrecken, wenn er mich »vornahm« und Anschuldigungen behauptete, die nie stimmten. Widerspruch zwecklos. Also ging ich ihm im großen Haus aus dem Weg. Mutter versuchte, unsere Achtung für ihn aufrecht zu erhalten. »Tu, was dein Vater sagt!« Entweder reden oder schweigen. Es war ihm nie recht. Heute meine ich, dass die meisten ihrer Zurückweisungen für uns Kinder auf sein »Konto« gingen. Dann war sie nicht nur äußerlich mit Arbeit beschäftigt, sondern auch innerlich mit seinen verbalen Ausfällen vielfacher Art. Es gab kein freundliches Wort von ihm oder Interesse für bzw. an uns Kindern. Wir schienen nur als Arbeitskräfte für ihn interessant zu sein. Der Alkohol spielte eine zunehmende Rolle in seinem Leben. Als ich zwölf Jahre alt war, saß ich mit meiner Mutter auf den obersten Treppenstufen des großen Hauses und hatte ein denkwürdiges Gespräch mit ihr über meinen Vater. »Ich kann euch jetzt nichts mehr vormachen«. Ihr Vertrauen zu mir »auf Augenhöhe« vertiefte meine Zuneigung zu ihr. Doch sie sollte noch etliche Male von ihr selbst verstört werden.

Verpachtung (1956 / 15 Jahre alt)

Meine Geschwister gingen aus dem Haus. Meine Großmutter, bei der ich manchmal Zuflucht gefunden hatte, starb. Das Arbeitsrecht änderte sich, so dass Personalprobleme zunahmen und meine Mutter von der sich steigernden Arbeit geradezu erdrückt wurde. Als ich 15 Jahre alt war, verpachteten wir den Gasthof, zogen in ein geerbtes Haus am Ortsrand und lebten von Verpachtung, Mieten, Kino, Garten und einigen Hühnern und Gänsen, letzteres als Liebhaberei meines Vaters. **Meine Mutter sorgte für eine gutbürgerliche Existenzform auf mittlerem Niveau.** Mein Vater verbrachte jeden Tag in der nahen Gastwirtschaft, nicht der eigenen. **Mutter kommentierte: »Der Galan in der Kneipe ist der Tyrann zu Hause!«.** Ich wurde für die nächsten Jahre (bis nacheinander zwei meiner Geschwister aus Berufsgründen zurückkamen) für ihn zum einzigen Blitzableiter für seine Aggressionen. Wenn ich meine in den vergangenen Jahren notierten Erlebnisse mit ihm heute so kompakt lese, weine ich immer noch spontan. Damals musste ich die Zähne zusammenbeißen und seine verbalen Attacken ertragen. Aber meine Mutter wurde in diesen Jahren mehr und mehr meine Verbündete, besonders nachdem sie einmal seine Aggressionen gegen mich miterlebt hatte, mir beistehen wollte, er sie körperlich angriff und ich ihn festhielt, sodass ihr nichts passierte. Das möchte ich nur erwähnen. **Alles zusammen hemmte meinen Schulerfolg, weil ich an nervlicher Dauererschöpfung litt und an einer Art Aktivitätslähmung, wie ich heute weiß.** Ich schaffte knapp das Abitur, ging zum Studium in eine relativ nahe Großstadt und erhielt von Vater gut die Hälfte an monatlichem Geld, das der Staat damals an Studenten zahlte. **Ich erholte mich gründlich.** Nach erfolgreichem Studium trat ich meine erste Stellung im Beruf an. Ziemlich weit weg von zu Hause. Die Dominanz des Fernsehens nahm zu, meine Eltern schlossen das Kino. Mein Bruder hatte seine Ausbildung im Hotelfach hinter sich, heiratete, übernahm zehn Jahre nach der Verpachtung unsere Gastwirtschaft. (In der Zwischenzeit hatte seine Frau vier Kinder geboren, von denen ich zu Hause noch zwei als Babys miterlebte.) Seine nun heranwachsenden Kinder flüchteten oft genug aus dem Betrieb zu ihren Großeltern, wobei meine Mutter ihren Enkeln die seelische Geborgenheit geben konnte, die wir vier als ihre Kinder so sehr vermisst hatten.

Ich habe heute noch ihre glücklichen Briefe aus dieser Zeit und entsprechende Aussagen meiner Nichte und Neffen. **Meine Probleme resultierten also weniger aus den Charakteren als aus den Umständen.**

Der Gerechtigkeit halber erwähne ich eine Zeit, ich war 16 Jahre, in der mein Vater für uns zwei sorgte. Mutter lag todkrank im Krankenhaus. Ich wusste nichts von ihrer großen Gesundheitskrise. Wenn ich aus der Schule kam, hatte er das Essen fertig. Er war über Wochen nicht betrunken. Als ich Haus und Garten fleißig und freiwillig in Ordnung hielt, nahm er mich unerwartet in den Arm und lobte mich. Aus dieser unbewussten Erinnerung heraus konnte ich ihn nach einem Schlaganfall, kurz vor seinem Tod ebenfalls in den Arm nehmen und sagen: »Ich hab dich doch auch lieb.«

Von heute betrachtet, erlebte ich im Laufe meines Lebens mehrere »Wahlväter«, die mir gut taten. Mit unserem aktiven Gemeindeleben seit 20 Jahren kamen männliche Freunde, die diesen Namen verdienen, zu unserer Ehe hinzu. So überwand ich langsam meine Reserviertheit gegenüber Männern allgemein.

Erlebte Traumen und ihre Bedeutung

Ich zähle in meinem Kinder- und Jugendleben **mindestens zwölf schwerwiegende Einzelerlebnisse, die ich größtenteils als Traumen bezeichnen kann.** Entweder als Auslösetraumen (also Ersterlebnisse bestimmter seelischer Qualität) oder als re-aktivierte Traumen (also Folgeerlebnisse derselben seelischen Qualität). Dazu rechneten weitere, in Ablauf und Thema variierende Kummer und Beklemmung auslösende Schock-Ereignisse, die entweder mit beiden Eltern oder mehr mit meiner Mutter oder mehr mit meinem Vater zu tun hatten. Wenn etliche traumatische Ereignisse vorliegen, sind sie mit Sicherheit voneinander abhängig, und sie beeinflussen sich in der Tiefenseele gegenseitig. **Es wäre unklug, von den reinen Fakten auf die seelischen Tiefenwirkungen zu schließen. Denn die setzen sich individuell einzigartig fest. Sie sind auch von den begleitenden Umständen mit abhängig.** Ich möchte nur wenige Beispiele andeuten, um aufzuzeigen, **dass Einzelheiten in frühen traumatischen Erlebnissen charakterbildend sein dürften, nicht nur bei mir.**

Die Mehrheit meiner Traumen hatte direkt mit meinem Zuwendungsmangel zu tun, den ich von Zeit zu Zeit deutlich zu machen suchte. Zusätzlich zu solchen Explosiv-Erlebnissen, vor allem durch meinen Vater, kommen alltägliche Zurückweisungen seitens meiner Mutter, bei der ich vergeblich Gelegenheiten suchte, in denen sie privat ansprechbar war. Trotzdem liebte ich sie aufgrund ihrer Qualitäten als Mutter, die zwar seltener zutage traten, aber so intensiv waren, dass sie nachhaltig in meiner Seele wirkten.

1) ... Traumatischer Ursprungsbereich als brüchiges Fundament (Einsturzgefahr!) sämtlicher späteren Belastungen war eindeutig meine Verlassenheit als Baby:

Das war meine ambivalente seelische Grundlage für Freud und Leid (vgl. meinen seelischen Spagat zwischen MM als Menschen und ihm als Therapeuten). **Folgen:** ... eine bleibende, bald altersuntypische Sehnsucht **a)** nach mütterlicher Zuwendung, **b)** nach liebevoller Partnerschaft im Erwachsenenalter / große Empfindsamkeit und Frust – sowie Schmerztoleranz diesbezüglich. **c)** Schweigen in der Partnerschaft löst bei mir eben diese seelische Verlassenheit aus.(so auch die Schweige-Therapie in Hibbelsburg)

2) ... **Stark prägendes Erlebnis »Guck mal, wie schön die Blumen sind« (2-3 Jahre alt)**

Beim Gang mit Mutter zu zweit in den großen Garten wollte ich unbedingt ihre mir zugewandte Innigkeit erleben und »knörte«[22], weil sie bloß neben mir her ging. Ich erinnere genau ihre, mein Anliegen missverstehenden Zurechtweisungen. Endlich langten wir am langen Rosenbeet an und sie wandte sich mir freudig zu: »Guck mal, wie schön die Blumen sind! Guck mal die Rosen! Manche sind noch Knospen, manche halb offen und manche blühen schon voll.« Ich fand das ziemlich belanglos, weil für mich selbstverständlich. Aber sie wandte sich dabei mir so herzlich zu, nur mir allein, denn sonst war niemand da – und strahlte. Und dieses Strahlen erfüllte mein Herz mit Wonne. Es war also ein gemischtes Erleben von Unverständnis, Mangel und schließlich Erfüllung auf unerwartete Art. Ablenkung ist oft eine gute Erziehungstaktik, aber nicht bei grundlegendem Mangel an Zuwendung. **Folgen:**.. Eine tiefe Liebe zu Blumen und zum Garten, mit dem mich weitere Muttererlebnisse positiv verbinden. / Ich suchte später unbewusst einen Partner, von dem ich heute weiß, dass er im Idealfall meiner strahlenden Mutter irgendwie entsprechen sollte. / Ich eiferte ihr auch darin nach, habe das potentiell in mir selbst als Möglichkeit gespeichert. (MM war so ein Mann. Der Klinikbetrieb entsprach unserer Wirtschaft, so dass ich dort von der Organisation her dachte wie zu Hause. Nicht aus Geltungsbedürfnis!)

22 Niederdeutsches Wort für jammern

3) ... Erstes Auslöse-Trauma, »Saal-Trauma« (etwa 5 Jahre alt):

In typischer seelischer Mangel-Situation wagte ich es, meiner Mutter, die allein in der Küche war, mit Nachdruck (indem ich mit einem Fuß auftrat) und berechtigt zu sagen: »Und immer bin ich allein! Und nie hat einer Zeit! Und keiner kümmert sich um mich!« Mein Vater tauchte im selben Augenblick in der Tür auf, beide schnappten mich an den Händen und zerrten mich auf den nahen Saal. Dort blaffte er mich an: »Und wenn du noch weinst, dann kriegst du noch eine rein! Hast du auch schon was zu sagen!? Du hast keine Ansprüche zu stellen!« Und weitere Beschimpfungen ähnlichen Inhalts. Mutter mäßigte ihn, sprach zu mir: »Mach das nie wieder!«, schickte mich weg. Und beide stritten sich über etwas anderes. **Folgen:** ... Ängstlichkeit, erlebter Vertrauensbruch, Vereinsamung, Minderwertigkeitsgefühle, Schuldgefühle / Problem, mit kindlichem Weinen umzugehen. Es war sozusagen mit Verbot belastet (vgl. Umbruchsituation bei MM). / Was hatte ich Falsches gesagt? Ich äußerte doch nur meine innere Not. Ein freundliches Bedauern wäre genug gewesen als Antwort und ein Nachdenken über die Berechtigung meiner Klage. Und Abhilfe wenigstens in Mini-Format.

4) ... Schwerstes Auslöse-Trauma, »Bett-Trauma« (7-9 Jahre alt)

Ich wusste nicht mehr, wozu ich noch auf der Welt war. Mutter hatte extrem wenig Zeit, und das seit Wochen. Mein Zuwendungs-Minimum war weit unterschritten. Ich hatte die Tage allein verbracht. Ich war – wie üblich – wieder einmal allein ins Bett geschickt worden. Verzweiflung überwältigte mich, und ich schrie sie an zwei Abenden aus mir heraus. Gäste hörten mich jedes Mal und sagten meiner Mutter Bescheid. Sie stand an diesem zweiten Abend plötzlich in der Tür und fragte scharf, was ich schon wieder hätte. Zaghaft: »Du hast nie Zeit.« – »Mehr willst du nicht? Und dafür schreist du das ganze Haus zusammen? – Wenn ich noch einen Mucks höre, dann schlage ich dich grün und blau!« Sie rauschte davon. Es war das erste und einzige Mal, dass meine Mutter mich bedrohte. Ich zog die Bettdecke über mich und wimmerte angstvoll in die Kissen, völlig außer mir. Da ging die Tür auf, ein entsetzlicher Moment. Aber es tat ihr wohl leid. Sie hielt ihre beiden Hände vor sich hoch und zählte an den zehn Fingern auf, was sie den Tag über zu bedenken und zu tun gehabt hatte. Beim zehnten Finger: »Und dann kommst du noch! Und jetzt schlaf!« Weg war sie. **Folgen:** ... Latent vorhandene Belastungsgefühle und -bereitschaft / devote Anwandlungen / Ein kindliches »Ich kann nicht mehr« als Tabu / unbewusste Akzeptanz von Über-Strapazierung bis zur erlebten Selbstaufgabe in der späteren Partnerbeziehung / über den »toten Punkt« weg mich belasten lassen und mich selbst »freiwillig« so belasten / ansatzweise Duldung von persönlichen Übergriffen durch den Partner, Verdrängung / **schwere Seelenzustände machte ich seitdem überwiegend mit mir allein ab,** (vertraute Freundinnen halfen durch ihr Verständnis und Wertschätzung) / mein »Nein-Huckel«, wenn ich zwar etwas ablehne, aber innerlich schon mit »ja« nachgebe / kaum Persönliches beanspruchen, Verunsicherung in der Liebesbeziehung ertragen, ohne dagegen handeln zu mögen / vereinzelte irrationale Punkte in Extremsituationen und mehr. **Aber auch: Mutters Zurückkommen gab mir die Hoffnung wieder.** Und so konnte auch ich später auf den anderen zugehen (ebenso, wie sie zurückgekommen war) und eine Sache korrigieren, die verfahren schien (z. B. meine Schreiben an MM zur Aufklärung seiner Irrtümer).

Richtig wäre gewesen, sich kurz auf den Bettrand zu setzen, mich in den Arm zu nehmen und zu trösten: »Kind, ich habe so viel um die Ohren. Aber in den nächsten Tagen nehme ich mir Zeit für dich. Das verspreche ich dir.« Ich lernte durch meine Analyse, meine Bedürfnisse zu erkennen, ja nachträglich zu »erkämpfen«. **Ich denke, DIESES TRAUMA LIEGT DEM UMBRUCH IN DIE PSYCHOSE ZUGRUNDE als direkte Parallele, verknüpft mit allen übrigen – noch unverarbeiteten – Tiefenbelastungen als Gesamtkomplex.**

5) ... Ich erwähne zwei Traumen, in denen sich die Inkonsequenz von Erwachsenen zeigt, die ihnen überhaupt nicht bewusst wurde
a) Als Kleinkind in prägender Situation (Anlass war ein im Regen farblich verlaufendes lila Samtkleid) hatte Mutter mir erlaubt, **selbst zu entscheiden,** ob ich bei Regen nach Hause kommen wolle oder abwarten. So etwas merkte ich mir. Als ich etwa 11-13 Jahre alt war, hielt ich mich bei Gewitter im Schwimmbad auf, wartete ab, schwamm danach ein paar Runden und war 15 Uhr wieder zu Hause. Ich hatte das Mittagessen versäumt. Das fand sowieso nicht gemeinsam statt. Vater schrie mich an: »**Pack dein Bündel**

und hau ab! Wir brauchen dich hier nicht mehr! Verschwinde!« Mutter schraubte den Ton wieder etwas runter, wie gewohnt. Etliche Zeit später überlegte ich, immer noch schwer erschüttert, von zu Hause fortzulaufen, gab es auf, weil schon in Gedanken alle Möglichkeiten zurückführten. Dann würde ich es noch schlimmer haben. Ich fragte: »Mutti, bin ich wirklich euer Kind?« – »Natürlich.« – »Weißt du das ganz genau?« – »Na, das muss ich ja wohl wissen.« – »Ganz sicher?« – »Ja, ganz sicher.« Sie ahnte nicht, warum ich das fragte. Ein Kind zu umarmen und zu liebkosen war nur mit Babys üblich. Sie hatte selbst als Kind keine Zärtlichkeit erfahren. **Folge:** … Existentielle Verunsicherung.

b) Eine Kette ergab sich, die Konsequenzen auf mein Redeverhalten hatte:
Mit 1 ½ Jahren wollte ich so gern auf den Arm genommen werden, als meine Mutter Strümpfe stopfte. Ich konnte noch keine Sätze sprechen. Um ungestört weiterarbeiten zu können, wies sie mich an: »Setz dich neben mich und erzähl mir was!« Damit hatte sie Ruhe. Jahre später – ich ging schon zur Schule – setzte ich mich bei der mittäglichen Essenausgabe gern neben dem riesigen Herd auf die große Holzkiste und »erzählte ihr was« von der Schule. Eine wichtige Frage beantwortete sie gedankenlos mit »Ja«. Nach der Klärung dieses Themas, als der Mittagsbetrieb vorbei war, nahm sie mich beiseite und wies mich an, ihr bei der Konzentration auf die Essenausgabe nichts zu erzählen. »Wann denn?« – »Wenn ich mal in Ruhe bin.« – »Du bist doch nie in Ruhe.« – »Doch, das kommt schon mal vor.« Diese seltene Gelegenheit ergab sich, als ich etwa 13 Jahre alt war. Sie saß völlig allein in der ansonsten leeren **Gaststube auf dem Sofa.** Ich setzte mich zu ihr, erzählte etwas für sie Belangloses, bemerkte, dass sie nicht reagierte, zupfte sie am Arm: »Mutti! Du hörst ja gar nicht zu!« Eine Kanonade von Vorwürfen folgte, die damit endete: »Und dann kommst du und pierst und pierst! Lass mich in Ruh!« Äußerst heftig, weil sie endlich mal Ruhe gefunden hätte für sich selbst allein. Völlig verstört flüchtete ich in meine Bodenkammer, warf mich aufs Bett, wälzte mich verzweifelt und stieß die Worte hervor, die nach Hibbelsburg plötzlich unwillkürlich wieder laut aus mir herausfanden: »**Nur der liebe Gott hat mich lieb und sonst keiner!**«
Meine Mutter saß völlig mit den Nerven fertig, zusammengesackt da. Ich hatte unbewusst Angst, sie zu verlieren, sie könnte sterben. Und sie brauchte

mich nicht einmal in ihrer Not. **Folgen:** … Angst / überflüssig sein in diesem Leben, außer zum Arbeiten / ein sich wiederholender Zwang, mich in die Probleme und Arbeit meiner Mutter einzufühlen / Mitgefühl mit Leidenden / Das DU ist wichtig, mein Ich steht zurück. Die Bedürfnisse des späteren Partners zählen, meine nicht.

Richtig wäre gewesen, sie hätte mich angewiesen sie zu trösten, indem ich mich dicht neben sie setzen durfte: »Aber bitte nichts sagen!« Das hätte ich verstanden und gern befolgt. Ich hätte mich wichtig gefühlt für ihr Wohl. (Die Gefahr, dass ich in die Mutterrolle hätte schlüpfen müssen, war nicht gegeben bei uns beiden.) Überhaupt ist es wichtig, nach unvermeidlichen Ausrutschern von Erwachsenen gegenüber Kindern, dass wenigstens nachträglich die Sache noch einmal in Ruhe geklärt und bereinigt wird! **Auch in der eigenen, späteren Analyse müssen wir mit erwachsenen Kräften nach besseren Lösungen unter denselben Umständen suchen. Das heilt.**

Weitere Folgen: … Ich versteckte meine intensiven Gefühle in mir selbst, obwohl sie vehement vorhanden waren: sowohl die Sehnsucht nach Mutterliebe als auch die Äußerung elementarer, alltäglicher Zuwendungsbedürfnisse. / In meiner Analyse entdeckte ich, dass dieses Erleben meiner leidenden Mutter, der ich nicht helfen durfte, sich wiederfindet bei meiner Partnersuche, indem ich einem leidenden Mann, wie ich ihn empfand, Trost und Liebe geben wollte. Und die ließen es oft zu. / Treue zu einem Mann, der an sich selber leidet, der aber auch mir übermäßiges Leid verursacht (vgl. Rolf und Bernd, meinen jetzigen Ehemann). In diesen Komplex spielt noch vieles hinein. Streng genommen erlebte ich schon in meiner Jugend etliche Re-Traumatisierungen, die teils unaufgelöst blieben, teils ansatzweise geklärt wurden. Die erlebten »Ketten« zu erinnern, finde ich erstaunlich: Wenn man so wenig persönliche Zuwendung erfahren hat wie ich, dann merkt sich das Unterbewusstsein offenbar jedes normale oder erfreuliche Gespräch mit der geliebten Mutter, das Hinweis gibt auf das, was sie sich wünscht von mir oder was sie mir erlaubt und / oder an Orientierung mitgibt.

Wir Kinder mussten allein aufstehen, ohne Frühstück oder Butterbrot zur Schule gehen. Ich kam in der 1. Klasse oft zu spät dort an, schämte mich dafür (vgl. mein 1. Thema bei MM, an dem er mich hinderte). Wir waren in fast allem uns selbst überlassen und konnten uns nur an dem orientieren, was wir aus den Unterhaltungen der Erwachsenen aufschnappten. Aber überprüft, ob wir uns »anständig zu anderen« verhalten hatten, wurden wir streng. Vielleicht war es die damals übliche regressive Erziehung, verstärkt durch den »mörderischen Betrieb«, in den wir alle eingebunden waren. An Verdienst kam nicht viel dabei heraus, denn das meiste musste wieder hineingesteckt werden in Betriebs-Verbesserungen und das 300 Jahre alte Haus. Nach dem Krieg war man froh, wenn man seine Existenz sichern konnte.

Die **Verpachtung** (nach dem Tod meiner Großmutter möglich geworden) brachte mir **erschütternde verbale Übergriffe meines Vater**, die ich verschweigen möchte. Die Darstellung muss nicht sein, denn jeder lebt sein eigenes Leben mit seinen ganz eigenen Herausforderungen. Zur Klärung: Es gab keine körperlichen oder gar sexuellen Übergriffe von ihm. Er forderte durchaus sittliche Maßstäbe und folgsames Benehmen von uns / mir ein. Aber stets gekoppelt mit unberechtigten Vorhaltungen. Das kann ich mit Gewissheit behaupten. Nur einige völlig grundlose Beschimpfungen meines betrunkenen, drohenden Vaters als Muster für Schikanen und Gemeinheiten: »Du Miststück! Du Luder!« Oder harmloser, zynisch: »Du bist noch nicht mal ein Punkt in der Landschaft!« Oder gebieterisch: »Da ist der Weg zur Arbeit!« Ich möchte das hier nicht ausbreiten, weil all das sehr privat ist und auch die bloße Vorstellung belastet. Mich sowieso. Klar, dass auch meine Mutter litt. Sie war bei seinen Angriffen auf mich in der Regel nicht anwesend. Sie sprach anfangs kaum über ihr Erleben mit ihm, schluckte ihre eigenen Enttäuschungen wohl herunter. So ergab es sich, dass ich eines Tages aus der Schule kam und zu ihr meinen Kummer äußerte über die Jungen in meiner 10. Klasse, die sich lange Zeit ohne irgendeine Rücksicht extrem schlimm benahmen. **Scharfe Reaktion meiner Mutter: »Bemitleide dich nicht selbst! Du bist auch nicht besser! Such die Schuld bei dir!«** Sie wollte zusätzlich zu ihrem eigenen Frust, den ich nicht sofort bemerkt hatte, nicht noch meinen Kummer hinnehmen. **Wenn sie mich zu hart anging, begab sie sich für mich in die seelische Nähe meines Vaters, wurde also für mich ebenfalls traumatisch.** Ich zog mich sofort auf mein Dachzimmer zurück, war völlig verzweifelt über solche Schuldzuweisung und grübelte lange Zeit darüber nach, wie ich mir **das Leben nehmen** könnte. Ein Sturz aus dem

Fenster im 2. Stock schien nicht sicher genug. Endlich ging ich zurück zu ihr in die Küche, riss mich zusammen und erzählte ihr in sachlichem Ton, was unsere Jungen taten. Das akzeptierte sie so von mir, und wir unterhielten uns über die Vergeblichkeit, etwas von den Mädchen aus erreichen zu können. (Meine Rückkehr weist wieder auf ihre Rückkehr nach dem Bett-Trauma hin.) **Solche nachträglichen Klärungen fanden viel zu selten statt. Mit meinem Vater gab es überhaupt keine Klärungen.** Jahre später als Erwachsene, war ich daran, mit meinem Elternhaus zu brechen. Mit Rücksicht auf meine Mutter, zu der ich Kontakt behalten wollte, und aus Liebe zu ihr, schluckte ich wieder herunter, was mein Vater sich geleistet hatte. **Es gibt Erlebnisse, die man nicht völlig verarbeiten kann. Das zu glauben, ist Illusion.** Dann muss man auf Distanz gehen, innerlich und / oder äußerlich.

Zusammenfassung

Negatives Erleben, so dicht zusammengestellt, klingt drastisch und einseitig. Die frühesten Erlebnisse prägen am meisten. Auch wenn ich hier nur exemplarisch auswähle, muss man sich das über 20 Jahre verteilt denken. Es war schlimm, dass es zu so vielen Ausfällen elterlicher Verantwortung kam. Gleichaltrige bestätigen häufig, dass es auch bei ihnen im Prinzip ähnlich zuging. Belastungsfaktor Nr. 1 war bei uns jedoch der Betrieb. Ansonsten ging alles weitgehend normal zu, d. h. Kommunikation auf mittlerer Ebene war zeitweise gegeben. Sowohl seitens meiner Mutter als auch von Seiten der vielfältigen sozialen Beziehungen rundum. Von meinem Vater kaum. **Ich prägte in meinem Charakter drei Bereiche intensiv aus: a)** die Hochsensibilität[23], die mir eigen ist, wird verursacht oder verstärkt durch die verletzbare Empfindsamkeit meiner verdrängten Babyverlassenheit und etliche Traumen, **b)** eine sachlich orientierte mittlere Kommunikationsebene (die uns alle tragen kann), **c)** beruflich taugliche Fähigkeiten, praktische und geis-

---

23 Etwa 10–15% der Menschen dürften »hochsensibel« sein (siehe Internet), das sind Menschen, die eine empfindsamere **Wahrnehmungs-Verarbeitung** haben als der Durchschnitt.

tige Leistungen zu bringen, u.a. »antrainiert« durch frühe Verpflichtungen im Arbeitsprozess des elterlichen Betriebes. **Zu frühe Übung darin, Frust und innere Hemmnisse mühsam zu überwinden.**

Bis heute erkenne ich das für mich typische **Vermeidungsverhalten** wieder (Vorsicht, mich Mutter zu nähern, auch übertragen auf geistige Arbeiten), allerdings in abgeschwächter Form, zum Glück. Immer wenn ich Konzentrationsarbeit leisten wollte, kreise ich um den Schreibtisch, zog praktische Arbeiten vor, ehe ich zwangsläufig die inneren Hemmungen überwinden musste. Wenn ich dann endlich konzentriert arbeitete, macht es Freude und die Ideen sprühten. Dasselbe trifft auf **Prüfungssituationen** zu. Dieses sich wiederholende Muster entspricht genau meiner kindlichen Mutterbeziehung: Angstprobleme, an sie heranzukommen, und wenn es gelang, Freude und Entlastung.

Aggressiven oder überheblichen **Übergriffen** außenstehender Personen weiche ich heute noch aus, indem ich z. B. den Fachmann wechsele. Das ist Vermeidung von unerfreulichen Auseinandersetzungen im Alltag. Da fehlt mir jede »Kampflust«, sogar das Bedürfnis, die Sache unbedingt klären zu wollen. Es gibt da eine Schallgrenze.

Dank der früh erlernten Fähigkeiten und beruflichen Durchsetzungsverpflichtungen machte ich eine Art »**Funktionsausgleich**«[24] durch. Aus dem schüchternen, gehemmten kleinen Mädchen wurde eine Verantwortung bewältigende Berufs-Frau. Mit diesen charakterlichen Möglichkeiten und geübten Fähigkeiten hielt ich auch die privaten Belastungen meiner »unmöglichen« Partnerschaftsbeziehungen bemerkenswert lange durch. **Mein Inneres blieb zwiespältig.** In und nach Hibbelsburg setzte aufgrund meiner Vor-Verfassung und der tiefen Liebe zum Therapeuten eine derart starke Regression ein, dass der verdrängte Komplex meiner frühen Babyverlassenheit und nachfolgend permanentem Zuwendungsmangel plus traumatischen Schocks gänzlich aufbrach. Das wurde weder erkannt noch abgeschwächt noch aufgehoben. **Was meine Mutter in meiner Entwicklung immer wieder halbwegs in Ordnung gebracht hatte, wäre auch in der Therapie möglich gewesen, aber aus Unkenntnis verweigert. Das waren seelische Qualen neuer Art, die sich drastisch zuspitzten und in meiner besonderen Lebens-**

---

24 siehe Teil III, »Normal-Zone«

situation die Psychose möglich machten. Ein weiteres Phänomen fiel mir auf: Bei der seelischen Nacharbeitung meiner Traumen und Kümmernisse (die noch weitere 20 Jahre anhalten würde) dachte ich oft: »So schlimm war das im Originalerleben speziell mit meiner Mutter nicht, wie es mir jetzt nachleidend vorkommt.« Ich vermute, dass mein aufgebrochener, vorher verdrängter Babydefekt die nachfolgenden Schreckerlebnisse der Kindheit zusätzlich quälend einfärbte. **Ich lebte nun wie mit SCHEUKLAPPEN, DIE ALLES POSITIVE AUSBLENDETEN. In und nach Hibbelsburg war meine kommunikative Mitte aufgrund meiner totalen Regression in frühe Kindlichkeit auf ein Minimum geschrumpft, flexibles Denken mit entsprechender Kommunikation nicht mehr möglich.** Man muss sich das so vorstellen, dass ich nach außen hin immer noch bemüht war, mich zusammenzureißen und normal zu wirken. »Doch wie´s darin aussieht, geht niemand was an!« Ich erlebte mich in dieser langen Zeit als schaukelnde Seele zwischen den oben erwähnten Bereichen, also inniger, kindlicher Sehnsucht und äußerer Existenzsicherung. **Die innere EINSAMKEIT meiner Kindheit und Jugend in der Familie (bei dort äußerlich zahlreichen intakten Beziehungen und wohltuenden Mädchenfreundschaften) wurde durch die belastende Partnerschaft und die anschließende Fehltherapie zu einer MANIFESTIERTEN SEELISCHEN EINSAMKEIT, nun als Erwachsene.** Erst als die Hoffnung auf Verwirklichung meiner neuen Liebe sich zerschlug, nämlich nachdem ich mein Kindheitserleben (mit extremen Überwindungsleistungen beim Notieren) ein Jahr lang an MM geschrieben hatte und er erneut frustrierend reagierte, setzte die Psychose ein. Meinen lange anhaltenden seelischen Verlust der Mitte werde ich später als **Schaukel-Charakteristik** von der meines Mannes abgrenzen.

Frage: Wie kommt es dazu, dass Töchter von Alkoholikern wiederum einen Partner wählen, der Alkoholprobleme hat? Wieso werden Söhne von Alkoholikern wiederum Trinker? Wieder mal die Gene als Hauptverursacher? Oder eher eine Frage der Identifizierung mit dem gleichgeschlechtlichen Elternteil sowie Nachahmung desselben? Verbunden mit tiefem Frust schon als Kind und Jugendliche / r. Die erwähnte Folge trifft nicht zwangsläufig ein, ist aber ein auffälliges Phänomen von einer Generation zur nächsten, bezogen auf Alkoholismus. Ich hatte mit Anfang 20 den festen Vorsatz, so etwas auf gar keinen Fall zu riskieren. Als ich die Mitte 20 überschritten hatte, zwei unglückliche Lieben sich nicht erfüllt hatten und meine Sehnsucht nach Familiengründung hinzukam, geriet mir Rolf in den Weg. Später meinte ich, ich hätte bei meinem Gardemaß und Schönheitsfehlern vielleicht keine Chance gehabt, einen besseren Partner zu finden. Heute sehe ich das anders. Auch solche Voraussetzungen zwingen mich nicht, einen Alkoholiker zu akzeptieren. Das liegt tiefer. **Ein Komplex tut sich auf, also das Zusammenwirken etlicher seelischer Gegebenheiten.** Nur so viel: Ich identifizierte mich als Mädchen ganz sicher mit meiner geliebten Mutter. Sie akzeptierte scheinbar meinen Vater lange Zeit als vollwertig. Ich nahm sie in all ihren Verhaltensweisen bewusst und unbewusst als Vorbild an. Nebenbei gelang es mir, auch ganz eigene Bereiche zu entwickeln. Vater war autoritär, Mutter war Autorität. Allerdings nicht in der Art, wie sie auf meinen Vater reagierte. Sie erduldete ihn, sie setzte keine Konsequenzen durch, um ihn an Unmöglichkeiten zu hindern (das hätte auch nicht in das damalige Bild der Rolle von Mann und Frau gepasst). Sie benannte seine Ausfälle logisch und realistisch, manchmal sogar mit Humor, verdrängte dann aber oder färbte die dunklen Umstände vielfarbig ein. »Es lohnt sich nicht!« – »Das lässt man sich gar nicht ankommen!« – »Das läuft sich alles zurecht!« – »Nimm ihn nicht für voll!«(Er sorgte schon dafür, dass wir ihn »für voll« nahmen) usw. **Sie lebte mir vor, über den »TOTEN PUNKT« durchzuhalten und vor allem zu »funktionieren«, also zu arbeiten (womit sie selbst ihr Leid wegschob). Und zunehmend behauptete sie im Alter verbal, was auch sie sich gewünscht hatte, nämlich eine »heile Welt« erlebt zu haben.** Ich lernte in den vergangenen Jahren, das alles immer differenzierter wahrzunehmen. **Der erlebte Zwiespalt im Verhalten zwischen Vater und Mutter sowie punktuell auch in meiner Mutter selbst wurde im Laufe meiner Entwicklung zum ZWIESPALT in mir selbst.** Durch das Miterleben der Ehe meiner Eltern begründete sich in mir **eine private TOLERANZ, die größer ist, als es gut sein kann.**

Bei all dem negativ Erlebten leuchtet es vielleicht ein, dass mein Selbstwertgefühl zwar als Leistungsmensch intakt war, nicht aber als weibliches Wesen. Ich wusste zwar um meinen Wert, auch dass meine Mutter mich schätzte, aber ausgesprochen wurde das nicht. Mein Vater titulierte mich als

Kind mit »Drahtziege« oder »Drahtbesen«. Meine Nöte wurden auch von Mutter ignoriert. Wenn ich z. B. von Angst zu reden versuchte, erhielt ich von ihr zur Antwort: »Du brauchst keine Angst zu haben.« Fertig. Nur als meine Pubertätsprobleme eines Abends ihr Verstehen weckten, weil sie selbst in dem Alter so massive Selbstwertmängel empfunden hatte, da nahm sie mich an den Schultern fest in den Griff und äußerte besorgt: »Kind, werde hart!« Ja, sie hatte oft genug den Weg der Härte gegen sich selbst gewählt, auch uns Kindern gegenüber. Aber das war nicht mein Weg, außer mich zusammenzureißen – bis ich zusammenbrach. **Auch hier suche ich keine Vererbung. Sondern wieder Nachahmungen, Prägungen und Verantwortlichkeiten im Verhalten über mehrere Generationen hinweg.** Ich kenne sehr gut die Probleme zwischen meiner Mutter und ihrer Mutter, also meiner zweiten Großmutter, die manchmal zu Besuch kam. Ich lernte deren herbe Verhaltenszüge auch selbst kennen. Gefühle waren wortwörtlich »verpönt«. Eine harte bäuerliche Gesellschaft, in der damals nur Arbeit (und ursächlich dafür Gesundheit) etwas wert war zur Existenzsicherung, diese allerdings in vielfältiger Form und Qualität. Meine Mutter ist vor dem 1. Weltkrieg geboren, in dem selbst die hiesigen Bauern sich zeitweilig nur karg zu ernähren vermochten, obwohl sie weitgehend Selbstversorger waren. Die schlimme Wirtschaftskrise danach, dann die fanatische Ideologie und Diktatur des NS-Regimes, dann der 2. Weltkrieg. Das alles waren äußere, schwer wiegende Bedingungen, die auch die Charaktere der Menschen prägten. Besonders die der Männer, denen nicht nur Härte und Gefühllosigkeit eingedrillt wurden, sondern die auch Krieg direkt erlebten und meistens darüber schwiegen, also verdrängten.

Ich hoffe, dass meine Darstellungen deutlich gemacht haben, wie prägend das Verhalten innerhalb der Familie auf die Charaktere der Kinder wirken kann. **Die typische elterliche Schutzbehauptung, alle eigenen Kinder in allem gleich behandelt zu haben, ist bei näherem Hinsehen nicht haltbar und außerdem nicht unbedingt wünschenswert.** Deren Gegenargument: »Dann müssten ja alle krank geworden sein.« Oft genug haben auch die übrigen Geschwister deutliche, aber weniger auffällige seelische Störungen. Ich verzichte auf Beispiele. Selbstverständlich haben Kinder angeborene, unter Umständen sehr unterschiedliche Charaktere. So trifft es das eine mehr als das andere. Sicher gibt es eine Grundorientierung in der Kindererziehung auf sittlicher Ebene. Die sollte für alle gleich sein. Doch je nach Individualität der Kinder sollten Eltern diese auch unterschiedlich behandeln, sie lieb haben, sie kennen lernen, ihnen zuhören, mit ihnen spielen, sie ernst nehmen usw., eben so viel Zeit wie gut ist miteinander verbringen. Damit das einzelne Kind sich bestmöglich entwickeln kann. Aber auch aktive, konsequente Erziehung ist klar notwendig. Allgemein gültige Grundsätze und Maßstäbe sollten vorgelebt, reflektiert und gelehrt werden. **Eine Mischung aus allem und bitte auf überwiegend mittlerer Ebene. Und: Ausfallerscheinungen bitte wiedergutmachen! Und dasselbe den Kindern beibringen!**

Wenn erwachsene Kinder mit ihrer familiären Vergangenheit »ins Gericht« gehen müssen, um selber gesund zu werden, kommt es darauf an, zu welchem Grund-Typ man gehört. Zumindest, welcher Art die erinnerten Vorkommnisse waren, die man als frustauslösend im Gedächtnis hat. Wer vielleicht schon als Kind oder Jugendlicher ungerechtfertigte, unangemessene Ansprüche stellte, die aus vernünftigen Erwägungen sehr wohl reguliert werden mussten, hat später keinen Grund, sich über diese altersangemessenen Freiheitshemmnisse oder verweigerte Wunscherfüllungen nachträglich zu beschweren. Da dürften Probleme auf anderer Ebene vorliegen. Man muss an gültigen Verhaltensmaßstäben abwägen, ob bei der Regulation durch die eigenen Eltern das Was oder das Wie berechtigt war oder eben nicht. Ich kann nach gründlichen Überlegungen feststellen: Die Traumen seitens meiner Mutter hatten immer mit verweigerter Zuwendung (die ich mich kummervoll und in aller Unschuld »erdreistet« hatte zu äußern) bzw. mit vorweg gegebener eigener Entscheidungs-Erlaubnis zu tun. **Seitens meines Vaters lagen keine Übertritte oder gar Verweigerungen meinerseits vor, die er als gegeben behauptete. Das waren haarsträubende Ungerechtigkeiten. Vertrauensbruch und Macht-Missbrauch des Vaters innerhalb der Familie.** Es waren weder die Begründungen noch die Art der Zurechtweisungen berechtigt.

Zuletzt noch die Frage nach der Verantwortlichkeit zwischen den Generationen. **Ich betrachte es als wirkliche SCHULD, wenn Eltern um die fatale Folge ihres Verhaltens im Einzelnen wissen und es dennoch tun.** Ist ein Suchtkranker in diesem Sinn schuldig? Ich lasse das offen. **Ich spreche lieber**

von TRAGIK. Unzweifelhaft ist, Ursache und Wirkung (die ich weiter oben als »Folgen« bezeichnete) zu bedenken. Das ist gegeben zwischen Eltern und Kindern, im Negativen wie im Positiven. Darin liegt das *RISIKO*, Kinder aufzuziehen, darin liegt die CHANCE Kinder heranwachsen zu sehen und DAS TIEFE GLÜCK, z. B. eines Tages als Erwachsene gemeinsam zurückblicken zu dürfen. Erinnernd, verstehend, verzeihend, einander auf Dauer liebend. Darauf hoffe ich, denn ich glaube für mich aus christlicher Sicht, dass wir uns eines Tages alle wiedersehen werden, keine Existenzprobleme mehr wälzen müssen und viel Zeit haben füreinander, auch für Klärungen und Dialoge. Wie gut und versöhnlich wäre es gewesen, wenn mein Vater zu Lebzeiten so viel Selbsterkenntnis gehabt hätte, uns zu sagen: »Ich weiß, wie ich mich verhalte. Nehmt mich nicht für voll in manchen Situationen. Es tut mir leid. Und ich habe euch auch sehr lieb. Glaubt es mir. Ich kann oft nicht aus meiner Haut. Verzeiht mir.« Vielleicht ist er eines fernen Tages dazu in der Lage, rückblickend auf unser Erdenleben, frei vom Alkohol. Meine ebenfalls verstorbene Mutter möchte ich dort in die Arme schließen, nachdem ich ihr in den Verarbeitungsstrapazen meiner Gefühle so viel anlasten musste.
Ich bemühte mich in diesem Kapitel, einerseits die Belastungen nachvollziehbar zu machen, die später in die Psychose einmündeten, andererseits die differenzierte Sichtweise darzustellen, die ich als Ergebnis meiner Gesundung heute wieder einnehme. Vielleicht ist es mir auch gelungen, auf vielfältige Möglichkeiten seelischer Übertragungen aufmerksam zu machen; z. B. bei kindlichen / jugendlichen Parallelen zu meinen Reaktionen Dr. MM gegenüber oder wie mein Trauma-Erleben zu meinen Charakterzügen beitrug. Ich betone: Das hier geschilderte Erleben hatte ich in Einzelheiten oder vollständig lange verdrängt oder gar vergessen gehabt.
Im Verlauf meiner seelisch-geistigen Verarbeitung sämtlicher Kindheitstraumen und begleitendem Belastungskomplex erkannte ich GESETZMÄSSIGKEITEN in meinen Heilungsschritten, von denen ich zuversichtlich annehme, dass sie übertragbar sind auf andere Menschen. Freude machte es mir, EIN PARADOXES SYSTEM zu erkennen, mit dem SELBSTERKENNTNIS UND MENSCHENKENNTNIS erhellt werden. Und mitmenschliche Fehleinschätzungen seltener werden könnten. All das stelle ich noch genauer dar.

A5. Extremphase:
Psychotisches Leid (Überwindung) (1981–1990)

Überblick

Meine drei akuten Psychosen liegen jetzt gut 30 Jahre zurück. Damals war ich knapp 40 Jahre alt, nun habe ich die 70 überschritten. 3 ½ Jahre brachte ich in schwerster Depression zu, hohe Dosierung von Neuroleptika, keine Berufstätigkeit. **Extremphase, gekennzeichnet durch Hoffnungslosigkeit, bezogen auf die Möglichkeit, jemals wieder ein normales Leben führen zu können.** Mit Gottes und meiner Vorgesetzten und Kollegen / innen Hilfe gelang es mir, den erlernten Beruf wieder ausführen zu können. Zuerst mit halber Arbeitszeit, dann bleibend mit zwei Dritteln. Mit 64 Jahren erreichte ich meine Rente. Allein diese Tatsachen sind für mich ein großes Wunder, denn sie schienen bei Ausbruch der Psychose für immer verloren. **Ich liebe meinen Beruf und hatte das Entgegenkommen, immer so eingesetzt zu werden, dass meine jahrelangen Vorerfahrungen genutzt wurden. Stressspitzen blieben aushaltbar. Glanzpunkte blieben aus. Ich konzentrierte sämtliche Kräfte auf diese beruflichen Tätigkeiten, verausgabte mich darin, alles gebend. Im Privatleben jedoch klappte ich durch Kräftemangel regelmäßig akut depressiv zusammen.** Zunächst 6 Jahre auf Sparflamme in allem: keine Freizeitgestaltung, keine Kultur, keine Reisen usw. – Beruf, notwendige Haushaltführung, wenige enge Freundschaften, Kontakt zu meiner Mutter.

Drei akute Psychosen (1981–84)

Ich schreibe nur Bruchteile meiner Erinnerungen auf, denn ich möchte die dramatischen Abläufe dieser desolaten akuten Verfassung in manchem für mich behalten dürfen. Typisch: Ich hatte in solchem Zustand z. B. weder Hemmungen noch Schamgefühl, eben absolute Kindlichkeit. Angstvoll: »Bitte, bitte, tut mir nichts! Ich bin doch wehrlos (nackt).« Nicht gesagt, aber durch Handeln ausgedrückt. **Wahnhandeln, Wahnlogik und äußere Realität verknüpften sich in der Vorstellung perfekt, sodass keine Einsicht in den kranken Zustand erwartet werden konnte. Unzurechnungsfähigkeit. Selbstregulation nahezu unmöglich.** Eine Woche ohne Schlaf z. B. verwirrt auch einen gesunden Menschen. Die Dramatik stieg phasenweise an und schwächte sich wieder ab, unregelmäßig. Alles bei voller Aufmerksamkeit auf das innere Geschehen, also äußerst anstrengend. Es war z. B. entsetzlich, mich an einen elektrischen Apparat angeschlossen zu fühlen, der anonym aufgedreht wurde, mich ohne direkte Absicht, dennoch zu töten, was nicht geschah. **Alle drei Wahnphasen liefen wie Traumfilme im Wachzustand ab, mit festgelegten Grundideen und Abläufen und Kernmotiv, zeitweilig gestört durch wechselnde Schauplätze und kurze irrationale Action-Momente. Gleichzeitig waren rationale Überlegungen möglich, die sich in den Wahn einpassten. Realität und zwanghafte Ideen wurden in geradezu geniale Übereinstimmung gebracht.** Daher ist eine Einsicht des Kranken ohne Neuroleptika (zumindest beim ersten Mal) kaum zu erreichen. Außerdem merkte ich mir z. B. zwei vorgeburtliche »Erinnerungen«, also Freigabe von frühesten Momenten der eigenen Lebensgeschichte. **Mir erscheint der Wahn wie eine Art letzte Schutzbastion des Geistes, der Seele. Solange sich noch Bilder und szenische Abläufe finden, um Extremes aufzufangen, ist noch nicht alles verloren, denke ich. Eine Sinnhaftigkeit zwischen Unbewusstem und Bewusstsein und Realität wird geschaffen, um überleben zu können. Die Kunst ist, aus solcher verworrenen Irrealität wieder in die volle gegenwärtige Realität zu finden. Auch vergangene, zunächst vielleicht noch verdrängte Realität verstärkt die Gesundung, wenn man sie sich ins Bewusstsein zurückholt.** Das soll genügen.

Auch die bedenklichen, zum Teil äußerst kränkenden Verhaltensweisen der damaligen Klinik-Gepflogenheiten möchte ich nur andeuten, weil sich in den letzten 30 Jahren so vieles zum Guten verändert hat. Dennoch liegt auch heute noch etliches im Argen, was immer noch eine veränderte Einstellung vieler Fachleute nötig macht. Ja, ich möchte behaupten, dass die psychiatrische Therapie der Psychosen vor allem in psychologischer Erkenntnis und Praxis noch in den Anfängen ihrer Möglichkeiten steckt. Ich kann das deshalb sagen, weil ich all die Jahre durch meinen Mann und durch einen

Freund bis heute erfahren konnte, welche Probleme immer noch auf den Nägeln brennen. Für Betroffene und Angehörige.

Erste akute Psychose (Frühjahr 1981/39 Jahre alt)

Nach der bereits erwähnten wahnhaften Symbiose mit MM war ich besetzt von der Idee, in eine neue Welt zu gelangen. Ohne Schulmediziner, nur Naturhaftes. Aber alle, die mich berühren würden, kämen zwangsläufig mit in die neue Welt. Das ergab Konflikte in mir, die von außen nicht verstanden wurden. Es wäre so einfach gewesen, mich ruhig zu stellen: leise Fragen stellen, zuhören, positive Rückmeldung geben und freundlich beruhigen, auf möglichen Schlaf hinweisen, nach dem ich mich sehnte. Vertrauen aufbauen! Stattdessen nahte sich eine riesige Spritze und fünf Schwestern standen zum Festhalten bereit! Man meinte so verfahren und mich fixieren zu müssen; denn ich hatte einer in die Hand gebissen, mit der sie mich am Hals gegen die Wand gedrückt hatte. Meine Mutter, die mich hätte trösten wollen, sperrte man (wegen solcher Maßnahmen?) aus, verweigerte ihr ohne Grund jegliche Rücksprache und überließ sie ihrer Sorge und schwierigen Heimfahrt. Verzweifelte Einsamkeit und Isolierung für sie wie für mich. **Drakonische Ignoranz in vielerlei Hinsicht – damals!**
Mein Denken war besetzt von einer inneren psychotischen Stimme, als sei es MM. Deren Inhalte ergaben nichts Neues, also nicht vergleichbar einem wirklichen Gespräch. **Das glich einem Räderwerk, das sich selbst beschäftigte, ohne eine Arbeit zu verrichten.** In einer heutzutage schon im Ablauf seltsam anmutenden Arztvisite meinte der Doktor zu meinen Stimmen: »Die müssen weg!« Ich reagierte daraufhin innerlich völlig desillusioniert. Meine tröstliche Verbindung zu MM, reine Krankheit? Wegzukriegen mit Tabletten? Furchtbar, diese Gewissheit. Die Symbiose mit ihm, niemand interessierte sich dafür, alles nur Seifenblase, Illusion, Schall und Rauch! Beim nächsten Mal sagte derselbe Arzt: »Dr. MM hat Ihretwegen angerufen. Aber wir machen das hier anders. Wir haben unsere eigenen Methoden.« Erschrocken stellte ich mir vor, Dr. MM könnte dem Arzt nahegelegt haben, mich mit Frust »charakterlich kurieren« zu sollen. Ungeheuerlich, diese Vorstellung. In

akuter Situation, bei Psychose überhaupt, egal, ob depressiv oder aggressiv, hat dergleichen nichts zu suchen!

Das würde die Qualen verschlimmern. Das wäre therapeutische Hybris. Kein Therapeut kann das Risiko abschätzen, wann er in die **PARADOXIE-ZONE** gerät, wo er Qualen verursacht, statt sie zu lindern. Gott kennt alles, was seine Geschöpfe betrifft, darum hat er Gebote der Nächstenliebe gegeben.

Ich wurde hochgradig unter das damals allgemein übliche Neuroleptikum gesetzt, das Bewegungsstarre und gebremste, eingeengte Gefühle zur Folge hatte. Dazu bald ein Gegenmittel für die Muskeln. **Keine persönliche Ansprache von Seiten des Klinikpersonals, keinerlei Aufklärung über die Krankheit selbst, keinerlei Hinweise auf den Umgang mit den Medikamenten, zu erwartende Krisen / Bedarfsmedikation, meine neue Lebenssituation. In diesem Zustand kann man sich nicht klar äußern oder gar seine Interessen vertreten. Gezielte Fragen hätten mir geholfen, mich auszudrücken.** Nichts dergleichen. Das sei als kleiner Trost an Betroffene gedacht für die heute noch anzutreffenden Unzulänglichkeiten. **Meine innere ISOLATION wurde verstärkt statt erleichtert.** »Kann man denn wieder gesund werden von dieser Krankheit?« – »Jaaa, das kommt schon mal vor.« Nach 6 Wochen wurde ich entlassen und von meiner besorgten Mutter aufgenommen. MM hielt eine gewisse reale Verbindung zu mich betreuenden Personen aufrecht, hielt sich selbst jedoch bedeckt. Auch keine persönliche Fürsorge danach vom psychiatrischen Arzt.

Zweite akute Psychose (Herbst 1981 / 40 Jahre alt)

Ein halbes Jahr später wollte ich meiner schmerzhaft angespannten seelischen Situation ein Ende setzen und persönlich ein klärendes Gespräch mit Dr.MM einfordern. Angemeldet fuhr ich nach Hibbelsburg. Kurz vorm Ziel überforderte mich die unerträglich zunehmende Anspannung so sehr, dass der normale Tablettenschutz nicht mehr genügte. Ich versuchte am Zielort Kontakt mit dem diensthabenden Arzt der Klinik aufzunehmen, um dem meine Not zu schildern und Rat und Hilfe zu erhalten. Dr.MM hatte eindeutig dafür gesorgt, dass angeblich niemand für mich zu sprechen war. Ich landete für uns beide überraschend irgendwie bei ihm selbst und redete wirr, was mir zwanghaft zu sagen, innerlich diktiert wurde. Seine Reaktion: »Es hat ja wohl wenig Sinn, sich so zu unterhalten.« Wieder zutiefst getroffen von so viel Unverständnis und erneutem Mauern, ging ich abrupt hinaus und erlebte den Rest des Tages und die darauf folgende Nacht ein hochdramatisches Wahngeschehen. Es knüpfte inhaltlich sich steigernd an die erste akute Situation an. Kerngeschehen war ein schüchterner Rettungsversuch dieser schlechten Welt durch Appelle an unser aller Demut und Umkehr von Falschem. Ich wurde aufgefunden und ein Arzt »spritzte mich bewusstlos«. Ich kam wieder zu Bewusstsein in einem Krankentransporter und wurde abgeliefert in einer psychiatrischen Klinik. Die bezaubernde Landschaft dort wirkte auf mich bald wie eine Art Geburtstagsgeschenk.

Was hätte Dr.MM tun müssen?

Er wusste von meiner psychotischen Belastung, hätte sie als akut erkennen müssen. Er hätte einen Psychiater anrufen und einen Sofort-Termin für mich abmachen müssen. Währenddessen ruhig und freundlich zu mir sprechen: »Tun Sie jetzt bitte alles, was ich arrangiere für Sie! Der Facharzt wird Sie stabilisieren. Und wenn Sie dann wieder klar sind, dann unterhalten wir beide uns in aller Ruhe. Ich habe dann Zeit für Sie. Das verspreche ich Ihnen!« Ein Stein wäre mir von der Seele gefallen bei solchem **Gesprächsangebot**. Eine klärende Aussprache, von ihm geführt, hätte zu meiner seelischen Normalisierung nachhaltig beigetragen. Vielleicht hätte ich Gelegenheit gehabt, ihm deutlich zu machen, dass ich ein depressiver Grund-Typ bin. Damit hätte er die Chance gehabt, seine fatale Fehltherapie einzusehen und abzuschätzen … vielleicht … hätte … nichts dergleichen geschah.

Wieder 6 Wochen in dieser neuen Klinik. Herrliches Herbstwetter. Mein 40. Geburtstag. Der reichlich unfreundliche junge Arzt telefonierte in meiner Gegenwart mit Dr.MM. Danach zwang er mich, geradezu kommandierend. »Sie arbeiten!« Ich war in den wenigen Tagen 10 kg abgemagert, völlig kraftlos und japste schon nach wenigen Schritten, hatte Herzrasen, wenn ich nur am Kneipp-Wassertreten teilnahm. Die verordnete Gartenarbeit war dann aber doch nur »Beschäftigung« mit sehr freundlichen »echten« Arbeitern. Der Zufall wollte es, dass ich an zwei Ausflügen teilnehmen durfte, auf denen ich wieder Lebensmut schöpfte. Weil die Medikamente zu gering angesetzt worden waren, grübelte ich, wie ich es schaffen könnte, in meine heimatliche Landesklinik zu fliehen. Ging nicht. Man merkte bald deutlich, dass etwas nicht stimmte mit mir, reagierte entsprechend und bekam mich halbwegs stabil. Endlich hatte ich Gelegenheit, 2x mit einer Pflegeperson ein langes Gespräch zu führen über meine Situation und Lebensaussichten. Das entlastete mich merkbar. Heimfahrt.

Dritte akute Psychose (Frühjahr 1984/42 Jahre alt)

Drei Jahre später. Ich musste begreifen, dass MM mich »abgeschrieben« hatte, sich in keiner Hinsicht zu irgendetwas verpflichtet fühlte und ich von ihm nichts mehr zu erwarten hätte. **Ich hatte ihn ja selbst schriftlich in meiner absoluten Not nach Hibbelsburg von jeglicher Verantwortung entbunden.** Mit dem Verlust meiner Hoffnung auf persönliche Klärung stellte sich die dritte und letzte akute Situation ein. **Trotz braver Einnahme der Tabletten, einfach durch die totale Trauer. Jedes starke Gefühl (sogar Freude) gefährdete mein seelisches Gleichgewicht. Wieder Selbstaufgabe, die in Wahngeschehen einmündete.** Ich hielt mich zu dieser Zeit bei meiner Mutter auf. Welterschaffung, drohender Atomkrieg, ja, Weltuntergang: atemberaubende Abläufe in meinen wachtraumartigen Zwangsphantasien. Auf dem Höhepunkt fühlte ich mich aufgefordert, von Haustür zu Haustür zu gehen und überall sagen zu müssen: »Ich bin an allem schuld.« Die Vorstellung, so etwas tun zu sollen, war so entsetzlich. **Ich fühlte mich so elend und schwach, völlig erschöpft vom pausenlosen Wahngeschehen trotz normaler Medikation, im absoluten Grenzbereich meiner Kräfte, dass ich dem allen durch einen SUIZIDVERSUCH zu entfliehen versuchte. Der misslang – Gott sei Dank!** Große Aufregung für meine Mutter, Autofahrten, amtliche Vorgänge und ein letzter Aufenthalt in meiner zuständigen Landesklinik. Dort meldete ich mich bei einer Psychologin an. Etwas unsicher: »Ich habe für Sie keinen Auftrag. Aber ich gebe Ihnen 10 Minuten.« Einzige Feststellung: »Sie wissen, dass das keine Neurose mehr ist.« Damit schien mein Anliegen erfüllt zu sein. Menschliche Nöte von Psychose-Kranken interessierten die Fachleute nicht, die der anderen Patienten sehr wohl. Die Psychologin hatte offenbar keine Genehmigung, mir ein Gespräch zu gewähren, obwohl die Patienten sich auf einem Zettel beliebig anmelden konnten. Das hatte ich getan. Entlassung nach wiederum 6 Wochen.

Später fielen mir zu den Abläufen in meinen »Wahnfilmen« nicht inhaltliche aber formale Parallelen zu meiner frühen Mutterbeziehung auf. So wie sie für mich täglich sichtbar und erlebbar war mit sparsamen direkten Kontaktmöglichkeiten, aber leider in diverse Räume und Tätigkeiten »auszuweichen« schien, SO GAB ES IN ALLEN WAHNABLÄUFEN EINEN »ROTEN FADEN«, EINEN LEITGEDANKEN, ZU DEM ICH STETS ZURÜCKFAND, ENTSPRECHEND MEINER MUTTERBEOBACHTUNG ALS KLEINKIND. Jeweils eine inhaltliche Grundidee an existentieller Besorgnis und Lösungsversuchen, angereichert mit diversen Schauplätzen und Beziehungsabläufen. Einzelne wirre Momente entsprechen vielleicht den Dekompensationen meiner traumatischen Erlebnisse. Es wäre interessant zu erforschen, ob nicht allgemein das Wahngeschehen mit den Lebensläufen der Betroffenen korrespondiert und wie. Für mich selbst ist solche Parallele eindeutig.

Die Psychose-Forschung und -Therapie steckt in Anbetracht der tiefenpsychologischen Aufschlüsse und Ansätze, die abhängig sind vom individuellen Schicksal, leider noch in den Kinderschuhen. Oft genug wird solche Möglichkeit sogar bestritten. Eine kluge Ärztin meines Mannes erkannte einmal bei mir: »Sie suchen Gesetzmäßigkeiten in der Psychose. Es gibt keine.« Heute würde ich ihr antworten: »Doch! INDIVIDUELLE GESETZMÄSSIGKEITEN, ABHÄNGIG VOM LEBENSSCHICKSAL DES BETROFFENEN. Und daraus ergeben sich therapeutische Möglichkeiten, die ignoriert werden, solange man Psychose ausschließlich als formale Geisteskrankheit ansieht. TRANSMITTER-ENTGLEISUNGEN[25], ja. Aber was ist die Ursache für diese Entgleisungen? Können sie nicht z. B. die Wirkung auf psychisch-nervliche Langzeit-Überforderungen sein? Im Gehirn wird dadurch eine meist dauerhaft-krankhafte Reaktion ausgelöst?

---

25 Nachweisbare Stoffwechselentgleisungen im Gehirn. Funktionsstörungen der Botenstoffe (Transmitter-Entgleisungen)

»WAS IST URSACHE UND WAS IST WIRKUNG? Das ist durchaus noch nicht erforscht.« Diesen letzten Gedanken teilte ich ihr damals schon mit, worauf sie meinte: »Das stimmt:« Begleitet wird das von einer Anhäufung von psychischen »Defekten«, die in der normalen Psychotherapie durchaus bekannt und heilbar sind. Also einen Komplex-Berg in Hügel zerlegen! Und Paradoxie beachten!

Diese schwersten drei Jahre

Ich zerbrach mir den Kopf, wie ich mein Heim finanziell erhalten könnte durch einfachste Arbeiten. Alle Ideen scheiterten an meinem Kräftemangel. Ich erinnere nicht mehr, wie ich mit dem Geld über die Runden gekommen bin, benötigte sehr wenig. Es war eine Zeitspanne völliger Stagnation. Seelisch ständige Wiederholungen ohne Lösung. So quälend, dass mein Erlösungsbedürfnis sich an Gott wandte. **Immer wieder Kreisläufe von Minderwertigkeit, durchsetzt mit Verzweiflung, durchzogen von Angst.** Im Grenzbereich der Existenz landete ich oft bei der Umkehr aus dem Leid mit dem inneren Aufschrei: »Ich will leben!« Oder ich kämpfte in mir zwischen den Gebeten: »Hilf uns!« oder «Hilf mir!« Was durfte ich sagen? Das war ein typischer Konflikt in seelischer Extremlage, nämlich »entweder – oder« an Stelle von » sowohl – als auch«. Dazu bedurfte es eines wiederholenden Reifungsschubes, der noch auf sich warten ließ. **Alle Normalität meines früheren gesunden Lebens schien verloren.** Eine höhere Medikation bewirkte Dumpfheit und trüb getönte Gedanken wie »Stroh«. So regulierte ich meinen täglichen Gebrauch so niedrig wie möglich. Wenn ich 2 Tage lang eine leichte Reduzierung genießen konnte, stellten sich danach nachts Horrorszenarien ein, sodass ich die Tabletten wieder raufsetzen musste. Versuch und Irrtum, mühsam und oft enttäuschend. Ich benötigte Mitleid, das ich von meiner mütterlichen Freundin Marga erhielt. Bei ihr konnte ich mich entlasten von Kindheitskummer und von dem, was in Hibbelsburg geschehen war. Die beiden einzigen Themen, bei denen ich verbal lebhaft wurde. **Nach solchen seltenen Klärungen stellte sich für den Rest dieses jeweiligen Tages sogar Aktivität bei mir ein. Das Positive meiner Vergangenheit schien jahrelang**

ausgelöscht. Alle Erinnerungen kreisen um Negatives[26]. Ich blieb zunächst äußerst labil, vermisste jegliche Festigkeit in mir, unsicher in allem: im Verhalten, Geschmacksfragen usw. Ein Blatt im Wind. Dem entzog ich mich durch Stubenhockerei. **Meine Körperkräfte waren so reduziert, dass ich im fahrenden Bus nicht stehen und im zweitürigen Pkw nicht hinten sitzen konnte. Anhaltendes Vibrieren in mir, sowie ich mich konzentrieren wollte. Anstrengung, zu existieren.**

Meine Mutter stand mir immer wieder zur Seite. Sie war damals so alt wie ich heute. Als ich vor lauter Unruhe nachts nicht schlafen konnte, stand sie mit mir auf und lief mit mir gemeinsam durch unseren stockdunklen Heimatort. Ich konnte mir alles von der Seele reden, was anstand. Danach schliefen wir beide erschöpft ein. Ich erinnere mich an sie in Dankbarkeit. Aber leider musste ich immer wieder meine frühkindlichen Zuwendungsprobleme mit ihr nacharbeiten. **Verzeihen geschah immer wieder neu.**

Mein erster Heilpraktiker verschrieb mir nun wieder jedes Jahr eine Ampullen-Kur, die ich mir – aus Kostengründen – selbst spritzen durfte. Diese Kur nahm mir nachhaltig die tiefsten Punkte, in denen alle lösenden Gedanken vorher versagt hatten.

Zu meiner neuen Hoffnung trug wesentlich mein Psychoanalytiker bei. Ich nehme an, dass ich nach dem 1. Klinikaufenthalt mit ihm in Kontakt kam und sofort in Therapie angenommen wurde. Dreimal pro Woche eine ¾ Stunde. **Er machte keine klassische Psychoanalyse mit mir, das wäre gar nicht möglich gewesen.** Er hörte zu und sagte überwiegend Aufbauendes. Doch immer, wenn ich mit traumatischen Erlebnissen ansetzen wollte, winkte er ab: »Fürs Jewesene jeben wir nüscht!« **D. h. er wollte »zudecken«, wie es damals üblich war.** Ob das richtig war, kann ich immer noch nicht beurteilen. So blieb ich in meinen wesentlichen Verarbeitungen doch allein. **Andererseits stärkte er alles Gegenwärtige und Reale im Alltag.** Er ahnte bis zum Schluss nicht, dass ich alle für ihn interessanten Erlebnisse meiner Kindheit »auf dem Tablett

---

26 Bei vielen Menschen trennen sich die Ursprungsgefühle von den noch vorhandenen Erinnerungen. Aber an anderer Stelle regen sich dieselben Personen in einem Maß auf, das in keinem angemessenen Verhältnis zum Anlass steht. Da scheint eine thematische **Verschiebung der Affekte** stattgefunden zu haben.

hätte servieren können«. Es war eine stabilisierende und Halt gebende Zeit mit ihm. Einmal meinte er anerkennend: »Ich habe so einen Menschen wie Sie noch nicht kennengelernt.« Ein anderes Mal schrieb er aus dem Urlaub: »So, wie meine Schritte im verharschten Schnee lustvoll knirschen, wünsche ich mir für Sie, dass Sie wieder fest auftreten.« **Sein wiederkehrender Satz: »Der Mensch ändert sich nicht.«** – »Was hat Ihnen denn Ihre eigene Analyse gebracht?« – »Ich habe gelernt, mich zu regulieren.« Das war also sein Ziel, auch mit mir.** Sieben Jahre Einzeltherapie, zwei Jahre Gruppentherapie mit großen Ausfällen. Dann starb er im Alter von 63 Jahren. Die ersten 60 Stunden zahlte die Kasse, den Rest trug ich allein. **Durch ihn hielt ich meine Berufstätigkeit durch. Durch diese konnte ich ihn bezahlen.** Er nannte meine Krankheit jetzt **Borderline-Syndrom,** wahrscheinlich, weil ich wieder im Beruf sein konnte. Er war ein Könner, ein guter Mensch und gleichzeitig bescheiden. **In dieser schwersten Zeit meines Lebens verknüpften sich Vergangenes und Gegenwärtiges endlos wiederkehrend zu einer zähen, schweren Seelenmasse, scheinbar ohne Ausweg.** Ich durfte ihn dennoch finden. Aus keimhaften Anfängen entwickelte sich Schritt für Schritt eine wieder begehbare Bahn. (Dr. A-Mann begleitete mich dabei, erlebte jedoch nicht mehr mit, wie ich mich seelisch grundlegend festigen konnte.)

Insgesamt sechs Jahre Selbstüberwindung und Lichtblicke

Schwierig war es, die Krankheit zu akzeptieren mit dem Wissen: Es wird nie wieder so wie vorher. Doch mit verlorener Gesundheit müssen sich viele Menschen abfinden. **Ich hatte stets eine »heimliche Protokollantin«, eine Art »Registriermamsell« in mir. So begann ich, von allem, was ich in meinem Zustand und Fortschritt für wichtig hielt, Notizen zu machen.** Sonntags ging ich regelmäßig in die Kirche und sang im Chor mit. **Wieder berufstätig wurde ich so:** Mein Analytiker fuhr in Urlaub und hatte große Sorge um mich, weil ich meine Angst nicht mehr ertragen konnte. Er arrangierte trotz meiner anfänglichen Abwehr einen Klinikplatz für mich, den ich nur eine Woche in Anspruch nahm, bis die neuen Tabletten griffen. Ich lasse alle Verwicklungen dort weg, erwähne nur einen Gruppen-

Spaziergang im herbstlichen Wald, bei dem ich zurückblieb und **vor Zorn nur einen Gedanken fasste:** »Die (Klinikärzte) sind alle inkompetent! Alle! **Ich muss wieder unabhängig werden. Berufstätig. Ich muss!**« Aus diesem Überdruss, Spielball von belastendem Verbal-Verhalten in Kliniken zu sein, unternahm ich die erforderlichen Schritte, meinen **Beruf nach 3½ Jahren wieder aufzunehmen.** Das gelang. Anfangs durchaus gegen Widerstand, dann aber mit Unterstützung sämtlicher ehemaliger Kollegen/innen und des Chefs. Ich arbeitete ordentlich und zuverlässig in Sachgebieten, die ich beherrschte. Zuerst mit halber Stundenzahl, dann mit Zweidrittel-Zeit, zuletzt Altersteilzeit bis zur Rente. **Das Durchhalten beruhte auf permanenten ÜBERWINDUNGSLEISTUNGEN, ANSTRENGUNG UND SELBST-BEHERRSCHUNG, die ich nur schaffen konnte, weil ich als Kind darin geübt wurde. Ein täglicher Kampf gegen die tablettenbedingte Trägheit. Abnehmend.** Im Privatleben blieb ich wortkarg, dann wiederum sehr beredt, je nach Thema. Ein Denkzwang blieb erhalten, vor allem vorm Einschlafen. Ich nannte ihn meinen »Denkhamster im Laufrad«. **Harmlose Herausforderungen lud ich oft mit tiefen Ängsten auf.** So wie ein kleiner Köderfisch an einer Angel einen größeren Fisch zubeißen lässt. **Noch zog jedes stärkere Gefühl, gleich welcher Prägung, Erschöpfung nach sich.** Wenn ich meinte, im Urlaub zu Hause mal so richtig aktiv sein zu können, hing ich krisenhaft durch. Drei Tage vor Arbeitsbeginn holte mich die Angst, zu versagen, wieder raus aus der Depression. (Eine Freundin, ebenfalls an Psychose erkrankt, kannte diese Phasen und meinte für sich selbst nach Jahrzehnten erleichtert: »Dieser jahrelange Rattenschwanz von Depressionen ist jetzt endlich vorbei.«) **Man durchlebt Phasen des Leids, die man als Gesunder in solcher Vehemenz und in solchen Abstufungen nie für möglich gehalten hätte. Immer wieder neu anstrengend bis zur VÖLLIGEN ERSCHÖP-FUNG. Wichtig zu erwähnen ist, dass sich inhaltlich und im Ablauf die Phänomene ständig wiederholten.,** Das lief wie in Spiralen, oft im Kreis auf derselben Ebene, rückblickend aber stetig aufwärts. Die bleibende innere Unruhe lief ich täglich in meinen großen Zimmern ab. **Doch auch das Gegenteil: Ich erlebte immer wieder traumhafte, INNIGE GEFÜHLSPHA-SEN, die mich stärkten.** Mein Analytiker nannte die Schritte des Fortschritts »wie die Echternacher Springprozession: 2 vor – 1 zurück, 3 vor – 2 zurück,

4 vor – keinen zurück.« In dem Maße, wie die Tiefpunkte blasser und kürzer werden, erscheinen die Lichtblicke heller und länger. **Oder mit einem Wettervergleich: Aus einem schwer verhangenen, dunklen Gewitterhimmel wird ganz langsam wieder ein normaler Wetterwechsel mit durchaus auch heiteren Sommertagen sowie Jahreszeiten-Wechsel. So, wie es sein soll, wenn alles in Ordnung ist. Erschöpfungsphasen hielten lange an. Heute fühle ich mich seelisch-geistig völlig gesund. Zurückgeblieben ist nur ein merklich verringerter, LABILER ENERGIEHAUSHALT, d. h. schnelle Ermüdbarkeit.**

Ich wechselte nach neun Jahren auf rechtzeitige Empfehlung des nun verstorbenen Dr. A-Mann zu meinem bald verehrten langjährigen Psychiater, der mir von Beginn an Vertrauen signalisierte. Ich sah ihn zunächst jahrelang kaum. Er kontrollierte anfangs nur meine Rezepte und fand alles in Ordnung. Er schickte mich im Urlaub für 3 Wochen in eine Art Kurklinik. Dort fühlte ich mich angeregt, belebt und normalisiert.

Meine Grund-Erkenntnis

Der Herr hatte Erbarmen mit mir, seiner irdischen Tochter. ER führte mich zuerst zum Evangelium, und von daher erkannte ich SEINE Führung und Fürsorge und Trost in meinem täglichen Leben ganz eindeutig. Mein teils religiöser Wahn hatte mich neugierig gemacht auf die offenbarten Wahrheiten in der Bibel. In der Demut ist Gott uns besonders nah. Wir müssen bitten und suchen und anklopfen, dann wird uns geöffnet.[27] Und SEINE Zeitplanung in unserem Leben akzeptieren.

Ich tat alles, was in meinen geistigen und körperlichen Kräften stand. Ruhelos. Eigene Anstrengung ist zwingend notwendig. Trotzdem reichte das nicht aus, weil die Krankheit immer wieder nach unten zog. **Meine Erfahrungen mit himmlischer Hilfestellung haben nichts zu tun mit psychotisch irritierten Wahrnehmungen, haben nichts zu tun mit Selbstsuggestion. Auf Beispiele verzichte ich, weil all das mir heilig ist.** Es war vielfältige und

---

27 Bibel: vgl. Matthäus 7:7,8

deutlich zu erkennende Fürsorge »von oben«. Absolut real und aufbauend. Der Herr leitet überwiegend realistisch und folgerichtig. Ich erlebte so drastische, hochdramatische Bedrängnisse und Verzweiflung, dass Lösungen ausgeschlossen schienen. **Und wenn ich heute zurücksehe, wie wunderbar sich alles Schritt für Schritt löste, dann weiß ich: Auf Glauben folgen Wunder!**

Wie gut, wenn wir in unserer Jugend etwas auswendig lernen mussten, was uns in den Lebenskrisen später so berühren kann, wie die folgenden Worte es für mich nun taten. Die nachstehenden Liedverse kamen mir aus meiner Jugendzeit unerwartet in den Sinn, als es mir ganz schlecht ging. An ihnen klammerte ich in dieser schlimmsten Phase meines Erwachsenenlebens meine Hoffnung fest:

Befiehl du deine Wege und was dein Herze kränkt
der allertreuesten Pflege des, der den Himmel lenkt.
Der Wolken, Luft und Winden gibt Wege, Lauf und Bahn,
der wird auch Wege finden, da dein Fuß gehen kann.[28]

Und ebenso trostreich berührten meinen Sinn Gottes Worte an Noah nach der Sintflut.
Wie beruhigend ist solche höhere Ordnung, die der Mensch nicht garantieren kann.
Der Regenbogen als tröstliches Versöhnungsgeschenk Gottes symbolisiert SEINE folgende Friedensbotschaft:

Solang die Erde besteht,
sollen nicht aufhören
Aussaat und Ernte,
Kälte und Hitze,
Sommer und Winter,
Tag und Nacht[29]

28 Evangelisches Gesangbuch
29 Bibel: vgl.1. Mose (Genesis) 8:22

Teil II

Wie es möglich wurde, meine Psychose zu heilen und die meines Mannes zu stabilisieren (Gleichzeitiges)

Was im Erleben gleichzeitig ablief, erzähle ich hier nacheinander

Krankhafte Stagnation, Zwanghaftes, Depressives, Angst und Verzweiflung wandelten sich unwillkürlich in Heilungsschritte, die zum Erkennen der psychologischen Abläufe führten. Das wiederum ließ mich aushalten, durchhalten und überwinden.

Bei meinem Mann lief mit weniger Reflexion ansatzweise Vergleichbares ab. Offenbar handelt es sich um formale Abläufe, die verallgemeinert werden dürfen.

B1. Lebensphasen können nachreifen (1990–2008)

Überblick

Die Fülle des Erlebten und die Dichte der Bedrängnisse blieben gravierend. Änderungen zum Besseren bildeten fließende Übergänge, so dass eine genaue Datierung der gehobenen Ebenen im Nachhinein schwierig ist. Unsere Eheschließung Mitte der 90er Jahre bildete für meinen Mann Bernd und für mich die entscheidende Wende. Nicht mehr allein sein, aber gespickt voll mit neuen Herausforderungen. Dr. A-Mann hatte mich neun Jahre lang aufgebaut, nicht gerade zufrieden mit dem Ergebnis. Er bekam noch mit, dass ich Bernd kennenlernte. Kurz darauf endete die sowieso auslaufende Therapie (zuletzt 2 Jahre locker in Gruppe) mit Dr. A-Manns Tod. Von da an füllten mich das Evangelium, mein Beruf, meine Ehe, die Gemeinde und die selbständige analytische Verarbeitung meiner Kindheit und Jugend voll aus. Ich zog Kraft aus der Zuneigung in dieser Ehe bei gegenseitiger Treue bis heute. Bernds »weiße Seite«, seine ruhig-wohlwollende Art erinnerte mich an Dr. A-Mann. Das zog mich an. Seine »schwarze Seite« zwanghafter Aggressionen stößt mich bis heute ab.

Im Abschnitt »Extremphase« beschrieb ich bereits, wie mein Wust von geballten Re-Traumatisierungen sich löste in einzelne reale Trauma-Abläufe. Ich hatte nach Hibbelsburg von diesen neuen Klarheiten ein Jahr an MM geschrieben, um unseren Konflikt in Zuneigung zu lösen. Vergeblich. Mit dem Ausbruch der Psychose stagnierte erst einmal jede weitere Entwicklung. Etwa 15 Jahre danach, während meiner Ehe, brach eine nachhaltige Verarbeitungswelle geradezu mit Wucht über mich herein. Ich nahm zwangsläufig die Chance wahr, alle Nuancen sämtlicher Traumen, nachhaltig belastender Erlebnisse bis hin zu erfreulichen Erinnerungen der Vergangenheit in steten, unwillkürlichen Wiederholungen »abzugrasen«. **Die originalen Empfindungen, die mich heimsuchten, konnte ich mit meiner heutigen Sprache unterlegen und treffend benennen. Irrtum ausgeschlossen. Es schoben sich im Original weiterhin Ausschnitte hoch, welche meine Tiefenseele** zur Bearbeitung anbot. Jedes Mal andere, während das vorher bereits so bearbeitete Intensiverleben nur noch als bloße Erinnerung erschien. Das war klar abzugrenzen. Mehr als in Portionen hochkam, konnte ich gar nicht verkraften. Das forderte mein gesamtes Sein bis zum Äußersten. Bei jedem akuten Anlass kamen vergangene Belastungen gleicher seelischer Beschaffenheit zur Aufarbeitung mit hoch. Nervliche Erschöpfung durch alltägliche Überforderungen führten reichlich zu Somatisierungen, also körperlich krankhaften Reaktionen. Dennoch führte diese unwillkürliche Konzentration auf das früh Erlittene mehr und mehr zu wieder normalen Gefühlen von Kummer und Weinen. Und zu Ideen, was bei gleicher Problematik von Seiten meiner Eltern besser hätte laufen können, wenn sie es besser gewusst hätten, wenn sie nicht selbst unter gewissen Verhaltenszwängen gestanden hätten – wie wir alle. **Was für die Bearbeitung der Gesamtbelastungen meiner Kindheit von deren Ursprungsgefühlen her gilt, betraf in gleicher Weise alle späteren Zumutungen. Also Extremerleben mit Rolf, mit MM, ja Wahninhalte, Klinikeindrücke und Aufregungen mit Bernds Extremen.** Alles, was mich kummervoll erregt hatte, oft untereinander verknüpft. Jahrelang wiederholte sich inhaltlich kaum etwas, später dauernd. **Die fortschreitende Erinnerungsspirale des »Wiederkäuens« bewirkte ein jeweils höheres Niveau bei zunehmender Distanzierung im Gefühl, in der Sichtweise, in der Einschätzung und Beurteilung.** Originales »noch einmal erleben« verwandelte sich weiterhin zu normaler Erinnerung, alle Facetten durch(gut 10 Jahre lang). Langwierig, aber letztlich befreiend und erlösend. **Zu Beginn hatte ES mich, zunehmend hatte ICH es im Griff. Mir fiel auf, dass in solchen spontanen »analytischen Situationen« alles aktuell Alltägliche auf inneren Abstand geriet. Das war Anstrengung und Arbeit. Richtige seelisch-geistige Schwerarbeit!**

All das überfiel mich in jener Phase bevorzugt, wenn ich nach des Tages Mühe Ruhe zulassen wollte. Aber ich bejahte das, erkannte den Fortschritt. Meist ungeplante, regelmäßige Feierabend-Beschäftigung. Zugespitzt 2-3mal in 2 Wochen, zwischenzeitlich erschöpft davon, aber auch eine Schicht entlastet. Die Seele gab frei, soviel sie aushielt (dank der Neuroleptika). Das Schlimmste oft nachts, wenn das Unterbewusstsein weniger Kontrolle erfährt. **Ein Zustand fortwährender Anspannung.** Privates Leben, wie Gesunde es aktiv gestalten können, nur noch eng eingegrenzt und das akzeptieren müssen. **Aber so war der Preis für meine gelingende Heilung.** Eine auf Dauer stagnierende psychotische Belastung fände ich persönlich schlimmer, weil sie einer Teil-Entmündigung ähnelt. Heute sind bei mir dramatische Verarbeitungssituationen kurzen, vergleichsweise harmloseren Erregungen gewichen. In starker Belastungssituation von außen kommt es vor, dass ich noch einmal punktuell eintauchen muss in heftige Abwehrgefühle und begleitende drastische Gedanken. Zugespitzt eher nachts.

Erstaunlich, dass mein Unterbewusstsein 3o Jahre nach der akuten Psychose wieder die **allerschlimmsten Momente meiner Erwachsenen-Existenz blitzartig freigab zur erneuten Verarbeitung.** Momente des ausweglosen Entsetzens, die an der Paradoxie-Grenze liegen, wo sich neben äußerster Verzweiflung ein »gefühlloses Lachen« ahnen ließ. Dieser Punkt ist identisch mit dem 1. Ausbruch der akuten Psychose. **Gelang es mir, als innere Antwort eine äußerste eigene Aggression aufblitzen zu lassen, ebbte die seelische Zerreißprobe sofort ab und wich intakter ärgerlicher Abwehr.** Nachdem die Hauptphase der unwillkürlich sich aufzwingenden Verarbeitungen abgeklungen war, brauchte ich noch etliche Jahre – eigentlich bis heute – in denen ich ausgedehnte Ruhezeiten benötige und sie zulassen kann. Merkbar durch Aktivitätslähmung und / oder Kraftmangel. Gefühle und Gedanken auf Normalebene kommen und gehen lassen, ehe wieder Energie frei wird. Meinen ausgesprochen schlechten Schlaf führe ich zurück auf den im Untergrund immer mal wieder »im Laufrad trabenden Denkhamster«. Was folgt danach? Besseres Grundgefühl, allgemein gestiegene Aktivität, optimistischere Weltsicht und Lebensfreude. Ohne ständige klare Begleitung durch himmlische Führung und Fürsorge , bezogen auf mich selbst und unsere Ehe, undenkbar.

Die ersten 15 Jahre nach Ausbruch der Psychose war ich speziell an Wochenenden und im Urlaub jedes Mal völlig weggesackt in überwunden geglaubte Zustände. Das ließ während der Ehe nach, verschwand schließlich ganz. **Nun wusste ich, es würde keinen Rückfall in akute Psychose mehr geben. Auch bei schweren Belastungen nicht, denn die hatte ich reichlich.** Auch nicht durch den Ausfall der erwähnten Spritzen, die ich Bernd und mir jahrelang hatte geben können. Die Möglichkeit, beruflich in Altersteilzeit zu gehen, brachte Erleichterung im Alltag, bedeutete gleichzeitig aber finanzielle Einbuße. Mit der umfangreichen, vielschichtigen Verarbeitung veränderte sich mit meiner sinkenden Toleranzgrenze auch meine Fähigkeit, diese zu schützen durch argumentative Abwehr, notfalls auch durch zurückgebende, aggressiv getönte Empörung. Unsere Ehe ist darin bis heute ein ungewolltes Übungsfeld.

Unwillkürliche Verarbeitungen

1) **Anlässe:** … **a**) Gefühlsstau wollte sich entladen, **b**) Parallelen zu vergangenen Belastungen im aktuellen Erleben, **c**) starke gedankliche Beschäftigung mit einer Sache als Anstoß, **d**) die Seele nutzte Ruhezeiten mit Kraftreserve.

2) **Seelische Distanzierung:** … **a**) In der Leidenssituation selbst fühlte ich mich ausgeliefert, als würde es mir nie wieder besser gehen. Dennoch geschieht eine Befreiung, sodass ich mir merkte, bei Wiederholungen neue, gedanklich betonte Hoffnung absichtlich herbeizuholen. **b**) Wiederholungszwänge des belastenden Erlebens geschehen **schichtweise und portionsweise,** in unregelmäßigen Spiralen aufsteigend. **c**) Nach einem gewissen Abstand zu vielen Erlebnissen hob sich meine Betrachtung ohne bewusstes Zutun ab in die »**Vogelperspektive**«, in »**Rundflüge**«, d. h. abhebende Distanzierung (ab 1999). Vergleichbar einem Segelflugzeug, das über Landschaft und Dörfer fliegt. Ich sehe alles, aber hier und dort betrachte ich genauer. **d**) Diese sich zuordnenden Erlebnisse wiesen dasselbe Grundgefühl auf, also dieselbe emotionale Feinebene.

3) **Perfektionismus des Unbewussten:** … ich konnte nicht verhindern oder abbrechen, alles bis ins Kleinste zu durchdenken, d. h. treibende Gefühle drängten sich mir auf.

4) **ROTER FADEN IN DER ORIGINALEN REIHENFOLGE:** … **Ich erlebte nachreifend meine gesamten Lebensphasen in der erlebten Reihenfolge von Beginn bis heute. Eine mich faszinierende Entdeckung! Trotz der Fülle des zur Verarbeitung Anstehenden, klar erkennbar.**

5) **Alles ist ein Übergang:** … Auch seelische Verarbeitung, Gott sei Dank.

Ich lebe wieder normal im gesunden Heute mit all seinen Belastungen, Anforderungen und Freuden. Ich bemerke, wie viele Einzelheiten in meiner Erinnerung wieder absinken, teils schon fast vergessen sind, nicht mehr so klar abgegrenzt in einer speziellen seelischen Befindlichkeit wie im Prozess selbst erlebt. Das ist gut so, denn es schafft Raum zum Durchatmen und Neustarten im Alltag.

Auffallendes

Zu meinem Vater (Prägungen, Übertragungen auf mich)
In meinen ersten Ehejahren wurde ich mehrfach sehr wütend auf meinen Mann. Begründet! Die Vehemenz meines Zornes jedoch irritierte mich, war dem Anlass nicht wirklich angemessen. Allein zu Haus, kam es zweimal vor, dass ich meinen unbändigen Ärger laut rausschrie. Beide Male geschah etwas mich völlig Überraschendes: Mein Unterbewusstsein öffnete die Pforte zu je einem drastischen Trauma-Erleben mit meinem Vater und wortwörtlich dessen vergessen geglaubten rohen Schimpf- und Drohreden gegen mich. Ich sprach , der Eingebung entsprechend, seine Rede genauso nach, wie ich sie damals empfunden hatte. Mein anschließender Kommentar: »Das hast du damals mit mir gemacht! Genau das!« Gleichzeitig die Idee: »**Nun habe ich die Quelle meines Zornes freigelegt und ausgelotet. Im weiteren muss es flacher ausfallen.**« So geschah es. Ja, in meiner kranken Zeit hatte ich mehrfach die alltäglichen abwertenden Kommentare meines Vaters in mir gehabt, so als seien es meine eigenen. Immer dann, wenn ich mich durch Mitmenschen stark angestrengt fühlte. Es war furchtbar, etwas zu denken, was ich zutiefst ablehne. (Paradoxie-Zone mit Umpolungsgefahr). Mit meinen zwei Aggressionsausbrüchen wurde ich von dieser inneren Belastung schlagartig befreit.

Zu meiner Mutter (Prägungen, Übertragungen auf mich)
Der erlebte Zwiespalt zu ihr polarisierte sich vorerst zum Schrecken ihrer traumatischen Abweisungen hin, rief in mir nicht nur Kummer hervor, sondern zunehmend auch ärgerliche Abwehr bis hin zu punktueller Aggression.

Danach erst zur Sehnsucht nach ihrer liebevollen Originalität in speziellen gemeinsamen Situationen. Ich hatte ihr stets aufs Wort gehorcht, alle alltäglichen Abweisungen wegen ihrer Arbeitsüberlastung kummervoll hingenommen. Letztendlich bemühte ich mich, sie mit allem zu erfreuen, was sie gern hatte. **Ich ahmte sie in stiller Begeisterung für viel Liebenswertes an ihr nach**. Später gelang es mir als analytische Begleiterscheinung meine kreativen Ansätze, von ihr bejaht, aus der Verlorenheit zu befreien. Energiemangel hinderte mich ehedem wie auch jetzt an voller Entfaltung.

Die unsichere Beziehung zu meiner Mutter spiegelt sich noch heute im **Zwiespalt zu ihr und zu mir selbst**. Äußerlich selbständig und frei, innerlich abhängig. Mit der Sehnsucht und Vorstellung eines eigenen guten Ehe- und Familienlebens, an denen es in meiner frühen Kindheit mangelte. Das 4. Gebote lautet: »Ehre deinen Vater und deine Mutter …!«[30] Es heißt in der Schrift auch: »Richtet nicht, dann werdet auch ihr nicht gerichtet werden.«[31] Gott liebt den Sünder, aber nicht die Sünde. So achte und ehre ich meine Eltern in ihrer Rechtschaffenheit und Einzigartigkeit, aber ich benenne auch zur Heilung meiner Not ihr aggressives (Not-)Verhalten, das uns Geschwister in unserer Kindheit schwer zu schaffen machte. **In der unmittelbaren Reaktion analytischer Gefühlsverarbeitung empfinde ich undifferenziert, eben wie ich als Kind gefühlt und gedacht hatte. Als Erwachsene muss ich diesen Zustand als ÜBERGANGS-ERSCHEINUNG begreifen. Das ist ein Muss in meinen Augen. Nach jeder neuen, kindhaften Verarbeitungswelle wollte und konnte ich NEU VERZEIHEN. Es gelang mir.** Entweder sofort oder nach längerer Zeitspanne. Kurz: Ich musste am Einzelerlebnis mein kindliches Leid nacherleben, im Gefühl nun kindlich protestierend antworten.

(Im Originalerleben durfte und machte ich dergleichen nicht.) Und mich danach wieder als Erwachsene orientieren. Immer wieder neu. In meinen Skrupeln half mir: Wäre ich an Stelle meiner Mutter und sie an meiner, so würde ich sagen: »Räum gründlich auf, wenn es dich gesund macht. Aber bitte komm zu mir zurück. Denn ich habe dich und euch immer geliebt,

---

30 Bibel: Exodus 20:12
31 Lukas 11: 37 / Johannes 8:1-31

trotz allem, was auch mich überfordert hatte. Ich habe doch alle Arbeit nur für Euch getan.« Das passt auch zu ihr – und schon kommen mir Tränen bei dieser Vorstellung.

Mein Denken, meine Sprache und Kommunikation entsprechen bis heute meiner Muttererfahrung. In dem Reichtum ihrer äußeren Lebensvielfalt, ihrem Tun, ihrem verantwortlichen, sinnvollen Handeln, was ich mit allen Sinnen wahrnahm, wenn ich sie (wie schon erwähnt) anfangs »vom Rande aus« beobachtete, bildete ihre sparsame, oft herzliche, meist sachlich-ruhige Zuwendung zu mir den »roten Faden«. **Ich fühle mich heute noch als »Beobachterin am Rande« am wohlsten.** Genauso wie Mutter real »auftauchte« und wieder dem Blickfeld der 1-2jährige Friedel entschwand, genauso wie ich später ihr vielfältiges Tun als spannende originale Begegnungen erleben durfte, genauso wach und interessiert stehe ich in der Welt. So wie sie von uns Kindern abgelenkt wurde durch das Arbeiten, ebenso weiche ich noch immer gern von meinen Grundgedanken, Grundthemen, sogar im Handeln sozusagen assoziativ ab. **In weiten Bögen komme ich stets auf den eigentlichen Kern zurück. Intensive, sehr ähnliche Mutterbeobachtung. Ebenso verliefen die akut psychotischen Verlaufsphantasien, ebenso verliefen meine »unendlich« zahlreichen Verarbeitungen. Grundlage auch für mein Herausfinden aus dem Psychotischen. Die Konzentration auf jedes einzelne zur Verarbeitung anstehende Erlebnis förderte wieder meine gesunde Konzentration auf den heutigen Alltag.** Die Gedankenfülle reduzierte sich kontinuierlich, desgleichen heute der langsam vorübergehende Drang, zu viel auszusprechen.

Andererseits führte ich nicht unbedingt ein Schattendasein. Mutters Mittelpunkt-Rolle weckte in mir als Erwachsene das Potenzial, sie z.B. im Beruf darin nachahmen zu können, was mir sehr zugute kam. Die traumatischen Übergriffe meiner Mutter auf mich als Jüngste konnten nur geschehen, weil sie uns Kinder aus Arbeitsüberlastung und Zeitmangel (kein Feierabend, kein Sonntag, kein freier Tag, kein Feiertag) nicht genug kannte, herkömmliche Erziehungsmaßstäbe zu wenig hinterfragte – mich also nicht verstand in meiner Harmlosigkeit, Bravheit und Zutrauen und in meinem Zuwendungs-Notstand. **Verstanden werden war von jeher mein Hauptbedürfnis. Mich verständlich machen und Klarheit schaffen, ist meine analytisch** erarbeitete Kunst heute: Eine schlichte Ausdrucksweise pflegen, in anderen Gutes suchen – aber ebenso falsche Verhaltensweisen wahrnehmen und benennen – und Humor als Rettungsanker pflegen! Meine große Empfindsamkeit blieb, wird aber jetzt abgefangen von Selbsterkenntnis, Selbstakzeptanz und Sicherheit in Maßstäben und Beurteilungen. Schwächen können sich im Vertrauen zu Gott in Stärken verwandeln.

Zeitliche Reihenfolge

Trotz der unterschiedlichen Verarbeitungs-Inhalte konzentrierte sich in den besonderen Mutter-Themen meiner stillen Stunden eine mich faszinierende Gesetzmäßigkeit heraus. Die unstrukturierte Baby-Verlassenheit (besonders beharrlich in der psychotischen Extremphase) hatte ich in ihrer Stagnation spät überwunden. **Zeitlich aufbauend folgte eine Fortentwicklung mit »rotem Faden«:**

Kummervolle frühe Kindheit (Kriegsende), aufregende Grundschulzeit (Nachkriegszeit), Teenagerzeit / Backfischzeit nach der Verpachtung der Wirtschaft in Kleinfamilie zu dritt bis zum Abitur (Schockierendes mit Vaters Trunksucht), erfolgreiches Studium in einer Großstadt, schwierige Berufs-Anfangsjahre weit weg von zu Haus, Rückkehr und Erleben mit Rolf usw. Diese Inhalte zogen sich über Jahre, sprangen auch – je nach äußerem Anlass – leicht hin und her. **Dennoch war klar eine ALTERSDOMINANZ IN DER RICHTIGEN REIHENFOLGE feststellbar.** Mein Unterbewusstsein haftete z. B. in der Kleinkindzeit und die erwachsene Friedel kaufte sich Kuscheltiere im Sonderangebot, die sie später wieder an Nachbarkinder verschenkte. Die erwachsene Friedel wurde Grundschülerin, ein verträumtes Mädchen, das im blühenden Garten die vormals strahlende Mutter suchte und nachempfand – mit Fließschnupfen. Zu dieser Zeit unterrichtete ich in der Gemeinde 6 kleine Jungen, die überhaupt nicht verträumt waren. (Inzwischen sind sie volljährige, gestandene Männer.) Für die intensive Verarbeitung von Kindheit und Jugend benötigte ich schätzungsweise 5-10 Jahre, verbunden mit Loslassen vom zu Unmittelbaren. Auf Dauer. **Jede Erlebensschicht wurde einzeln verarbeitet. Die jeweils nächste baute auf die vorhergehende auf, setzte diese offenbar voraus. Damit bestätigte sich für mich das PRINZIP DER SCHICHTUNG IN DER PSYCHOLOGIE, von dem** ich mal gehört hatte. So durfte ich heranreifen zu meinem tatsächlichen Lebensalter hin. Doch Reifung hat kein Ende. (Nach unserem christlichen Glauben nicht einmal mit dem irdischen Tod.)

Diese Nachreifungen geschahen überwiegend in meinem Inneren, also wenig durch kindliches Verhalten nach außen. Konkrete Erlebnisse aus bestimmten Lebensphasen erzählte ich wiederholt. Lächeln lässt mich heute: Mein Mann liebte das Kleinkind in mir, tröstete väterlich und hielt durch. Ich weinte reichlich, und er konnte das nachempfinden, weil er selbst unter seinem Vater arg gelitten, mütterlicherseits jedoch Zuwendung und Liebe im Überfluss erhalten hatte. Ich werde nie vergessen, wie er mich im Kummer tröstete: »Ich bin jetzt dein Känguru. Komm in meinen Beutel!« Als ich seelisch mein Teenageralter wiederholend erreicht hatte, und altersentsprechend auch Ärger und Kritik äußerte (ab 2006), war Bernds Harmoniebedürfnis gestört, und er unterstützte mich nicht mehr, im Gegenteil. Von da ab machte ich die weiteren notwendigen Verarbeitungen wieder mit mir allein ab. Jahre später tauchten selten kurze, aber schwer wiegende Belastungen noch überraschend im Original auf. Ich erzählte sie ihm wiederum vertrauensvoll und erntete scharfe Kritik: »Kannst du nicht mal positiv denken!« Das warf mich seelisch um Tage zurück. Gut gemeint, aber bei meiner Wiederholung originaler Gefühle schlicht falsch. Zu dieser Zeit war ich bereits in Rente und lebte schon wieder sehr im soliden Alltag.

Durch vielfältige Kontakte in der Gemeinde lernte ich etliche Männer unterschiedlichen Alters und Standes kennen. Außerordentlich normale, akzeptable bis angenehme. Wichtig für die Korrektur meines frühen, eher negativen Männerbildes. Ich erkannte auch, wie ich mir ein Leben lang Wahlväter gesucht und sie gefunden hatte. Ebenso auch Wahlmütter, ja Wahlkinder. Freundschaftliche Beziehungen (teils jetzt verstorbene Menschen) – in seelisch-konzentrischen Kreisen um mich herum – trugen mich und tragen mich erneut. Gegenseitigkeit hat sich wieder entwickelt.

Nach den abschließenden therapeutischen Jahren bei meiner Hausärztin (seit 2008) teilte ich meinem Mann voller Freude mit. »Hurra, ich bin mit meinen Kern-Erinnerungen jetzt Anfang 20. Ich bin wieder richtig erwachsen!« Nun begann ich, Bücher zu lesen. Meine gesammelten Bände über Kindererziehung. Ich maß ihre Inhalte an dem, was ich selbst erlebt und erkannt hatte. Bernd bewies eine Engelsgeduld beim Zuhören meiner zahllosen mündlichen Abhandlungen über richtige Erziehung, speziell unsere eigene, seine und meine korrigierend. Wie hätten unsere Väter sein können unter gleichen äußeren Bedingungen? Wie hätten unsere Mütter uns Kinder vor ihnen besser schützen können, so wie sie als Väter nun einmal waren? Warum haben sie sich nicht getraut? In welche Rollen wurden damals die Frauen gedrängt von ihren Männern und gesellschaftlichen Zeitansichten? Wir entwickelten und entwarfen Antworten, hauptsächlich ich. Sie versöhnen heute mit dem, was damals alle überforderte. **Wie sieht gute Erziehung heute aus? In Kürze: Extreme vermeiden, nicht von einem ins andere wechseln. Die erstrebenswerte mittlere Ebene lässt Kinder gedeihen.** Liebe heißt: Geborgenheit (Zuwendung) und Freiheit (Entscheidungen treffen lassen), Ordnung (Regeln, Grenzen) und Großzügigkeit, »sowohl-als-auch« und »entweder-oder« im rechten Zusammenhang. Beraten und verhandeln. Altersgemäßes Arbeiten lehren und alles **am Beispiel vorleben.** Elterliche Ausrutscher wieder in Ordnung bringen, Unrecht zugeben, sich entschuldigen können usw. Freude und Bejahung äußern, Probleme und Ziele beraten und abstimmen (Familienrat) usw. **Wegkommen von überwiegend politisch-ideologisch motivierten Modetrends, die die klassische Familie auflösen wollen. Die kleine Seele braucht vor allem bleibende, verlässliche Nahbeziehungen (Bindungen)! Daraus erwächst die Motivation sich zu bilden. Echte Fachleute halten sich leider zu sehr zurück in der öffentlichen Diskussion.**

Daran anknüpfend entwickelte ich gute Eherezepte und bemühte mich, sie Bernd vorzuleben, z. B. den Mut aufzubringen, mit eigenen Fehlern und Schwächen ehrlich und gesprächsbereit umzugehen. Unkompliziert offen sein in allem. Seine spezielle Problematik damit zeige ich im späteren Kapitel auf.

So kam ich nach und nach weg vom Nachjammern des Vergangenen zur Gegenwartsbezogenheit. Charakterliche Festigkeit und aktualisierte Überzeugungen folgten in Fülle. Jetzt hieß es, verstärkt die Maßstäbe des Evangeliums zu studieren und zu leben, d. h. uns ständig zu verbessern. **Selbstbeherrschung üben, was im Affekt maßlos schwer ist. Wegkommen von jeglicher Getriebenheit im Alltag. Loslassen von altem Ballast. Und Freude**

gewinnen an unserer Neugestaltung eines altersgemäßen Lebens. Den Alltag genießen, aktiv gestalten, Beziehungen und Interessen pflegen, ebenso
am Tages- und Zeitgeschehen teilnehmen usw. Alles Schritt für Schritt und
gemächlich.

B2. Formaler Pendelausgleich als seelisches Schaukeln

Überblick

Den wichtigsten formalen Heilungsablauf erlebte ich ohne mein bewusstes Zutun, in der Regel bei äußerer Ruhe. **Das ungestörte Schwingen von der allgegenwärtigen Depression in ärgerliche Abwehr, jeweils gefolgt von zeitlich gleich langen Erschöpfungspausen, nannte ich Pendelausgleich.** Im Laufe von 10 – 15 Jahren wandelte sich dessen Auftreten, so dass unterschiedliche, wechselnde Pendelformen zu bemerken waren. Ich zähle sie im Folgenden auf. Man sieht, es braucht Geduld und ich empfehle, den Zustand zu akzeptieren, den man gerade hat. Entscheidend ist die Aussicht auf Erfolg. Im Kleinen wie im Großen.

Übersicht einiger Möglichkeiten

I. **Unstrukturierte Affektschübe:**
   dominierende Angst / Psychose-Nähe / jahrelang ausgedehnt

II. **Block -Pendel / Wochenpendel:**
   extrem starke Gefühlswechsel / scharf abgegrenzte Gegenbewegung als Ausgleich / versetzt mit Erschöpfungspendeln / alle Phasen gleich lang / Gesamtdauer bei mir 4 Wochen

III. **Deutliche Pendel**
   zuerst heftige, danach gemäßigtere Gefühlswechsel über wenige Tage oder bald nur noch Stunden

IV. **Ketten-Pendel / Stotter-Pendel**
   mehrere aushaltbare Portionen und Schichten von übermäßigen Belastungen, die also unwillkürlich in Teile zerlegt werden

V. **Mehrfach-Pendel / Schwing-Pendel**
   mehr als zwei deutliche Gefühlsphasen folgen aufeinander und ebben ab / ½ – 1 Tag Dauer / Inaktivität und Müdigkeit nehmen zu, nervliche Erschöpfung ab

VI. Integrierte Pendel

inmitten anderer seelisch-geistiger Verarbeitungen erkennbar

VII. Mini-Pendel / Klein-Pendel

Stimmungsschwankungen, oft ohne erkennbare Ursachen

VIII. Wechsel-Pendel

scheinbar beziehungslose Gegensätze wechseln hin und her

Stichworte zur Übersicht

Zu I ... stagnierte bei mir etliche Jahre vor und nach Psychose-Ausbruch / schwere Depression, die ich auf meine zu lange Verlassenheit als Neugeborenes und Baby zurückführe plus spätere Lebensbelastungen / scheinbar endlos / ein riesiges Angstrepertoire, das heute noch deutlich zu spüren ist

Zu II ... am auffallendsten war für mich ein **2er Block**

a) ... ausgiebige **Angstgefühle** pendelten zu punktueller **Aggression**, eine Art Umpolung, es fiel mir schwer, sie zuzulassen (nur innerlich, meist nachts)

b) ... **Depression** pendelte zu **ärgerlicher Abwehr** / gleiche Ausdehnungen / Diese Phase verbrauchte bei mir durch ihre Intensität offenbar alle Kräfte im 2er Wechsel / darin bin ich gut geübt

Zu III ... 2er Wechsel und 3er Wechsel

z. B. **Euphorie** (selten) oder **Aufgedrehtheit** (öfter) pendelte zu **Traurigkeit**, diese wiederum zu solider **Freude** oder **berechtigter Zorn** pendelte zu **ungerechtfertigten Selbstzweifeln** (depressiv lähmend), diese wiederum zu **ärgerlicher Abwehr** (berechtigt abwehrend, aktiv)

Die »deutlichen Heilpendel« unterscheiden sich von den Blöcken lediglich in abnehmender Dauer, Vehemenz und Häufigkeit. Sie bedeuten eine Normalisierung des Prozesses seelisch-geistiger Verarbeitung, das bedeutet fortschreitende Heilung. Die individuellen Kräfte lassen jetzt mehr zu.

In diesen Heilungsphasen dominierte in mir ein langsam **abnehmendes Schwarz-Weiß-Denken** als Reaktion auf nervliche Entlastung. Nützlich Zwanghaftes (äußerlich und innerlich Klarheit schaffen) aktivierte mich. Nach jedem starken Gefühlsschub folgten Erschöpfungsphasen. Anstrengende Gefühlsaufwallungen wechselten mit erholsamen Pausen, oft von gleicher Intensität und Dauer = aktive Anstrengung und passive Erholung davon. In der Regel unwillkürlich.

Sehr oft entlastete sich mein Unterbewusstsein im Anschluss an den Gesamtablauf eines Durchganges nach einer Zeit äußerer Erholung mit einem **Alptraum.** Fortschreitend nur noch mit weniger beängstigenden **Angstträumen.** SIE SCHLOSSEN EINEN VORGANG AB, **indem mein Unbewusstes offenbar jeweilige Restbelastungen auswarf.** Bewusst werdende Träume traten unregelmäßig auf.

Zu IV … Meine besonderen Empfindlichkeiten, die mich als Summe quälend in die Psychose gebracht hatten, sind u.a. Überlastungen / Unterstellungen ertragen müssen / missverstanden werden, beides ohne Klärungschancen / Missachtung meiner Grenzen in Kombination mit Gefühlen wie Liebe zu oder Enttäuschung durch seelisch nahe Personen / Ignoranz meiner menschlichen Würde. Das trifft jeden. Wenn aber der »Topf überläuft«, ist Alarm geboten.

Wenn außerdem noch psychiatrische Ärzte z. B. meine AFFEKTIVE VERZWEIFLUNG (SCHEIN-AGGRESSIV, NICHT ERKANNTE PARADOXIE) nicht klassifizieren konnten, sondern als Egozentrik missdeuteten und mich mehrfach persönlich abwertend und verletzend angriffen, heizten sie Ausweglosigkeit an, wo sie »erziehen« wollten. Auch solches posttraumatische Erleben im Nachhinein wieder zu verarbeiten, gelang nicht in einem Durchgang. Es entlastete mich, wenn erlebte Überforderungen (ebenso die ursprünglichen Traumen) mehrfach hochkamen, also **in Portionen und schichtweise** verteilt. So war letztendlich doch alles zu verarbeiten, ohne die Krankheit wieder zu aktivieren.

Zu VIII … Ich beobachtete, wie ein »Spitzen« austeilender Nörgler in unterwürfige Selbsterkenntnis pendelte und wieder zurück. / Eine von Freude erfüllte, gesunde Urlauberin fiel hinterher kurzzeitig in Traurigkeit und wieder zurück in Freude, durchsetzt mit Müdigkeit.

Zu V. – VIII … **Betreffen nicht nur seelisch Kranke. Auch die übrigen treten in besonderen Belastungen eines normalen Lebens auf.** Differenziertes Denken im Sinne »sowohl-als auch«, »wenn-dann«, »möglicherweise« (anstatt »entweder-oder«, »schwarz-weiß«, »ja-nein« »alles oder nichts«) sollte zunehmend möglich werden. Ein Austesten von neuen Reaktions- und Beurteilungsmodellen ist spannend. Zur Gesundung der Gesamtverfassung hilft auch:

Gefühle »ansehen«, nicht bewerten, kommen und gehen und fließen lassen.

Wichtiges zu den Pendeln
1) **Dauer** … im Zuge der Heilung abnehmende Tendenz, kürzer, schwächer, seltener
(von 4 Wochen bis 1 Stunde etwa, heute auch schon mal noch kürzer)
2) **Intensität** … differiert ständig, abhängig von Person und Thema, Entwicklungslinie zuverlässig zum Leichteren hin / Pendeldauer und -vehemenz entsprechen sich exakt, sogar die unwillkürlichen Erschöpfungsphasen nach jedem Pendelteil passen sich an / bereits verarbeitete Tiefen verlieren sich in gehobener Gesamtbefindlichkeit / Entspannung war leider oft nur Übergang zu neuem Kraftakt
3) **Anlässe** … Verarbeitungsimpulse, die das Unbewusste in Ruhesituationen hochschiebt / Problem-Erlebnisse oder -Gedanken, von außen oder innen ausgelöst / individuelle Empfindsamkeiten
4) **Inhalte, Dominanz, Verknüpfungen, Brüche** … sind zahlreich, wiederholen sich, oft spiralförmig, Tendenz aufsteigend
5) **Achtung** … Rückschritte sind üblich, sozusagen normal / Abläufe in Bruchteilen oder Mischungen treten auf / »roten Faden« suchen als gradlinigen Verlauf
6) **Gültigkeit** … **auch landläufig Gesunde dürften sich bei Erregungen in den Aufzählungen der Pendel-Möglichkeiten wiederfinden.** Es gibt sicher noch andere oder weitere Ordnungsmerkmale, gemeinsam ist allen **das Pendeln zwischen gegensätzlichen starken Emotionen oder Affekten.** Offenbar sind der Seele solche »Mechanismen« zur Wiedererlangung ihrer Gesundheit »einprogrammiert« von unserem **Schöpfer.** Man kann auch PSYCHOHYGIENE sagen, die man zulassen kann. Dieses Wissen erleichtert.
7) **Kunst dabei** … die Pendel wahrnehmen und erkennen / als notwendige Übergänge erfahren und akzeptieren / sozialverträglich gestalten / Ich-Empfindungen mitteilen / erwünschtes Reaktions-Verhalten vom anderen erbitten / sozial unzumutbare Extreme im Original mit sich selbst abmachen
8) **Einseitigkeiten** … ausgleichen, indem depressiv Gepolte lernen, Ärger und Aggression in sich selbst als Übergang zuzulassen und kommunikativ angemessen auszudrücken / aggressiv Gepolte lernen, Niedergeschlagenheit,

Kränkungsgefühle, Schuldgefühle, also Depressives auszuhalten, längere Zeit festzuhalten und vertrauensvoll mitzuteilen

WAHRSCHEINLICH BESTEHT DIE ERWÜNSCHTE REIFUNG U.A. DARIN, KLEINERE PLATTFORMEN VOM GEGENCHARAKTER ZU »EROBERN«

9) Vorsicht … Die aufgezählten Idealmuster sind Annäherungen. Auch die Aufwärtsentwicklung erfolgte nicht immer gradlinig. Wie schwer wird ein reales oder inneres Erleben empfunden? Werden »zentrale« alte, verletzbare Empfindungsstränge »getroffen«? So gibt es vor allem aufgrund der persönlich nahen Beziehungen und alltäglichen Beanspruchungen Rückschritte zu akzeptieren. **Die tägliche Selbstakzeptanz und Hoffnung nehmen auf diesem analytischen Heilungsweg sozusagen »automatisch« zu.** Auch »nachhinkende« Themen sind letztlich als normales Heilphänomen zuzuordnen.

DEPRESSION IST NICHT IMMER DURCH AGGRESSIVE PENDEL-ANWANDLUNGEN ABLÖSBAR ODER NEUTRALISIERBAR. WENN DAS GELINGT, IST ES SCHON EIN ZEICHEN FORTSCHREITENDER GESUNDUNG. Bei mir gelang das alles auch deshalb, weil ich bereits vor Ausbruch der 1. akuten Psychose (von dreien) alle schwer wiegenden Erlebnisse meiner Kindheit und Jugend aus der Verdrängung geholt hatte. **Man muss das auch wollen, egal, ob vor oder nach Psychose-Ausbruch. Das ehedem Verdrängte lieferte den Hauptstoff für die Verarbeitungsabläufe. Bei mir setzte eine Art »ZWANGHAFTE AUTOMATIK«, weiter zu verarbeiten, ein.** Trotzdem reagierte und reagiere ich bis heute psychosomatisch. Immer dann, wenn die aktuellen Umstände in die alten Wunden schlagen, ohne dass meine Klärungsversuche jetzt ankommen. Speziell das verursacht immer noch Ohnmachtsgefühle oder schlimmstenfalls Ausweglosigkeit. Aber ich bleibe nicht drin stecken.

10) Pendelausgleich für Gesunde … Ärger mit den lieben Mitmenschen, der sich persönlich nicht befriedigend klären lässt, mit sich allein pendelnd oder schwingend zwischen unterschiedlich getönten Gefühlen oder Affekten in Ruhe ausleben. Danach zur Bejahung zurückkehren. Mit sich selbst und den anderen innerlich versöhnen. Am Ende noch einmal einen Konfliktausgleich starten und sich damit abfinden, wenn er nicht möglich ist. Je stabiler wir gerade sind, desto weniger deutlich pendeln wir, desto schneller regulieren wir uns wieder ins angenehme Normalbefinden.

11) ZIEL … EIN AUSGEWOGENER, ERWACHSENER CHARAKTER, der sich mehr passiv zurücknehmen kann, wie, wo und wann es gut ist, der sich ebenso aktiv durchzusetzen versteht, der verhandlungs- und kompromissbereit ist, wie, wo und wann es gut ist.(Optimal-Zone)[32] / **Wer sich selbst und anderen erlaubt, nicht perfekt zu sein, sondern großzügig, kreativ und sympathisch. Sich auch mal unbeliebt machen. / »Du sollst Gott lieben mit ganzem Herzen, mit ganzer Seele und mit all deinen Gedanken … Du sollst deinen Nächsten lieben wie dich selbst.«**[33]

Vorteile meines analytischen Heilungsweges

Immer wieder dieselben depressiven Anwandlungen anhand ähnlicher seelischer Konflikte und Überbeanspruchung durchzumachen, ist hart und kann entmutigen. Entwicklungen, Veränderungen und Gesetzmäßigkeiten darin wahrzunehmen, erleichterte mich, gab mir stets Heilungsschübe und Zuversicht. Trotz zahlreicher Stagnationen und Rückschritte. Ein Stadium zu erreichen, in dem einfaches Weinen wieder die Anspannungen aufzulösen vermag und entspannten Schlaf zulässt, ist nahezu beglückend. **Ich musste lernen, punktuellen Zorn als für mich notwendigen Übergang zu bejahen,** während mein Mann als aggressiv gepoltes »Schaukel-Naturell« dasselbe triumphierend genießt. Mit abwehrenden »Explosionen« gelang es mir von Fall zu Fall, meine Erschöpfung abzulösen, anfangs nach einigem Pendeln. **»Spitzen« mit mir allein abmachen zu können, ist wohl ein Überbleibsel meiner oft qualvollen Verlassenheit als Baby. In geübtem Element bin ich, wenn ich sachlich argumentierend abwehre.** Das lernte ich als Jugendliche zwangsläufig bei meinem Vater, auch wenn er es nicht zuließ. Ich befreite mich von seinen Attacken allein redend vor dem Badezimmer-Spiegel, als

32 Vgl. Teil III »Entwurf eines Modells zur paradoxen Persönlichkeit«
33 Bibel: »Welches Gebot im Gesetz ist das wichtigste?« Diese Antwort Jesu finden wir in Matthäus 22: 37–40

hätte ich ihn vor mir. Ich rechtfertigte mich »frei«, hängte am Ende einen kritischen Satz über ihn an und teilte diese Ergebnisse meiner Mutter mit. Manchmal gab sie das so weiter an ihn.

KOMMUNIKATIONSFÄHIGKEIT ist Arbeit u.a. an Nächstenliebe, Sachlichkeit und Realitätssinn, an Wertmaßstäben, an Selbstakzeptanz und -korrektur und persönlicher Zielsetzung. Und grundlegend: an gegenseitiger Achtung und Respekt vor der Verletzbarkeit des Gegenübers! All das würde ich gern mit meinem Ehemann umsetzen und verbessern in Dialog und Handlung. Aber das stößt auf traumatisch-zwanghaft bedingte Grenzen in ihm. So finde ich Trost bei Freunden, durch Schreiben, im Evangelium als Orientierung und Halt (letzteres mit ihm zusammen). Es gibt unserem Leben Sinn und eine Aufgabe. Wir haben sie u.a. aneinander. Bedrängnisse, Kummer, Sorgen, Not usw. sind unumgänglich und notwendig für unsere Reifung im Blick auf ewiges Leben in Herrlichkeit bei Gott. Immer neue Versuche, Dinge zu klären, trainieren! Geduld mit sich selbst und anderen haben und nach etwas zeitlichem Abstand – Humor! **HUMOR versöhnt und löst Aggressionsausbrüche ab durch ein positives Gegenpendel, das befreiende Lachen. Das ist eine paradoxe Aufhebung der Ausweglosigkeit ins POSITIVE.** Wir hatten beide Väter, die sich bitterernst gebärdeten. Es bleibt schwer für uns, die Hürde zum Humor zu überwinden. Nach etwas Abstand gelingt es.

Ich erlebte außerdem als typisch, wie man beim Entdecken ungewohnten Gegenverhaltens zuerst selbst Gefahr läuft, von einem Extrem ins andere zu fallen. Also vom »Schlucken« zum offenen Zorn. Man stößt schnell auf Widerstand. Das macht unglücklich und bringt neue Probleme mit sich. Liebevolle Geduld miteinander, Angemessenheit und Maßvolles entwickeln und üben tut not. Und sich entschuldigen für das Wie, nicht unbedingt für das, was man gesagt hat oder umgekehrt. So geht es mir mit meinem Mann, bei dem vieles anders liegt. In dem Maße, in dem meine Fähigkeit zu berechtigter ärgerlicher Abwehr und differenzierter Argumentation wieder wuchs, nahm das nützlich Zwanghafte (Ordnung, Klarheit, Systematik schaffend) in mir ab. Großzügigkeit ist auch eine Tugend. **Aggression, Ärger oder andere ungeliebte Affekte als Pendel zuzulassen, sind der ZU ZAHLENDE**

TRIBUT DES DEPRESSIV KRANKEN für mehr persönliche Festigkeit, Sicherheit, Gelassenheit, Besonnenheit, Geduld mit sich selbst, für Ich-Stärke! Ein »Funktionieren« in Familie, Beruf und Gesellschaft kann als Lohn im realen Leben erreicht werden. Ich erlebe es so.

Die fortschreitende Verarbeitung von Vergangenem (Verdrängtem) und dessen Aktivierung in der Gegenwart gilt sowohl für Belastungen als auch für Erfreuliches, ist LEBENSBEREICHERUNG. So entdeckte ich etliche, verloren geglaubte Fähigkeiten und Interessen neu. Gute Freunde sind unschätzbar wertvoll. Menschen, die sich uns zuwenden oder solches erwidern, die verstehen und nicht »Sprüche« klopfen oder gar provozieren. Mein Ehepartner baut mich einerseits auf, andererseits provoziert er mich mit seinen im Charakter ausgeprägten Problemen, die schon – früh verfestigt – in der Kindheit dagewesen sein müssen, aber nicht erkannt wurden. So musste ich permanent (seit über 20 Jahren) auf seine eruptiven als auch spitzfindigen Feinaggressionen eine gesunde Abwehr entwickeln, mit der ich mich davor zu schützen versuche. Er ignoriert weitgehend meine – auch für ihn gültigen – Erkenntnisse. Mit deren Hilfe aber verstehe ich sein Sosein mit gegenteilig gepolten Extremen und versuche sie irgendwie zu ertragen und zu kompensieren. Uns beide trägt das täglich gelebte Evangelium. Meinen intimen Jammer klage ich unserem himmlischen Vater. Dessen Möglichkeiten, uns beiden wieder Herzenswärme zufließen zu lassen, durfte ich erproben. SEINE Liebe, SEIN Wirken konnten wir in feinsten Nuancen wahrnehmen. Er verfügt über alles, was denkbar und erlebbar ist. ER kennt uns persönlich und weiß, wo, wie und wann ER uns Verstehen, Freude und kleine Glücksmomente schenken kann. **Wir sind buchstäblich SEINE Söhne und Töchter. Wir leben nach diesem Glauben.** Er hält unsere Ehe zusammen und die damit verbundene Liebe aufrecht. Immer wieder.

Mögliche Bedeutung für Therapien

Ich durfte nach Hibbelsburg insgesamt drei gute therapeutische Fachleute als aktive Zuhörer beanspruchen. Zwei davon analytisch geschult. Ich fühlte mich endlich verstanden, trotz meines gedanklichen Aufruhrs, den ich manchmal noch mit Wortschwall abreagierte. Alle drei hatten in meiner jeweiligen Übergangsphase eine wohltuende, mich stützende Funktion.

SELBSTTHERAPIE KANN GEFÄHRLICH WERDEN!

Extreme Affekte völlig allein zu verarbeiten, bedingt bewusste Abläufe. Woher soll diese Kenntnis kommen, wenn ein Therapeut seine Vermutungen über mich und sein Wissen verschweigt? In der 3. akuten Psychose überwältigte mich das Angst-Geschehen dermaßen, dass ich mit einem Suizidversuch zu entrinnen versuchte. Ich freue mich, noch zu leben. Noch jahrelang ließen mich kurze Depressionsstaus stark absacken. Meist verbunden mit völliger nervlicher Erschöpfung und den Gedanken: »Ich bin mir selbst nichts mehr wert. Aus dieser Verfassung komme ich nie wieder heraus. Ich halte das nicht mehr aus. Ich kann nicht mehr und gebe auf!« **SUIZIDGEFAHR.** Wenn meine Hoffnung nicht zunehmend im Evangelium hätte ankern können, wenn meine Gebete mich nicht in Gottes Nähe gebracht hätten – wer weiß? Typische Tiefpunkte kehrten wieder, wenn auch jedes Mal in zunehmend aushaltbarer Form. Sofern man Unerträgliches als »aushaltbar« bezeichnen kann (Paradoxie -Zone). Solange man im »schwarzen Seelenloch« gefangen ist, hält man nicht für möglich, manchmal schon am nächsten Tag überwunden zu haben.

Ärzte sollten bei schwer wiegenden seelischen Störungen (bei Psychose auf jeden Fall) auf solche Gefahrentiefs hinweisen und Gesprächsangebote mit genauen Fragen versehen: wie viele Tiefs, wie lange? Mir bot das niemand an, ich musste alles ohne das durchstehen. **Je intensiver und deutlich erkennbar die IDEALMUSTER = REINFORMEN (inhaltliche Reihenfolge sowie formaler Pendelausgleich u.a.) wahrgenommen werden können, umso näher ist man dem nächsten Schritt zur Gesundung hin. Danach treten wieder ganz gesunde Mischformen in normaler Intensität auf. Real variieren die Erscheinungsformen charakterbedingt, mit Alltäglichem versetzt. Ein befreites Ruhe- und Freudegefühl (nicht euphorisch) weist jeweils auf die grundsätzliche Lösung einer Teilproblematik hin. Auch ruhiges Weinen löst Anspannungen und ist nicht selbstverständlich möglich. Extreme Gefühle, auch große oder ausgedehnte Freude, ziehen Erschöpfung nach sich, auch bei Gesunden.**

Mit etwas Interesse und Übung erkannte ich die entdeckten Gesetzmäßigkeiten auch bei meinen gesunden Mitmenschen. Ein engagiert geführter

Alltag fördert die Verarbeitung seelischer Rückstände in den entstehenden »Pausen«. Bei Kranken wie bei Gesunden. **Die Seele braucht ihre eigene Zeit zum Ausgleich.** Ich selbst benötige heute noch recht lange, bis ich schwere Herausforderungen abhaken kann. Meistens mehrere Tage. **Man sollte damit aufhören, Belastendes durch ein Diktat, »positiv zu denken« weiterhin wegwischen zu wollen.** Das ist u. U. Verdrängung, die krank machen oder eine seelische Krankheit zementieren kann. Übergänge vom Sinnvollen zum Unsinn sind oft fließend. In gewissem Maße ist das eine wie das andere richtig. Depressiv bzw. aggressiv gepolte Personen reagieren / »funktionieren« entgegengesetzt. Deshalb wird auch entgegengesetzt therapiert. Das darf niemals stur durchgezogen werden. Auch bei mir kann inzwischen bei Empörung eine mich immer noch selbst belastende aggressiv getönte Reaktion den Anfang machen. Schnell stellt sich danach Traurigkeit ein. Aber ich halte den berechtigten Ärger länger aus. **Fehleinschätzungen von außen sind Tür und Tor geöffnet.** Ich erwähnte bereits Schein-Aggressivität bzw. Ich-Bezogenheit bei Verzweiflung, und wie leicht das als »echt aggressiv« missverstanden wird, auch von therapeutischen Fachleuten. **Es gibt auch charakterliche Korrekturen ohne Therapie durch das Leben selbst. Gerade bei flexiblen Personen. Wird das diagnostisch einkalkuliert? Vorsicht, Behutsamkeit und offene Fragen an den Patienten sind geboten!** Wenn absichtlich frustriert oder auch nur »wohlwollend geschwiegen« wird (Analytiker nennen das Abstinenz) oder gar eigene Affekte ins Spiel gebracht werden, kann der Therapeut schnell jegliche Kontrolle verlieren. Im Patienten bricht Verdrängtes auf, das sich bald weiter aufstaut und a) nicht mehr mitteilbar, b) nicht mehr von außen beobachtbar ist (Re-Traumatisierung). So bei mir in Hibbelsburg geschehen.

Der Patient benötigt genügend Ruhe und vor allem Entgegenkommen, um seine Staus, seine seelischen Knoten bearbeiten und auspendeln zu können. Die Gedanken brauchen ebenso ihre Zeit wie die Gefühle. Nicht das therapeutische Tempo entscheidet, sondern die Richtung, in der man sich bewegt. Gerät all das aus dem Blick, ist die seelische Katastrophe vorgezeichnet, unter Umständen nicht mehr revidierbar. **Psychoanalytische Tiefentherapie sollte auch spezialisiert sein auf solche komplexen Situationen. Das Phänomen der »PARADOXIE-ZONE« MIT VERDREHUNGEN; UMPOLUN-**

GEN UND WIDERSPRÜCHLICHEN ÄUSSERUNGSFORMEN UND INHALTEN ist immens wichtig und meines Erachtens kaum erforscht.[34] Andere psychotherapeutische Verfahren bleiben naturgemäß mehr Regulierung an der Oberfläche, was nicht »oberflächlich« heißt. Beides hat seine Berechtigung. Das wird das Kapitel über meinen Ehemann noch zeigen. Überheblichkeit, Arroganz und Besserwisserei haben in der Therapie nichts zu suchen, weder beim Arzt oder Therapeuten, noch beim Patienten.

Es gibt viele Wege zu Stabilität oder Heilung. Suchen Sie als Betroffene die Bahnen, die zu Ihnen passen – z. B. Meditation als Affektbewältigung. Wem mein Weg zu kompliziert ist, dem lege ich folgende buddhistische Weisheit ans Herz (Quelle unbekannt):

Beim Einatmen weiß ich, ich bin ängstlich, beim Ausatmen weiß ich, die Angst, das bin ich. / Beim Einatmen weiß ich, die Angst ist unangenehm, beim Ausatmen weiß ich, das Gefühl wird vergehen. / Beim Einatmen bin ich ruhig, beim Ausatmen bin ich stark genug, mich um die Angst zu kümmern.

Genauso passend könnte ich einsetzen: Wut, Ärger, Kummer usw.

Das Vorhandensein des unwillkürlich ablaufenden seelischen Pendelausgleichs ist wohl von unserem Schöpfer schützend und helfend in uns eingeplant worden. Als heilender Übergang oder als Auffang-Ebene, um aufgewühlte, gestörte menschliche Natur in erwünschte angenehme, lebenbejahende Verfassung zurückzuführen. Damit wir die unvermeidlichen Schicksalsbelastungen nicht vervielfachen, gab ER uns Gebote als Ideal-Muster, mindestens 10. Plus das Leben, Lehren und Wirken Jesu, letztlich SEIN sühnendes Opfer als (paradoxe) Krönung. Zum Wohle aller.

34 siehe Teil III

B3. Aktivität, Kreativität, Schreiben

Überblick

Auch moderne, stressgeplagte, ansonsten gesunde Menschen werden immer wieder aufgefordert, sich Ruhe und innere Einkehr zu gönnen. Von Psychose belastete Menschen benötigen davon ein Unmaß. Das liegt zwar auch an den dämpfenden Neuroleptika, aber die bescheren uns paradoxerweise eben auch diese notwendige Ruhe, um die Extrem-Anstrengung, die zu Extrem-Erschöpfung führt, auszugleichen. Darunter leiden wiederum die Betroffenen und die Angehörigen. Trotzdem gelang es mir nach Jahren zunächst sparsame Aktivitäten zu bewältigen. Sie auszubauen, bringt wieder eine Ahnung von Lebensfreude mit sich. Gut, dass in den Kliniken u.a. Kreatives sowie Sportliches und Musisches angeboten wird. Sich körperlich fit zu halten, fällt oft schwer. Aktivitäten helfen, aus dem allgegenwärtigen »Tran« herauszufinden, erkennbar an der zusammengesunkenen Körperhaltung, dem krummen Gang der meisten Betroffenen. Gymnastik, Sport, Yoga, Atemübungen usw., ja auch Wettkampfspiele, verbunden mit Geselligkeiten, bauen auf. Ganz wichtig war es, tagsüber aktiv zu sein und Pflichten zu haben. Nahrung, Körper, Wohnung, Wäsche zu pflegen, ist ein Muss für jeden! Man muss sich aufraffen müssen! Vergnügungen lagen mir persönlich weniger als z. B. gesellige Kontakte und das regelmäßige Studium der Heiligen Schriften mit meinem Mann zusammen. Ich bin gern Hausfrau, lade auch Gäste ein, wirtschafte sparsam. Mich kümmern, freundschaftliche Kontakte pflegen, Verwaltung meines Elternhauses, wenige Urlaubsreisen usw. Wenn das eine nicht möglich war, ging das andere. Jeder muss selbst herausfinden, woran er / sie sich letztlich Freude ermöglicht. Einschränkungen sind zu akzeptieren, z. B. liegt Kulturelles meist zu spät für uns am Abend. Die Überwindung der Müdigkeit wäre zu groß. Phantasie, Kreativität und Tagträume sind wichtig und beflügeln den Lebensmut neu. Ich arbeitete einige Skizzen aus, in denen ich z. B. die emotionalen Schwerpunkte meines Mannes und meine eigenen in einer Kurve oder einem Diagramm darstellte, um die täglichen Aufregungen sichtbar zu machen und kritische Bereiche durch deren Wahrnehmung zu entschärfen. Ich hatte in all den Jahren intensive Phasen, in denen ich Gedichte, Märchen und Rollenspiele erfand, die meine Erlebens- und Gefühlslage sensibel aber verfremdet wiedergaben. **Sie kamen jedoch nicht aus der Ruhe heraus, sondern waren meistens ÜBERWINDUNGS-ERGEBNISSE VON SEHR SCHWERWIEGENDEN ZUSTÄNDEN. Eine ruhige Heiterkeit folgte erst mit dem erfreulichen Ergebnis.** (Ursprung: meiner Mutter trotz meines Kummers Freude machen wollen.) Ich fotografierte Blumen und schmückte mit den Fotos die Wohnung. Bei Übungen am Computer brachte ich außer Eigenem die Erzählungen und Geschichten meiner Mutter zu Papier, die sie von ihrer Kindheit auf dem Land erzählt hatte. Ich interviewte sie vor ihrem Tod, nahm es auf Tonband auf und vervielfältigte das später zusammen mit alten Familienfotos für meine Nichten und Neffen, ihre Enkelkinder, auf CDs. Im Laufe der Jahre ist das alles – anstelle der Berufstätigkeit, nun als Rentnerin – ein sparsames Gegengewicht zu den seelischen Strapazen meiner teils zwanghaft begründeten Psychoanalyse gewesen und nicht zuletzt Ausgleich für eine sehr schwierige Ehe. Es gilt, immer wieder lange Ermüdungsphasen zu akzeptieren.

Es gibt ein inneres, ganz individuelles – lebendig-dynamisches – MUSTER, das jeder vergleichbar ähnlich oder auch ganz anders in sich entdecken und bewusst leben und erweitern könnte. Ich denke, GESUNDUNG geschieht auch durch fortschreitende Ausgewogenheit in allem. Illusionen verabschieden, realistische Lebenspläne durchdenken und angehen! Mich hatte während der Heilung zeitweilig ganz der Optimismus verlassen. Ich nährte ihn immer dann, wenn es mir besser ging und ich meine geistigen Kräfte spürte. Aber es kommt auch darauf an, den eigenen teilweise gehinderten Stand immer wieder zu akzeptieren und sich auf keinen Fall vor einem angestrebten Ziel entmutigen zu lassen. Wir sind alle in steter Entwicklung begriffen. **Auch hier: die Richtung entscheidet, nicht das Tempo.** Noch einmal: »Du sollst deinen Nächsten lieben wie dich selbst«. Der 2. Teil dieses Gebotes wird von Depressiven oft übersehen. Außerdem dürfen wir immer wieder umkehren, wenn etwas falsch war in unseren Entscheidungen und Taten. Sich selbst bejahen in allem und sich verbessern. In trostlosen Momenten glaubt man: »Ich will zwar gerne, aber ich kann nicht.« Danach geht es dann doch weiter. Jeden kleinen Moment des Glücksgefühls genießen und ihn sich merken und notieren zur Aufheiterung, hilft auch. **Meine derzeitige Definition: SEELISCH GESUND reagiere ich, wenn ich den Erfordernissen, Herausforderungen, realen Plänen und Wünschen der Gegenwart mit der nötigen Kraft und ohne umwerfende Einschränkungen genügen kann. Wenn ich inzwischen so weit belastbar bin, dass ich mich von Schwerem wieder erholen kann und gestärkt daraus hervorgehe. Das ist ein stetiger Prozess. Dabei fließen Erkenntnisse und Gefühlsqualitäten des Vergangenen produktiv mit ein. Die Zukunft träumen und daraus Kraft schöpfen für Neues.** Die Grenzen aller Ideale zum Realen hin sind fließend. Solche Ideale sollten wir nicht als Prügel für uns selbst benutzen, sondern wie ein leitendes Sternbild betrachten. Ein konkretes Ziel vor Augen haben. **Jedes große Ziel lässt sich in kleinere Teil-Ziele zerlegen, in Schritte, die für mich gangbar sind.** Manchmal ändert sich die Wegerichtung unbeabsichtigt, manchmal muss ich eine Sackgasse verlassen. Mein Mann wird bis an sein Lebensende auf sehr starke Tabletten angewiesen sein. Doch damit ist er nach 14 Jahren atemlosen Wechselverhaltens endlich stabil geworden, nun bald 10 Jahre lang. Er geht seinen eigenen Weg zur Persönlichkeit hin, ganz anders strukturiert als ich. Ich bleibe bei meiner Niedrig-Dosierung als Balsam für mein Nervenkostüm.

Meine Gesamtleistung besteht darin, in mich gehorcht zu haben, was ablief, und daraus u.a. viel Psychologisches zu entwickeln. Mein Mann orientiert sich völlig und ausschließlich am Evangelium, das funktioniert auch. In der Ehe ergänzt durch meine Erfahrungen und Wissen. Er horcht natürlich auch in sich hinein, was er will – und interessiert sich weniger für das, was ich hier beschreibe. Er ist wohlwollend, oft auch spöttisch überheblich. Naja. Er beweist, es geht auch ganz anders. Ich unterstütze ihn auf meine Weise. Es gibt sicher unzählige Varianten zwischen unseren Polen.

Zum Schluss wieder die unvermeidliche PARADOXIE-ZONE: Um aus den psychotisch-wahnhaften Reaktionen herauszukommen und wieder aktives kreatives Tun genießen zu können, bedurfte es unglaublicher ÜBERWINDUNG und extremer, langanhaltender RUHEZEITEN und äußerer STILLE. Aber der Lohn ist gewiss. Kritiker und Angehörige bemängeln oft unseren scheinbaren Müßiggang. Mein aufgewühltes Seelenleben war trotz der ausgleichenden Medikamente so dramatisch verdichtet (Anspannungen im Dauerstress), dass ich ständig ungestörte Ruhe und innerlich aktive Verarbeitungen brauchte, um meine Mitte wiederzufinden. **Da laufen oft krasse Gegensätze im Inneren ab.** Obwohl ich das von mir selbst kenne, wusste ich bei meinem Mann oft nicht, ob er »nicht kann« oder ob er wirklich nur bequem war, »faulkrank«. Er verriet es mir auch nicht! So sind Missverständnisse und Konflikte zwischen Betroffenen und Angehörigen unvermeidlich. Ich »spiele« beide Rollen. Die Kranken müssen lernen, sich selbst wahrzunehmen und mitzuteilen (daran hapert es bei meinem Mann). Dann ist für alle Beteiligten viel gewonnen.

Beispiele

Das Aufschreiben meiner Erlebnisse, Verarbeitungen, Gedanken, Erkenntnisse und Träumereien erwies sich für mich als unschätzbar wertvoll, ja zeitweise existenzrettend. Dazu gehören 13 Jahre ausführlich Tagebuch schreiben, 1+4=5 Jahre Briefe an Dr. MM, währenddessen verfasste ich mein protokollarisches »Lebensbuch«, von dem ich ihm eine Kopie schickte. Als Letztes dieses Buch mit allen Vorarbeiten über Jahrzehnte. Nur um deutlich zu machen, wie viel Belastungsgefühl in 30 Jahren zu verarbeiten war, meine überschlägliche Gesamtzahl: 30.000 Seiten. Das war Überwindung und Fleiß, schaffte aber eine gewisse Genugtuung, Distanz, Überblick, Erkenntnis und letztlich doch Freude.

Tagebuch
Mich entlasten von allem Erleben. Anspannungen produktiv abbauen. Das ganz Eigene klären. Absolut ehrlich mit mir selbst und den Mitmenschen verfahren. Empfindungen, Assoziationen, Bedürfnisse und Pläne formulieren. Menschliche Verhaltens-Stile durchdenken und daran mein Beurteilungsvermögen schulen. Sittliche Werte als notwendig und gut feststellen und bejahen. Ich unterschied »unfertige« von (vorerst) »fertigen« Gedankenabläufen, mit denen ich fortan Stellung bezog. **Während ich schrieb, hatte etwas für mich große Bedeutsamkeit. Etwas später rangierte dasselbe unter »ferner liefen«.** Was ich an Aufregungen schreibend verarbeitet hatte, hakte ich im Gefühl und

Gedächtnis ab als »erledigt«. Andernfalls hätte ich die Belastungen des nächsten Tages nicht mehr schultern können. **Ein stetes Loslassen und wieder frei sein, um den nächsten realen Stress verkraften zu können!** Ein langwieriger Prozess, bei mir auch versetzt mit nützlicher Zwanghaftigkeit. Erlebensfülle wich der Konzentration auf Wesentliches, der inhaltlichen Klarheit. Dennoch im Gefühlserleben immer wieder auch ein schmerzhafter Prozess.

Vor knapp 10 Jahren blätterte ich die zahlreichen Tagebuchbände noch einmal suchend durch, reduzierte das Gefundene auf einen Mini-Extrakt hin, zerriss alle Originale – ließ los! Jetzt leben! Das Alte abschließen!

Briefe an Dr. MM

Nach unserer Heirat ergab sich eine derart verblüffende Kette von »Zufällen«, dass ich noch einmal Kontakt mit Dr. MM aufnahm. Aus Empörung und Kummer. Denn diese Zufallsinformationen beinhalteten die Gewissheit, dass er immer noch an der Fehldiagnose festhielt, also wenig begriffen hatte von meinen schriftlichen Aufklärungsversuchen, die nun 15 Jahre zurücklagen. **Bestätigung der paradoxen Auslegungs-Varianten.** Ich ergriff die Gelegenheit, ihm liebevoll schonend aber deutlich und angstvoll (strapazierende Gefühlsmischung) zu sagen, wer ich bin. Es folgten 4 Jahre Briefe, die er wieder nur indirekt beantwortete über meinen Heilpraktiker und meinen Nervenarzt.

Meine Briefe liefen- soweit ich das erinnere – auf **4 Ebenen** ab:

a) Erkenntnisse meiner selbst, eingestreut eine Aufarbeitung dessen, was in Hibbelsburg geschehen war. Dabei musste ich noch aufpassen, bei pendelnden gesunden Abwehrgefühlen während des Schreibens eine Pause einzulegen, bis wieder Gelassenheit eintrat. Ich hatte begründete Sorge, er passe wie ein Luchs auf, ob sich nicht irgendwo doch Geltungsbedürfnis, Narzissmus[35], offene Aggression oder dergleichen zeige. Konnte er das Gegenteil zur ursprünglichen Diagnose und damit seine Fehltherapie nicht für wahr halten? Zweifelte er meine Einschätzung an? Warum? Ich stellte in Frage, ob er den Heilungsprozess in Form von spontanem Pendelausgleich einkalkulieren könne.

---

35 krankhafte Verliebtheit in sich selbst, geht meistens auf frühe Schädigung zurück

b) Erkenntnisse aus dem Erleben und der Problematik meines Mannes (sparsam). Ich neige dazu, meinen Partner in der Darstellung zu schonen, aus Fairness, deutete meine immensen Herausforderungen durch ihn nur an.

c) Darstellung dessen, was mich im Leben erfreut hatte und heute noch im Kleinen beglückt. Als Ausgleich für all das Schwerwiegende. Das war eine Darstellung der **Genese meines Glücksempfindens**, aber nicht als solche geplant.

d) Berufliches, das hier unwichtig ist.

Lange Zeit wiederholte ich fast nichts, später manches in neuem Licht, distanzierter.

Die alten Ängste, von ihm ohne Ende missverstanden zu werden, kamen öfter hoch, wichen beim Schreiben. Mit all dem ging seelische Erleichterung einher, auch Ausgleich zu den häuslichen Strapazen mit meinem der akuten Psychose damals ständig nahe lebenden Mann. Ich war MM überaus dankbar für seine Annahme, Anteilnahme und meine Möglichkeit zum Abbau der noch extremen Anspannungen in mir zu ihm. Im Gegensatz zum 1. Jahr nach Hibbelsburg kamen nun auffallend positive, bejahende, mich entlastende »Reaktionsgefühle« in mir auf, als gingen diese von ihm aus. Wie Telepathie, sehr seltsam. Ich plante lange einen Abschluss meines Schreibens an MM, wollte damit aufhören. Aber der tägliche häusliche Druck war zu stark, sodass ich das Ventil dieser Briefe noch nicht aufgeben mochte. Als der Druck vorübergehend nachließ und ich einen entspannten Schreibschub geschickt hatte, erhielt ich den nächsten ungelesen zurück (als Abschluss von mir zu Beginn angeboten). Das erwies sich als richtig. Mein Mann sackte zunehmend ab, für mich unerträglich selbstherrlich, aggressiv auftretend. Das zog sich ein Jahr lang hin, bis er 7 Jahre nach Eheschließung das erste Mal wieder akut in der Psychiatrie landete. Es folgten 10 Klinikaufenthalte in wiederum 7 Jahren, verbunden mit starkem Medikamentenanstieg. Ich begann eine 2. therapeutische Phase bei unserem gemeinsamen Nervenarzt, allerdings zeitlich locker. Er unterstützte mich, bezogen auf MM, und nahm Kontakt mit ihm auf, schwenkte dann allerdings auf dessen therapeutische Absichten ein, die darauf hinausliefen, eine innere Trennung in mir von MM zu »erzwingen«. Auf die Idee, bei allem Respekt, persönlich etwas wiedergutmachen zu müssen, scheint MM nie gekommen zu sein. Wie oft drängte sich mir wegen

MM auf: Sowas Verrücktes, Abnormes wie diese unsichtbare Fernbeziehung kann auch bloß ein Psychoanalytiker sich ausdenken. Einen »normalen« Menschen hätte ich längst auf den Mond geschossen, ohne Rückfahrkarte. Außerhalb dieser therapeutisch bleibenden Situation wäre MMs Verhalten für mich undenkbar zu tolerieren. Abbruch meinerseits. Ich schätze ihn anders ein, als er sich darstellen ließ und vertraue meiner Menschenkenntnis mehr als therapeutischen Schachzügen. So zerbrach ich mir den Kopf, was diese versteckten Maßnahmen nun wieder für einen therapeutischen Sinn haben sollten und fand etwas. Z. B. die Aufforderung, auch aggressiv (pendelnd) aufzuarbeiten, was an Belastungen seinetwegen noch in mir war als Parallelen zu Hibbelsburg. Das klappte punktuell. Weiterhin ein Loslassen dieser zu engen tiefenseelischen Bindung (die er selbst hervorgerufen oder mindestens verstärkt hatte. Vorläufer war mein Baby-Defekt.) **Ein väterliches Wort hätte das schneller und gründlicher bereinigt, meine verletzte Würde ohne jahrzehntelangen Aufschub zeitnah wiederhergestellt. Damit wäre ich schneller aus dem Verharren im Tiefenseelischen herausgekommen, schneller wieder »erwachsen geworden«.**

Lebensbuch

Parallel zum Brief-Kontakt mit MM trieb es mich, meine gesamte Kindheit und Jugend in allem Erinnerten zu protokollieren. Dieses Mal mit Kommentar, was das Erleben damals in mir ausgelöst hatte, und was ich heute dazu denke. In nur 3 Wochen produzierte ich etwa 400 Seiten, hatte damit all mein kindliches Leid buchstäblich in der Hand. Ich schrieb das während einer schweren Erkältungszeit zu Hause aktiv-wach-getrieben auf, real in der Tiefe völlig erschöpft. Wieder ein großes Loslassen, diesmal von Kindheit und Jugend. Ich schickte es ihm zu. Reaktionen von MM kamen sparsam, wieder versteckt über meinen Heilpraktiker und meinen Nervenarzt. Aber klar mitfühlend und verstehend. Tröstlich. Von MMs Seite letztlich eine Therapie ohne Ende. Ich trat ihm nie zu nahe. Er mir auch nicht.

Dieses Buch

Mit der weitgehenden Stabilisierung meines Mannes durch starke Neuroleptika vor knapp 10 Jahren kam ich selbst endlich innerlich langsam zur

Ruhe. Nun wirkte auch mein beruflicher Ruhestand auf mich ausgleichend. Nach 6 Monaten Erholung durch Bernds Ausgeglichenheit begann ich die Arbeit an diesem Buch. Ein Berg von Notizzetteln war Stapel auf Stapel zu sichten, zu ordnen, zu gliedern und zusammenzufassen, eine Heidenarbeit. In 10 Monaten schrieb ich den 1. Teil des Buches auf als viel zu ausführliches Konzept. Nach langer Schreibpause folgte der 2. Teil. Wieder eine Distanzierung vom Unmittelbaren. U.a. mit dem **Motiv: Auch Fachleute sollen wissen, wie durch Anhäufungen und Zuspitzungen seelischer Belastungen im Leben Psychose entstehen kann. Transmitter-Entgleisungen können Ursache sein, aber auch Folge.**

In diesen langen ersten Versuch floss viel Herzblut ein. Heute finde ich meinen Heilungsweg mindestens ebenso interessant wie meinen Weg in die Psychose. Es folgten wieder Jahre der ehelichen Anspannungen, weil mein Mann – anders als ich (mit meinen depressiven Wellen) – plötzliche aggressive Wellen als unwillkürliche Abreaktionen erlebt und sie nicht seinem Vater (frühe Prügeleien als Ursprung) anlastet, sondern unreflektiert und ungerecht mich als einzige Zielscheibe dafür benutzt. In der Regel unlogische Haarspalterei mit einer Fülle angesammelter Gesprächs-Unarten. Das hat sich bis heute mengenmäßig verringern, aber nicht abstellen lassen. Ich weigere mich aktiv, Opfer zu sein. Ein Mann völliger Gegensätze (Zwiespalt) in sich, psychische Grundlage seiner Krankheit. Wir arbeiten daran, jetzt endlich auch er auf seine Weise. In Zeitlupen-Manier.

Vielleicht war die lange Schreibpause vor dieser endgültigen Fassung, in der ich mich unfreiwillig im Übermaß mit ihm, freiwillig mit Haushalt und Gemeindeleben befasste, für mich wiederum als Distanzierung nützlich für dieses Buch. **Es galt ja, Überblicke, Verkürzungen, Zusammenfassungen, Extrakte zu erarbeiten.** Beim Aufschreiben und Durcharbeiten aktivierten sich alte Tiefenbelastungen aus dem darunter liegenden Erleben neu. Ich empfinde heute endlich gesunde Distanz zu allem früher Erlebten. Auch wenn ich punktuell einmal wieder Ausweglosigkeit empfinde, bezogen auf die mangelhaften Einsichten meines Mannes, so bin ich doch relativ schnell wieder stabil. Auch weil er rasch wieder liebenswürdig reagiert.

So viel bewirkten das Schreiben als ein Verarbeiten und der Zeitabstand und all die Helfer und Hilfen mit dem Herrn als Cheftherapeuten für uns.

Wenn dieses Buch dereinst fertig gedruckt vorliegen wird, ist es wie ein geistiges Kind, das selbständig geworden ist. Es geht seinen eigenen Weg. Das wird eine erneute Qualität von Freiheit für mich werden. Hoffentlich ein endgültiges Loslassen vom Schwersten in meinem Leben.

B4. Weitere Abläufe meiner Heilung

Noch mehr Dynamisches

Es gibt im weitesten Sinn rhythmische bzw. pulsierende Phänomene im Menschen, die mir im Zuge meiner Heilung auffielen. Ich zähle einige auf und erkläre kurz, wie sie sich mir darstellten.

Gegensätze (Yin und Yang)
Chinesische Begriffe, die einem Kreissymbol zugeordnet werden.[36] Es ist ein philosophisches Paradoxie-Modell, das u.a. besagt, wie ein klares Element seinen Gegensatz dynamisch in sich birgt, in den es umklappen kann. Diese Denkweise ist auf alles sozusagen universell anwendbar. Meine Entdeckung des Pendelausgleichs in mir zeigte genau so ein zeitlich befristetes Umklappen der emotionalen Gegensätze auf. Der Übergang von Depression oder Angst (Yin) in Ärger, oder Panik oder Aggression (Yang) ist z. B. so ein Geschehen. Früh verfestigt, kann ein zu sehr geängstigtes Kind sich zu einem zumindest teilweise feindseligen Erwachsenen mausern. D.h. eine Umpolung zur aggressiven Charakterprägung des Erwachsenen wurde angebahnt. Ich benutze gern eine besondere Begrifflichkeit nämlich **yang-kompakt** z. B. für die geballte Vehemenz eines erlebten Schocks oder Traumas. Unsere menschliche Natur schont uns, wenn wir massive Dramatik oder starken Stress nicht aushalten können. Zunächst stehen wir vielleicht unter Schock, dann verdrängen wir oft. Das ist vielfältig bedingt und ausgeprägt. Bestenfalls schickt irgendwann unser Unterbewusstsein **yin-gestreut** viele kleine Portionen davon als aushaltbares Erleben in Aufregungsketten als Verarbeitung hoch ins Bewusstsein. Oder als ausgedehnte Depression. Als ich in die Psychose fiel, funktionierte dieser natürliche, mir noch unbekannte **Schutzmechanismus** nicht mehr. Erst im Heilungsprozess konnte ich ihn

---

36 Yin = weiß, enthält im Kern (schwarzer Punkt) die Tendenz zu Yang = schwarz mit Tendenz zu Yin (weißer Punkt)

deutlich wahrnehmen und reale Teilprobleme bearbeiten. **Genau betrachtet war auch die akute Psychose so ein yang-kompaktes Phänomen, das ich mit yin-gestreuten Verarbeitungen (auch zugrunde liegender Traumen) in mehreren Jahrzehnten völlig überwinden konnte.** Die Überziehung meiner Belastungsgrenzen im Heilungsprozess entsprach im Prinzip immer wieder derjenigen, die ich in meinem Leben davor zulassen musste. **Je mehr Zwiespalt auf einem Menschen lastet, umso näher ist er dem paradoxen Umklappen, auf lange Sicht als komplette Umpolung möglich.** Es gibt unzählige Beispiele für Yin- und Yang-Phänomene, gerade auch im Zusammenleben. Hier soll vorerst der Hinweis auf ihren paradoxen Austausch genügen.

Spirale

Ein zweites dynamisches Phänomen ist die **seelisch-geistige Bewegung** in Spiralform. Bei Dr. A-Mann litt ich unter dem wiederkehrenden Kummer, ich hätte Wichtiges vergessen, das ich erlebt oder erkannt hatte und ihm unbedingt erzählen wollte. Er tröstete: »Das macht nichts. Wenn es wichtig war, dann kommt es wieder.« Das verblüffte mich, weil ich es für verloren hielt in der Fülle dessen, was mich umtrieb. **Zumal selbst belanglose Kleinigkeiten in mir mit Bedeutungsschwere aufgeladen wurden.** Wie viele Jahre begleitete mich dieses Empfinden! Wie viele Notizen machte ich, die ich später als unwichtig aussortierte!

Es stimmte, die inhaltliche Thematik, die Gedanken, die Gefühle, ja die seelischen Sackgassen, alles wiederholte sich tatsächlich über Jahre hinweg. Auch gesunde Menschen wiederholen ihre Lieblingsthemen. Wir alle wachsen im Prozess. Es gab Fortschritte, es gab Rückschritte, besonders in der Gefühlslage. Anfangs empfand ich meine Zustände oft als Hexenkessel. Es schien alles in Leid und Elend eine totale (vorher so nie gekannte) Tiefe auszuloten und dort stagnieren zu wollen. Bis ich langsam erkannte, es lief eine durchgehende, ungleichmäßige Spiralform ab im inneren Erleben und bei den seelisch gravierenden Grundthemen. Trotz aller Aufregung ein wiederholendes Kreisen, entweder wohltuend aufwärts oder (seltener werdend) bedrückend abwärts. **In unterschiedlicher Geschwindigkeit, verzögert oder beschleunigt, gleichmäßig oder ruckartig,** u.a. abhängig vom Tagesgeschehen und -erleben. So eine Spirale kann offenbar auch mehrfach auf derselben

Höhe schwingen, dann empfand ich sie entweder als beklemmenden Hexen-kreis (»Das wird ja nie wieder gut.«) oder als ein Verweilen in Ruhe (»Endlich mal Erholung.«). **Ein Verharren auf derselben Ebene geht garantiert wieder in Bewegung über. Zunehmend aufwärts, aber immer wieder auch auf die individuellen Tiefpunkte zusteuernd.** Besonders bei solchen entmutigenden Rückfällen in Ausweglosigkeit und verschwundene Hoffnung wandte ich mich an meinen himmlischen Vater. **ER ließ zunächst meine Verzweiflung auf meinen absoluten Tiefpunkt rutschen, erst danach empfand ich zuneh-mend innere Ruhe und Geborgenheit. Ja, die Gelassenheit, es würde wieder aufwärts gehen:** Gedanken kamen für neue Weichenstellungen, Freundinnen meldeten sich überraschend, ein seltener Singvogel kam in meinen Blick, die Natur schien mich zu begrüßen. Eine lange Entwicklung, die immer flacher im Leid, immer erfreulicher im Aufatmen wurde. Je höher die Ebenen, umso schöner die Aussichten. Ich sehe in der individuell variierenden Erlebensspi-rale von typischen, sich wiederholenden Themen und seelischen Prozessen ebenfalls eine **feine Paradoxie.** Es scheint widersinnig zu sein, wenn eine festgelegte Erlebensform, nämlich die Spirale (yang-kompakt), sich klar zeigt, aber gleichzeitig die unterschiedlichsten Ausprägungen, Variablen und Fle-xibilität (yin-gestreut) in den Abläufen in sich birgt. In dieser scheinbaren Widersinnigkeit ergibt sich mit dem Heilungs-Fortschritt eine neue Ausge-wogenheit und Klarheit. Sie zu durchschauen und zu akzeptieren, erleichterte es mir, die lange Dauer der Heilung anzunehmen, mich mehr oder weniger geduldig abzufinden. Solche Selbst-Beobachtungen ergaben sich nebenbei.

Gestalt[37]

Affekte bilden oft einen Stau, der sich als Schub erweist, zu einer Lösungs-möglichkeit hin. So kündigt ein scheinbarer Stillstand eigentlich den nächs-ten Schub zum Wendepunkt an. Dynamische Heilung geschieht also auch in Schüben. Für mich bedeutete »Gestalt« außerdem eine Art **Spannungs-bogen.** Eine Erregung produzierte einen Höhepunkt und schwoll wieder ab. Umgekehrt erreichte ein depressives Absacken einen Tiefpunkt und hob sich wieder in leichtere Gefilde. Auch diese wiederkehrenden Abläufe zeigten mir

37 Es gibt eine Gestalt-Psychologie, auf die ich hier nicht zurückgreife

an, dass ich auf dem Weg zur gesunden Normalität bereits fortgeschritten war. Jedes Mal ein befriedigendes Erfolgserlebnis. Man versteht rückwärts, auch wenn man vorwärts leben muss. [38]

Anfang → Höhepunkt / Tiefpunkt → Lösung

Bio-Rhythmus[39]

Er gab mir als viertes dynamisches Element oft Trost. Wenn die Bereiche Körper – Seele – Geist gerade gleichzeitig Energien sammeln, statt sie verausgaben zu können, lief nichts mehr. Ein Blick, und ich wusste: »Aha, deshalb. Wann geht´s wieder bergauf? Okay.« In labiler Verfassung spürte ich diese Rhythmen als extrem beeinträchtigend oder aber entlastend. Heute brauche ich das nicht mehr.

Zusammenfassung

Solche dynamischen innerseelischen Prozesse sichern u.a. offenbar unser Überleben in seelisch-geistiger Hinsicht bei übermäßigem Stress. Sie erscheinen hier als »Lebens-Not-wendend«. Ich schließe daraus, wie sehr rhythmische Bewegungen, Musik usw. zur Harmonisierung gerade auch von kranken oder gestörten Menschen beitragen. Eine Freundin wies mich darauf hin, wie bei Gesunden gerade die Bewegung in Rhythmen, sogar das Schwingen nach unten, nicht mehr belastet, sondern auch als lustvoll erlebt werden kann.

Etwas zu erkennen, an dem ich den Fortschritt meiner Gesundung ablesen konnte, machte mir Mut, gab Auftrieb, wieder neues Durchhaltevermögen und den Willen, die damit verbundenen Anstrengungen auf mich zu nehmen.

Übertragungen

Der hier psychologisch gemeinte Begriff der Übertragung stammt aus der **Tiefenpsychologie**. Ich kläre hier nur die besondere Bedeutung, die dieses

---

38 sinngemäß nach Sören Kierkegaard
39 siehe Internet

gewichtige Phänomen in meinen persönlichen Erfahrungen einnimmt. Etliche Beispiele von Übertragungen aus meinem Kinderleben ins Erwachsene erwähnte ich bereits. In wen und wie wir uns verlieben, hängt mit unseren frühesten Bindungen zusammen. [40] In der späteren intensiven partnerschaftlichen Liebesbeziehung laufen fast automatisch ähnliche Seelenmuster ab. Angeborenes ja, aber bewusst und unbewusst gesetzte Muster sind klar erkennbar. **Muster, nicht nur in Verhaltensmechanismen, Prägungen oder Denkabläufen usw., sondern vor allem in daran haftenden Gefühlsreaktionen und durchaus persönlich gefärbten Wahrnehmungen.** Das beschränkt sich nicht nur auf den / die mögliche / n Partner / in. Ängste, Freuden, Aggressionsformen, Vorbehalte u.a. fließen fortwährend als unbewusst gewordene (vergessene) Vorerfahrungen in unsere aktuellen mitmenschlichen Beziehungen ein. Gute und weniger erwünschte. Habe ich als unkritisch Nachahmende in meiner Kindheit / Jugend freundliche Ermutigung zu Eigenem erfahren? Habe ich als Konfrontation Suchender in dieser Zeit lernen dürfen, mich zu regulieren, Respekt und Achtung vorm Anderen zu erleben und zu lernen? Erlebte Fürsorge und Erziehung werden übertragen auf spätere Herausforderungen. Ebenso ordne ich das Nachahmen von Vorbildern ein. **Je intensiver unsere Gefühle sind (bis zu Affekten hin), umso intensiver übertragen wir.** Der Beziehungspartner tut das Gleiche. Im besten Fall haben beide gute Voraussetzungen mitgebracht, bzw. Störungen gemeinsam zu regulieren gelernt. Schlimmstenfalls bricht ein Chaos (Paradoxie-Zone) aus, und Ehe-Trennung oder Ehe-Scheidung wird zum scheinbar unvermeidlichen Selbstschutz.

Übertragung geschieht auf vielfältige Weise mit allem und jedem.
Anhaltende Erfahrungen (yin-gestreut) oder Intensiverleben (yang-kompakt) werden übertragen auf tatsächlich oder scheinbar Ähnliches u.v.m. Auch Psychotherapeuten sind dagegen nicht gefeit, bei ihnen benennt man die Übertragung als **Projektion**.
Es geht so weit, dass sogar unsere Vorstellungen von und Empfindungen zu **Gott** von unseren Vorbildern, Prägungen, Erfahrungen und Gewohnheiten eingefärbt, also auch übertragen werden. In diesem Fall sollten wir bewusst

---

40 sinngemäß in Erich Fromm: »Die Kunst des Liebens«

korrigieren, dass ER unser idealer Vater ist. Wie sich dieses Ideale äußert, erfahren wir, wenn wir in den heiligen Schriften unzählige Beispiele lesen können, wie Gott mit den Menschen umgeht und was ER von uns erwartet. Da kursieren völlig falsche Vorstellungen, die nachgeplappert werden. Selber lesen! Die Texte der Heiligen Schriften müssen ebenfalls (zum Teil kritisch) übertragen werden, nämlich auf unsere heutige Situation. Das geht.

Beispiele für Übertragungen aus meinem eigenen Leben:
a) Meine wiedererlangte **Berufsfähigkeit** verdanke ich z. B. meinen Mustern an Früherfahrungen mit Arbeit und Selbstüberwindung. Die gelernte Verantwortung, auch bei der Überwindung von Schwäche und Enttäuschung übertrug ich nun unbewusst auf die völlig anderen Gegebenheiten der notvollen Psychose-Situation. Ohne diese Vorerfahrungen wäre es womöglich misslungen. Meine **Fähigkeit, Not durch kreative Gestaltung** abzubauen, erwähnte ich bereits. **b)** Meine besonders **innige Frühbeziehung** (Zuwendungszeiten als Baby / langes Stillen) zu meiner Mutter begründete nicht nur, dass ich sie aus Liebe begeistert nachahmte, sondern auch das Gegenteil (**Abweisungen** bis hin zum Bett-Trauma) intensiv erlebte. Damit wurden auch Enttäuschung und Ängste meine Lebensbegleiter. Hervorgerufen von außen, werden sie von mir zu sehr toleriert. Erkennbar an der »Wahl« meiner zwei Lebenspartner, die beide Schaukel-Charaktere sind, also zwischen sehr angenehm und sehr unangenehm abrupt wechseln können. Wieder der **Zwiespalt. c)** In der erlittenen **Fehltherapie** führte dasselbe zu Re-Trauma bedingter seelischer Selbstaufgabe, verstärkt durch Projektion und Fehler des Therapeuten. Hätte ich diese Zusammenhänge nicht für mich entdecken und auf meinen jetzigen Mann anwenden können, wäre unsere **Ehe** schnell gescheitert. Sie ist schwierig geblieben. Leider ignoriert er, seinen eigenen Übertragungen auf die Schliche / Spur zu kommen. Damit versagt er sich die Erleichterung, die Selbstakzeptanz und das Selbst-Verstehen sowie die notwendige Regulation. Er spaltet sein Negatives ab.[41] Im Nachhinein erweist sich mir klar die erflehte Führung Gottes. ER griff immer dann spürbar deutlich ein, wenn meine Kräfte am absoluten Ende waren. Er bereitete meinen

---

41 D. h. er verdrängt sofort total und leugnet es.

Kraftzuwachs vor, ebenso wie den meines Mannes. Gott bezieht ärztliche Kunst (unseren Nächsten) ein. Auch diese Notwendigkeit erkennt mein Mann erst in den letzten Jahren an.

Unser Charakter ist nicht nur Veranlagung, also nicht ausschließlich durch unsere Gene bestimmt. Das auch. Er wird entscheidend von außen mit reguliert, geformt, gefördert, beeinträchtigt, krank gemacht usw.[42] Psychisch-geistige Reifung (eine lebenslange Aufgabe) geschieht nicht ohne äußere Voraussetzungen wie Geborgenheit, Zuwendung und Liebe. Aber sie kann trotzdem misslingen, wenn Vorbild, Regeln, Regulierungen, Pflichten und Grenzen (Erziehung genannt) fehlen. Auch das sind Äußerungen von Liebe, die Konsequenz der Verantwortlichen in behutsamer bis deutlicher Weise erfordern. In solcher Ausgewogenheit vermeidet man drastische Explosionen (besonders die handgreiflichen, so wie mein Mann sie erlitten hat) mit traumatischen Folgen. **Auch im menschlichen Miteinander, besonders mit Kindern, gilt: Gerechtigkeit ja, aber Barmherzigkeit siegt.** Das Leben hält noch reichlich Unplanbares bereit, im Guten wie im Bösen. Wir tragen Verantwortung füreinander. Jeder für jeden. Aber besonders in unseren Familien. Auch Alleinstehende sind Teil einer Familie bzw. suchen sich eine Wahl-Familie, in der sie sich engagieren können. **Neben anderem helfen gute Übertragungs-Muster den Kindern glücklich zu werden und als Erwachsene die kleinen (yin-gestreuten) Glücksmomente zu genießen.**

Zwänge

Als Zwang definiere ich hier alles das, was in Phantasie, Denken und Tun kaum beeinflussbar, eben zwanghaft abläuft. **Es heißt, unterdrückte Angst und / oder Aggression sei die Ursache.** Klar, dass es leichte und schwere Formen gibt. Fließend. Das begann bereits in Hibbelsburg, als die frustrierende Therapie unerträglich wurde, nach etwa 2 Monaten. Am Ende warfen mich Affekte in allen Gefühlstönungen hin und her. Wieder zu Hause lösten sich

---

42 Neue Forschungen stellen eine Wirkung auch vom Verhalten auf die Gene fest. Scheinbar widersinnig, eben auch paradox.

diese langsam aber dramatisch, indem verdrängte frühe Traumen aufstiegen. Mit der Idee, diese Erlebnisse aufzuschreiben, meinte ich, für Dr. MM würde es so möglich werden, meinen bleibenden Konflikt mit ihm – entstanden durch seine Fehltherapie – selbständig zu erkennen.[43] Ich wollte die verlorene Liebe gern zurückgewinnen. Ich weiß heute, dass das alles schon zwanghaft in mir ablief. Während des Schreibens ließ das Zwanghafte in mir nach. Dass ich aber schrieb, geschah zwanghaft. D.h. ich war noch nicht in der Lage, Geschehnisse in mir abzubrechen. Ein Jahr lang ging es in meiner Erinnerung zwanghaft rückwärts bis ich bei der eigenen Geburt ankam. Statt Verständigung mit Dr. MM wieder sein Mauern am Telefon. Und das in dieser übersensiblen Verfassung.

Die Reaktion darauf, nämlich die akute Psychose, erlebte ich als ausschließlich zwanghaft, nicht zu beeinflussen von mir selbst oder anderen. Auch wenn sich Irreales und Reales schein-logisch verknüpfte. In dieser Situation kulminierte alles Belastende meines Lebens. Am auffälligsten strapazierte mich ein rasendes Denken, das auf- und abflaute. Keine Erholung, kein Schlaf zwischendurch. Wegen der verweigerten Aussprache litt ich jahrelang unter einsamen Zwangs-Argumentationen mit Dr. MM als eingebildetem Redepartner. Darin versuchte ich ihn nun direkt und deutlich aufzuklären, also ohne die Hemmungen, die bei persönlichem Kontakt auftraten. Am quälendsten nachts ohne Schlaf, wenn ich Medikamente zu reduzieren versuchte. Also Medikamente wieder rauf.

Ich kann in den ersten zehn Jahren von einer Milderung der Probleme sprechen, herausgefordert sowie gestärkt durch die erneute Berufstätigkeit. Die zwang mich aus meiner krankhaften Ich-Bezogenheit heraus. Eine endlich nachhaltig heilende, intensive Verarbeitungsphase wurde mir 10 bis 15 Jahre später bewusst, geschah ebenfalls unwillkürlich. Das Denken-Müssen blieb jahrelang hektisch, außer wenn ich mich auf Sachliches oder auf Menschen konzentrieren musste. Folge war schnelle Ermüdbarkeit. Ich redete zwanghaft schnell, wenn ein netter Mensch bereit war, mir verständnisvoll zuzuhören. Das nahm den inneren Überdruck. Meine mündlichen Darstellungen (von

---

43 Wie hätte ich in dem Zustand irgendeinem anderen Therapeuten den Gesamtkomplex deutlich machen wollen? Damals unmöglich. Unfähig zur Konzentration.

Kindheit oder Hibbelsburg) verkürzten und distanzierten sich von Mal zu Mal. Mit den Verstehens-Signalen des Gegenübers ließen die Anspannungen in mir nach. Eine Ruhepause trat ein mit wieder normaleren Gefühlen. All das fortschreitend durch Wiederholungen. Mit meinem Mann als geduldigem, wenn auch passivem Zuhörer, klärte ich zunehmend entspannt und letztlich erfreulich mein Seelenleben. Nun ohne merkbaren Zwang, nämlich mit den normalen Gefühlen meines »alten« Lebens, meist Kummer und Traurigkeit. Aber auch diese Verarbeitungen an ruhigen Feierabenden konnte ich nicht beliebig abstellen. Ohne meinen Mann hätte ich es mit mir allein abmachen müssen. Ob es gelungen wäre? Es ist immer besser, ein lebendiges Gegenüber zu haben. So überwanden wir in gegenseitiger Unterstützung (für ihn war anderes notwendig) unsere beiderseitigen kritischsten Jahre. Denn auch er lebt reichlich Zwanghaftes aus, hat jedoch seinen eigenen Weg zur Stabilität anders gefunden als ich. Während der schlimmsten Jahre mit ihm wurden meine Kräfte so übermäßig beansprucht, dass ich ein Angebot von Altersteilzeit in meinem Beruf für die letzten 5 Jahre beantragte. Solche Möglichkeit hatte es nie zuvor gegeben. Ich war so entlastet! Von da ab brachte ich neue Klarheit in meine Wohnung. Der Drang es zu tun, begann untergründig zwanghaft. Besonders wenn ich mich über meinen Mann ärgerte, fiel es mir leichter, mich von Gegenständen zu trennen, die lediglich Lebensphasen repräsentierten. Leitmotiv: Womit will ich mich in meinen letzten Lebensjahren noch beschäftigen? Woran hängt mein Herz? So erfreuen wir uns seit langem an unserem übersichtlichen, ordentlichen und behaglichen kleinen Heim. Den zwanghaften, hektischen Drang meines Mannes, zu viel Vorrat anzuschaffen, muss ich immer mal wieder auf ein sinnvolles Maß hin bremsen. Nicht ohne Ärger. Das Reduzieren war auch eine fortschreitende Distanzierung innerlich und äußerlich vom »vergangenen Leben«, ein Loslassen von einst Wichtigem, letztlich eine befreiende Neuorientierung zur Gegenwart hin. Es brachte wenig, mich gegen das Zwanghafte in mir wehren zu wollen. Ich registrierte es als lästig oder nützlich und nahm es einfach hin. (Mein Mann hat es nicht so gut damit. Aber er hat es gut, dass ich Zwanghaftes so gut verstehen kann.) Ich tat etliches, das im Endeffekt gut war, vielgleisig sozusagen. Allen meinen Zwängen gemeinsam war die Umsetzung in diverse heilsame, gute Aktivitäten. Darin liegt wieder etwas Paradoxes: Ein festgelegter, geradezu starrer Drang, unwillkürlich etwas Bestimmtes denken oder tun zu müssen (yang-kompakt), realisierte sich in variablen, vielgestaltigen Einzelphänomenen (yin-gestreut), mit denen ich den Drang auslebte, lockerte, durchaus lustvoll umsetzte und schließlich ablegte. Mit wohltuenden Verschnaufpausen. (Mein Mann reagiert aggressiv, d. h. zwanghaft yang-kompakt.)

Wo ist der Ursprung für meine Fähigkeit, ein zeitweilig sehr kompaktes Zwangsgeschehen in mir produktiv umsetzen und überwinden zu können? Ich denke, in den vielfältigen sachlichen Anforderungen meiner Jugendzeit. Aber: Meine Kindheitstraumen hatten alle etwas gemeinsam, nämlich das ungestillte, mutterabhängige Zuwendungsbedürfnis. Meine Beklemmung, die aus ihren Abweisungen erwuchs, zog in meiner Jugend viel Untätigkeit (Nerven erholen) nach sich. Ich fühlte mich häufig wie gelähmt, musste diesen Zustand auch damals überwinden. Und das, obwohl meine Wünsche zu aktivem Tun stark waren. Das kostete seelische Kraft. Meine solide Liebe zu meiner Mutter, aber auch die durch sie (und meinen Vater noch mehr) verursachten Traumen bewirkten in meinem Erwachsenenleben eine Fähigkeit, durchzuhalten trotz totaler nervlicher Erschöpfung. So wie sie immer durchhielt, wenn sie Ruhe gebraucht hätte, hielt auch ich durch. Mein Durchhalten wurde also verursacht a) durch Nachahmung und b) durch Prägung (Bett-Trauma). Am deutlichsten kam mir dieser Zwang zu Bewusstsein, wenn ich trotz fortgeschrittener Heilung mein Denken und Reden nicht abschalten konnte, obwohl bei mir Ruhe möglich gewesen wäre. Abschalten können und sich selbst Grenzen gönnen, hat bei mir viel miteinander zu tun. So komme ich immer noch einmal wieder über meinen »toten Punkt« hinweg und schlafe danach oft vor Übermüdung nicht ein. Das ist äußerst quälend und in sich wieder paradox. Ein **KOMPLEXGESCHEHEN IM PARADOXIE-BEREICH,** alles zusammen. Ich bin dabei, mir »Abschalten-Rituale« zuzulegen. So ist meine Erfahrung die, dass unterdrückte Angst meiner spät einsetzenden Neigung zu Zwanghaftem zugrunde liegt. Diese Angst begann in der Verlassenheit meiner frühesten Existenz. **Aber die liebevolle mütterliche Zuwendung in den Stillzeiten, und danach ihre positiv-liebenswürdige, sachlich-ruhig-vernünftige Persönlichkeit hinderten mich an einem frühen Pendelausgleich zur Aggression hin.** Der hätte eine Umpolung ins aggressive Grundnaturell bewirken können. Ich kann auch keine narzisstische Störung an mir feststellen. Während der Heilung klappten Momente unerträglicher Angst in meiner Phantasie um in punktuelle Aggressionen. Abnehmende Tendenz. Meine immense Grundangst sowie Zwänge verringerten sich Schritt für Schritt auf die beschriebene Art und Weise. Ich musste u.a. Angst, Zwang, Aggression und Ärger portionsweise absolvieren, »ansehen«, auspendeln bzw. zulassen, um Kummer und Leid als Grundgefühle abzubauen. Es gelang.

Träume

Jeder träumt und hat meistens auch seine Theorien dazu. Es gibt Traumdeutungsbücher und Weisheiten daraus. Ich habe keines. Aber Straßen und Wege im Traum symbolisieren z. B. die augenblicklichen Lebenswege. Wasser hat mit der Stärke des Unbewussten in mir zu tun, das kann auch überschwappen. Ich bestätige dieses. Ich weiß wenig vom »kollektiven Unbewussten«, nur dass es sich bei der gesamten Menschheit in verblüffend ähnlicher Form findet.[44] Jemand erzählte mir, wie ich meine **Träume assoziativ deuten** könne. Es funktioniert mit etwas Übung sehr gut:
Gleich nach dem Aufwachen den noch gut erinnerbaren aktuellen Traum im Wachgedächtnis wiederholen. **In Abschnitte oder Szenen zerlegen.** In sich hineinhorchen, welche **Assoziationen** (unwillkürliche Gedankenverbindungen) sich von allein einstellen. Egal, welche Reihenfolge. »Genier dich nicht!«, denn der Traum versteckt auch Peinliches, das mit eigenen oder gesellschaftlichen Normen nicht übereinstimmt. »Fange am besten an mit dem, was dir vom Traum besonders aufgefallen ist.« Besonders Kindheitsszenen oder dir bekannte, vielleicht verfremdete Orte. »Lass auch etwas Ungeklärtes oder Nebensächliches übrig. Es gibt sowieso sogenannte **Tagesreste**, die oft unerheblich sind.« Danach verfuhr ich locker. **Kreuz und quer tauchte etwas aus meinem gesamten Leben auf. Weniger in den direkten Traumszenen als vielmehr in den Assoziationen. Personen, Gegenstände, Landschaften, Räume im Traum verknüpften sich in der Verarbeitung oft mit längst Ver-**

---

44 Ein Kernbegriff von C.G. Jungk, einem der drei Hauptvertreter und Mitbegründer der Tiefenpsychologie

gangenem. Entschlüsselung ist im Ansatz gewollte Übungssache. Wie bei der gesamten Aufarbeitung von Vergangenem läuft die Befreiung der Seele bald von allein, kaum zu bremsen.

Mich begeistert, wie **genial** unser Unterbewusstsein im Traum Handlungs-, Bilder-, Rede- und Szenenfolgen neu erfindet und logisch zusammensetzt, die nicht nur Vergangenes aufnehmen und andeuten können, sondern **vor allem die derzeitige seelische Grundverfassung oder akute Situation wiedergeben.**

Anfangs beherrschten mich entsetzliche **Alpträume.** Z. B. befand ich mich zusammen mit einer riesigen, dicken Schlange in einem engen Glaskasten. Sie umschlang mich vollständig und würgte mich bis zum Hals. Außerhalb dieser »Todeszelle« erblickte ich einen Arzt im grauen Kittel, unbewegt und ungerührt. Oder ich musste meine Notdurft in einem leeren Gastraum auf einem roten Teppich »öffentlich« verrichten. Oder auf eine harmlos erscheinende Situation folgten urplötzlich düstere Schatten von Gestalten, die – noch hinter einer Fensterscheibe – bedrohlich näherkamen. Dann lähmte mich die Angst, und ich produzierte Töne, von denen mein Mann wach wurde. »Ich bin bei dir«, holte er mich aus der notvollen Beklemmung. Ich dachte danach über Lösungen in und von diesen Träumen nach, bis ich mich langsam wieder normal fühlte. Einige Jahre später spiegelten meine nun selteneren Alpträume den gehobenen alltäglichen Seelenzustand. Nun störte es mich, wenn mein Mann mich weckte. Warum? **Weil mittlerweile die Auflösungen als Entspannung am Ende der Träume selbst erfolgten und zu den Abläufen viel besser passten als meine nachfolgenden Wachgedanken es hätten erfinden können. Überraschend originell, ja humorvoll.** Mit dem freundlich gemeinten Wecken wurden die Traum-Enden leider abgebrochen. Kurze Zeit später grunzte ich nicht mehr, sodass ich meine Traum-Befreiung voll genießen konnte. Wieder wach, war ich zunächst noch leicht bedrängt im Gefühl. Nach relativ kurzer Zeit lachte ich frei heraus und amüsierte mich im Nachhinein über den sich jetzt als witzig entpuppenden Schluss. **Wechselwirkungen: Solche Befreiungen liefen parallel zu meinen gesteigerten Fähigkeiten und Möglichkeiten, im Alltag wieder befriedigende Problemlösungen zu suchen und zu finden. Sogar ein »roter Faden« im Traumbewusstsein (man erinnere sich an den »roten Faden« meiner**

Mutterbeziehung[45]) entsprach einem solchen in meiner wieder aktiven aktuellen Lebensgestaltung, allerdings noch Grade an Bedrängnis wiederholend, ja – wie gewohnt – vertiefend. Es wurde mir bald deutlich, dass überwundene seelische Belastungen im Alltag mit dem Traum korrespondierten. Das entsprach einem Rauswurf der vorher erlebten Stress-Gefühle aus dem Tiefenbereich. Oft jubelte ich geradezu: »Mein Unterbewusstsein hat wieder endgültig eine große Portion an alten Bedrängnissen rausgeworfen. Und wie originell!« Freudentränen kommen mir jetzt wieder im Hinblick auf so viele wundersame Heilungswege.

Deutliche Träume kamen später von Zeit zu Zeit, nach seelischem Aufruhr irgendwelcher Art, nicht nur nach abgeschlossenem Pendelausgleich, auch dann nicht immer. **Die Seele findet und gestaltet kreativ heilende Arrangements als szenische Phantasien vom Unbewussten her. Das ist normal und hält uns alle gesund.**

Bei mir herrschten klare ENTLASTUNGSTRÄUME vor. Es gab schwächere **Kettenträume**, die Szenen leichterer Bedrängnis aneinander reihten. Die ignorierte ich. Wichtig finde ich, dass man sich vom Schrecklichen im Traum nicht erneut beunruhigen lässt, so als seien es Zukunfts-Ankündigungen. Nein, sie bereinigten bei mir (und anderen) überwiegend Altes, Belastendes. **Sie schafften wieder freie Bahn für den folgenden Alltag.** Ich erinnere nur einen Traum, der mich aber erst während der Verarbeitung vor einer in der Zukunft möglichen Fehlentscheidung warnte. **Auch Träume variieren individuell sehr stark. Entsprechend dem Lebenslauf und Naturell des Betreffenden?** Mein Mann z. B. schien sich gern in erfreuliches Träumen zu flüchten aus seinem »schnöden« Alltag heraus. Er spielte im Traum mit Vorliebe fröhlich Fuß- oder Handball (wie in seinem realen Jugendleben), so dass ich fast neidisch wurde. Denn meine Träume waren überwiegend unangenehm. Wenn Bernd jedoch selten schlecht träumte, dann erschreckend aggressiv, sogar gewalttätig handelnd. **Vielleicht ist der psychotische Wahnablauf auch nur vergleichbar einem übersteigerten zwanghaften Traumgeschehen. Wer weiß?** Was wir beide sehr lange beklagten, waren schreckhafte **Kurzphanta-**

---

45 Die ursprüngliche Mutterbindung ist also extrem wichtig als seelischer Stabilitätsfaktor.

sien am hellen Tag, also im Wachzustand. Simulierte Fast-Unfälle im Verkehr oder in gleicher Weise sexuell gefärbte Kurzbilder. Auf Ärger oder punktuelle Erschöpfung folgten manchmal belastende plötzliche, dennoch unaufgeregte Kurzphantasien. Entlastet sich die noch zeitweilig überforderte Seele zwanghaft (paradox) mit solchen **inneren Blitzbildern?** Heute ist das sehr selten geworden bei uns.

Träume aktivierten oft stärkere Vehemenz als dasselbe Thema im Wachzustand gerechtfertigt hätte. Offenbar zapft das Tiefenbewusstsein den noch zur Verarbeitung anstehenden Gesamtkomplex an und benutzt bei ähnlicher realer Thematik dieses **Ventil.** So entstehen im Wachzustand wie im Traum bei vielen Menschen heftige Affekte, die einen nüchternen Betrachter verblüffen können. Erfolgsgefühle stellten sich ein, als ich im Traum selbst begann, die darin enthaltenen Probleme mutig zu lösen. Z. B. hatten Männer meinen Mann und mich gekidnappt und flohen im Auto mit uns auf den Rücksitzen. Ich redete ohne Angst auf sie ein: »Lassen Sie uns sofort raus! Mein Mann ist psychosekrank und braucht jede Menge Tabletten. Ansonsten dreht er durch. Sie werden keine Freude an uns haben! Nur Scherereien!« Ich wachte lachend und geradezu mit Triumphgefühlen auf. Ein solcher Traum zeigt wieder eine **gesunde Regulierungsfähigkeit des Unbewussten.**

Träume ermöglichten mir zuerst ein Eintauchen in meine seelischen Tiefen, aber in meistens verfremdeten Bildern und Szenen. Im Effekt bescherten sie mir die erforderliche **Distanzierung vom Aufruhr des Unbewussten für den Alltag. Inhaltlich und zeitlich. Diese Vorgänge liefen vielseitig parallel,** also auch als Distanzierung zu anderen (sinkende Abhängigkeiten, geringere Verletzbarkeit). Auch in der Ehe gelang mir nun bessere Abgrenzung.

Rainer Maria Rilke schrieb ein schönes Gedicht:[46]
Träume, die in deinen Tiefen wallen, aus dem Dunkel lass sie alle los. / Wie Fontänen sind sie, und sie fallen leichter und in Liederintervallen ihren Schalen in den Schoß. // Und ich weiß jetzt: wie die Kinder werde. / Alle Angst ist nur ein Anbeginn; aber ohne Ende ist die Erde, und das Bangen ist nur die Gebärde, und die Sehnsucht ist der Sinn.

46 Aus »Frühe Gedichte«

Somatisierungen

Die Kürze dieses Kapitels steht im Gegensatz zu seiner Bedeutung in meinem Leben. **Die überforderten Nerven geben ihren Stress an den Körper ab. Was man da entwickelt, ist von den individuellen Schwachstellen abhängig und kann gefährlich werden. Mangels solcher streuten bei mir die Symptome zum Glück auf den gesamten Körper aus.** Ich will nicht langweilen. Dauerinfektionen, chronische Entwicklungen, Schmerzen, Operationen. Es kam, es ging meistens. Aber mit dem Altern zeigt sich sehr wohl, ob der Mensch sich ein Leben lang in irgendeiner Weise übernommen hat. Man lernt, mit seinen Aussetzern umzugehen und ist hoffentlich trotzdem zufrieden und ein bisschen weise. Ein humorvoller Freund äußerte: »Unser Körper muss am Ende zerschlissen sein, sonst ist es zu schade, ihn einzubuddeln.«

Ich konnte meine körperlichen Symptome teilweise konkreten seelischen Zuständen zuordnen. Mit der Überwindung derselben verschwanden auch diese Symptome wieder. Die Allgemeinbefindlichkeit spielt sowieso eine große Rolle. Ich bin dankbar für unsere staatlichen Gesetze und Versicherungen, die kranke und sozial abhängige Menschen finanziell unterstützen. Das ist nicht selbstverständlich. Ich bin dankbar für meine wiedererlangte Berufstätigkeit, die mir gestattete, einen beträchtlichen Anteil meiner Krankheits- und Psychotherapie-Kosten selbst zu bezahlen.[47]

Auf einen Grenzbereich zwischen Seele und Körper möchte ich besonders hinweisen, den **Schlaf**. Bis Hibbelsburg erfreute ich mich eines gesunden tiefen Schlafes. Schon dort reduzierte sich der auf 3-4 Stunden pro Nacht. Während der späteren hohen Neuroleptika-Dosierungen schlief ich wie betäubt, viel und lange. Mit deren Reduzierung begannen die Probleme wieder. Die Fähigkeit, auf natürliche Weise einzuschlafen, ging mir weitgehend verloren. Naturmittel wirken bei mir eingeschränkt.[48] Das bedeutete, über Jahrzehnte nachts nicht voll abschalten zu können, am Tage nicht die vollen Kräfte zu haben. Zu oft **erschöpft**, antriebsarm, träge, wie gelähmt, tranig,

---

47 Eine überschlägliche Rechnung ergab einen Betrag, von dem ich ein Ein-Familien-Haus hätte bauen können.
48 Andere lehne ich wegen der Nebenwirkungen ab.

schlaff, lustlos, müde. Die Unzufriedenheit darüber führte zum **Depressionsstau**, der wiederum Verarbeitungsthematik aufdrängte. Ebenso führten Schmerzen bei mir zu solchen seelischen Staus mit demselben Ergebnis. **Die perfektionistische Tiefenseele schien zu sammeln und drängelte erbarmungslos hoch.** In solchen Situationen holte ich mir heilende, mitmenschliche Hilfe. Ich hatte meine Krisenzeiten, kurze wie längere stets in meinen Freizeiten. Das war schon immer so. Sehr praktisch! Etwa 30 Jahre lang blieb ein Teil meines Bewusstseins nachts aktiv. Seit etwa 2-3 Jahren kann ich oft wieder 4-5 Stunden pro Nacht richtig schlafen, wirklich ein Genuss. In der Übergangszeit bemerkte ich einen Wandel. Vorher nahm ich wahr, wie ich nachts unwillkürlich dachte, ziemlich zusammenhanglos. Hinterher nicht mehr, aber es grummelte offenbar in der Tiefe weiter. Schlaflose Nächte überbrücke ich heute mit Aufstehen, Lesen, in die dunklen Baumwipfel gucken. Solche Wach-Ablenkungen begrenze ich auf 1-2 Stunden. Danach Kaltwasser-Abwaschung. Dann schlafe ich in der Regel ein. **Gewohnheitsmäßige Grenzüberschreitungen im Alltag haben einen hohen Preis.**

Nach meiner Psychoanalyse, die ich – trotz analytischer Therapeuten – weitgehend allein geleistet hatte, kam die Zeit, in der ich beschloss, die »Reste« (entgegen dem Perfektionismus meiner Tiefenseele) wieder in die **gesunde Verdrängung** absacken zu lassen. Das lief nicht so ohne weiteres, brachte aber im Endeffekt Erleichterung.

Meine Erfahrungen mit Ärzten und Heilpraktikern sind sehr gemischt. Ich erwähne hier überwiegend das Gute. In besonderer Weise danke ich meinen insgesamt drei Heilpraktikern (zwei verstarben, jetzt eine Frau). Schon in der Zeit mit Rolf war ich körperlich am Ende und fand bei ihnen auf Empfehlung zur **Neuraltherapie**[49], **verbunden mit »Biologie«**, wie es knapp umrissen wurde. [50] Nach meinem erneuten gesundheitlichen Niedergang, der Psychose, brachte man mir bei, wie ich bestimmte Spritzen als Kur selbst setzen konnte, die der psychotischen Verzweiflung auf Dauer die Spitzen

---

49 Stellt das **Fließgleichgewicht des vegetativen Nervensystems** wieder her.

50 Vermutlich wurde meine vorher wiedererlangte Gesundheit in Hibbelsburg falsch ausgelegt: »Sie reagiert körperlich harmlos, nur mit Schnupfen!« Das könnte die Diagnose «aggressiv» zementiert haben; denn aggressiv betonte Menschen werden weniger krank.

nahmen. Es gibt gute und weniger gute Vertreter in allen Sparten. Ich hatte überwiegend gute.

Meine Psychotherapien

Was braucht ein seelisch belasteter Mensch? Verständnisvolle Zuhörer, mitfühlende Tröster, freundliche Anregungen, manchmal auch behutsame Ablenker auf das Gute und Schöne im Leben, treue Freunde im weitesten Sinn. Ein an Psychose Erkrankter braucht noch mehr davon. Darüber hinaus kann es notwendig werden, gegen seine **inneren Widerstände** etwas anzubieten, was real zu tun ist. Z. B. sich abzulenken von der **zwanghaften Innenschau**, aber gleichzeitig die **Erschöpfung** zu berücksichtigen. Menschen sind verschieden strukturiert, brauchen unterschiedliche Ansprache.

Psychotherapeuten sollten von solcher **Empathie**[51] eine Menge haben. Mit deren **Interventionen**[52] kenne ich mich nicht aus, weiß nicht, was das bewirken sollte. Ich erhielt davon nach Hibbelsburg relativ wenige, allerdings auch nervende. Es liegt in der Natur der **allgegenwärtigen Paradoxie**, dass wir alle – auch Fachleute – uns in der Beurteilung anderer Menschen gewaltig irren können. **Weil sich scheinbar eine Einschätzung bestätigt, obwohl das Gegenteil zutrifft.** Mein Buch will diesen Aspekt ins Bewusstsein heben. In diesem Kapitel möchte ich die menschliche Weisheit betonen, die ich im Zusammenhang mit Psychotherapie erleben durfte.

Dr. A-Mann (7-9 Jahre, intensiv)
Von Dr. A-Mann (Analytiker) berichtete ich bereits Genaueres. Einiges erscheint mir noch bedeutsam. Einmal missverstand er zwei Not-Briefe von einer Reise gründlich, die ich in einer psychischen Grenzsituation nach einer Zahn-Operation[53] geschrieben hatte. Er wollte mich zu Beginn des nachfol-

---

51 Einfühlungsvermögen
52 Dazwischentreten, vermittelndes Eingreifen, Einmischung
53 Meine normalen Tablettenrationen, die ich mitgenommen hatte, reichten nach der Zahn-OP nicht aus.

genden, dringenden Therapiegesprächs irgendwie verärgert nach Hause schicken. Ich sollte mich ausruhen. Ich war tief verletzt und ratlos, durfte dann doch bleiben. Zur nächsten Stunde hatte er erst den 2. Brief gelesen und mit ihm den ersten wohl verstanden. Er war wie verwandelt. Zwei Jahre später(!) erwähnte ich diesen Frust. Seine mich überraschende Reaktion: »Darauf habe ich gewartet.« **Ich war viele Jahre nicht fähig, über unsere Kommunikation einen Dialog zu führen. Analytiker schweigen manchmal zu viel.** Da hätte mir geholfen werden müssen, um vom Therapeuten aufgebaute Spannungen abzubauen. Einer Freundin gegenüber äußerte er ungefähr 6 Jahre nach Therapie-Beginn über mich: »**Sie wird diese schwere Krankheit bis an ihr Lebensende behalten.**« Wie gut, dass er sich darin irrte. Oft fügte er seine Lebensphilosophie ein, die er auf Albert Schweitzer zurückführte: »**Ich will leben, das leben will, inmitten von Leben, das leben will.**« Zuerst erschien mir das fast belanglos als eine Binsenweisheit. Doch dann entdeckte ich darin eine sehr tiefe Aussage für das tägliche friedlichere Miteinander. Achtung und Respekt voreinander sind unverzichtbar.

Psychotherapie soll keine Fürsorge-Bedienung sein, sondern Chance und Bereicherung zur Selbstfindung, Selbstregulation und Selbsterweiterung. Ich hätte es gern gesehen, wenn mir die Fachleute ihre Kommunikationsregeln für unsere Gespräche mitgeteilt hätten. Das hätte mir geholfen, formal an mir zu arbeiten, gerade auch in einer Therapie-Gruppe. Ich eignete mir solche Kenntnisse vor und nach meiner Krankheit an, vermisse jedoch eine Übungsgruppe für genau das.

Dr. P-Mann (3-4 Jahre, locker)

Ungefähr 6 Jahre nach Dr. A-Manns Tod klagte ich Dr. P-Mann (psychiatrischer Arzt und analytischer Therapeut), unserem väterlichen Nervenarzt, mein Leid mit Dr. MM. In meiner Gegenwart diktierte er einen Brief an ihn, in dem er ihn aufforderte, mich um Verzeihung zu bitten. »**Damit Sie nicht immer die Verliererin sind.**« Das erreichte er so nicht, aber er ermöglichte dadurch, dass mein wieder einsetzendes Briefeschreiben an MM von dem angenommen wurde. Umgekehrt beeinflusste MM ihn, mich davon überzeugen zu sollen, dass MM nicht der gute Mann sei, für den ich ihn hielte. **Das bleibende Problem zwischen uns wurde auf meine Zuneigung zu ihm reduziert,** anstatt meine durch Ignoranz (plus angreifende Vehemenz) verletzte Würde einzubeziehen. »Den Teufel mit Beelzebub austreiben«. Obwohl ich wegen der eigensinnigen Unbeeinflussbarkeit meines Mannes diese neuerliche Therapiewelle begonnen hatte, traute ich mich wieder nicht, die häuslichen Realitäten klar auszusprechen. **Es war wichtig für mich, Verständnis zu erleben** durch einen real vorhandenen fabelhaften Fachmann und Menschen. Das stärkte mich in jeder Hinsicht. Was sollte er mir zur ehelichen Problematik raten? Eine seiner Antworten auf relativ Harmloses war gewesen: »Er ändert sich nicht.«Die Therapie bei Dr. P-Mann fand, von der Krankenkasse bezahlt, immer nur in 20 Minuten-Takten statt. Zuerst 1x pro Woche, später 1x pro Monat, etwa 3-4 Jahre lang. **Vor jedem Gespräch ackerten mein Gehirn und Gefühl auf Hochtouren, nach dem Gespräch ähnlich. So multipliziert sich die Intensität von Therapien.** Dr. P-Mann hörte aufmerksam zu, redete sparsam. Wenn ich vorsichtig fragte: »Was sagen Sie zu meiner Darstellung heute?«, antwortete er stets mit einem Satz, der feinfühlig den seelischen-geistigen »roten Faden« in meinen Ausführungen benannte. Ich bedaure, das nicht notiert zu haben, seine sensible Wahrnehmung und Sprache.

Einmal meinte er: »**Sie sind fragil**[54], **haben aber die Fähigkeit, sich wieder zusammenzusetzen.**« Oder: »**Sie sind wieder Herrin im eigenen Haus.**« Ihm und MM schenkte ich einen ersten zeichnerischen Entwurf meines Paradoxie-Modells samt einigen Ausführungen. Als ich ihn fragte, ob es verständlich sei, nickte er lebhaft und strahlte. Ich erhielt z. B. auch eine versteckte »märchenhafte« Antwort von ihm anstelle von MM als Reaktion auf einen Regenbogen-Vergleich von mir zu ihm. Das wog mehr als alle Frust-Attacken, bezogen auf MM. Dr. P-Mann benannte meine Krankheit so: »**Dann war das eine Übertragungspsychose.**« Bald taufte er sie um in »**Neurasthenie**«. Am Ende dieser lockeren Therapie übergab er seine Praxis an einen, wie er sagte, »fähigen Nachfolger«. Er war zu der Zeit über 70 Jahre alt. Zur letzten Stunde waren mein Mann und ich mit einem großen Chrysanthemen-Topf für seinen Garten angerückt. Dazu eine Karte für ihn, deren Text ich hier stellvertretend für alle Psychotherapeuten wiederhole, die mit Herzblut ihren Patienten Gutes tun.

54 zerbrechlich

»Für einen Menschen, dem die Nächstenliebe ins Gesicht geschrieben ist. Und der dafür etwas tut. – Wir danken für den Anteil, den wir davon erhalten durften.« Wir hatten alle drei nasse Augen. **Danach sagte er zu meinem Mann: Es ist Ihr Glaube, in dem Sie Sinn finden und Halt.«** Und zu mir: »**Sie haben sich selbst befreit. Sie haben ein System entwickelt, mit dem Sie den Wirren in sich eine Ordnung gegeben haben.** Auch Freud hat sich mit seinen Erkenntnissen recht eigentlich befreit. Hinzu kommt eine immense Sprachbegabung.« Ich durfte in meinem Leben mehrere besondere Menschen kennen lernen, seelisch-geistige Wahlväter. Ebenso wie Dr. A-Mann war Dr. P-Mann einer von ihnen.

Dr. P-Frau (4 Jahre, locker)

Wiederum ein Jahr später, meine letzte Schreibphase an MM war vorher von ihm beendet worden, lotste er mich trickreich in eine neue Psychotherapie bei meiner Hausärztin und Psychotherapeutin. Ich nenne sie Frau Dr. P-Frau. **Es ging um meinen letzten von 3 oder 4 Anläufen in all den Jahren nach Hibbelsburg, zu MM zu fahren und endlich eine persönliche Aussprache herbeizuführen.** Ich traute mir jetzt zu, in angemessener Form reagieren zu können, **sofern** er mir normal entgegenkommen würde. Meine täglichen Belastungen durch Beruf und Ehe waren allerdings noch immens. Obwohl Frau Dr. P-Frau ihn angeblich nicht kannte, wiederholte sie die mir bereits bekannten Frust-Aktionen. Ansonsten war sie wohltuend warmherzig und **sagte ihre Meinung** zu verschiedenen Fakten. Endlich etwas echte Orientierung für mich. Z. B. »**Sie brauchen Ihre Sympathie für ihn nicht aufzugeben. Aber die Abhängigkeit muss weg.**« Kunststück, ohne sein direktes Zutun. (Abhängig bin ich nur von meinem himmlischen Vater! ER ist allwissend, weise und unfehlbar. Menschen sind es nicht.) Oder: »**Und wenn das nichts wird (mit dem Treffen), dann kommen Sie nicht auf die Idee, dass Sie Schuld hätten. Dann liegt das an ihm und seinen Bedingungen. Dann hat er ein Problem, nicht Sie. Das hätte dann mit Ihnen nichts zu tun. Das ist wichtig, dass Sie da so rangehen.**«
Natürlich kam es nicht zu einer Aussprache, denn er ließ sich auf billige Art am Telefon verleugnen. Trotz der Vorwarnung erfolgte bei mir schwere körperlich-seelische Irritation, die seelisch nach außen wohl nicht wahr-

genommen wird. »**Das hätte ich nicht gedacht, dass Sie das so verkraften können. Ich hatte Bedenken.**« Also hatte sie schon vorher Bescheid gewusst. Von wem denn? Preisfrage. Vier Wochen nach der Absage war sogar eine Operation nötig, Folge einer nervlichen Totalüberlastung.

Die große Erleichterung bei ihr geschah dadurch, dass ich das Vertrauen gehabt hatte, ihr die 4 Monate in Hibbelsburg ganz genau zu erzählen. Weil ich endlich wieder dieselbe Seelenverfassung wie vor der Fehltherapie erlangt hatte, also weg vom psychotisch beeinflussten Allgemein-Befinden der Jahre danach. Dadurch konnte sie sich ein eigenes Urteil bilden, was ich verkraften kann und was nicht. Sie wunderte sich, dass ich nach 25 Jahren noch alles so genau wusste. Nun kamen klare Reaktionen: »**Das ist auch therapeutisch falsch gewesen.**« »**Eine Katastrophe, das Ganze.**« »**Damit können Sie ihn vor Gericht bringen.**« In dieser Zeit gab ich ihr eine Aufstellung paradoxer Gegebenheiten, in der Hoffnung, sie möge die auch an MM weitergeben. **Beide sollten daraus ableiten können, dass in der Paradoxie-Zone nicht Frust heilen kann, sondern Zuwendung in Form persönlicher Würdigung. Mehr erwartete ich nicht von ihm.** Irgendwann fragte sie klar: »**Wollen Sie ihn anzeigen?**« – »**Nein.**« **Ich suche keine Schuldigen.** Davon habe ich nichts. Gar nichts. **Ich suche Klarheit und Verstehen.** Das hatte ich ihm auch einmal geschrieben. »Ich suche keine Schuld. Ich bin davon so weit entfernt wie die Nordsee vom Himalaya.«

Beider Kontakt bewirkte in mir eine tiefe Beruhigung, er stehe selbst auch hinter dieser grundsätzlich berechtigten Frage. Seltsamerweise war damit mein innerer Konflikt beendet, der offenbar darauf aufbaute, ob MM mir zu viel Verantwortung in Hibbelsburg zuschustern wolle, die ich nicht hatte. Frau Dr. P-Frau brachte als Erste den Begriff »**Re-Traumatisierung**« an. In diesem Zustand konnte ich willentlich nichts ändern in der Therapie-Beziehung zu MM. Die Therapie bei ihr dauerte auch etwa 4 Jahre, 1x pro Monat, 50 Minuten. Sie klärte mich sinngemäß auf: »**Psychotherapie hat den Sinn, auf starke, aktivierte Gefühle zu reagieren und neue oder veränderte Reaktionsweisen zu ermöglichen.**« Nach dieser letzten psychotherapeutischen Phase fühlte ich mich vom Unbewussten her wieder voll erwachsen.

Unwillkürlicher Schwerpunkt waren nun meine 20er Jahre. Passend zu diesem Lebensalter verarbeitete ich erst jetzt vollständig und allein Rolf, den Alkoholiker, mit seinen Untaten intensiv und beantwortete einzelne Erlebnisse und Verhaltensweisen von ihm mit spontanem Zorn. Sehr späte Nachreifung.[55]

Mein Heilpraktiker, der auch Diplompsychologe war
Ich erwähnte bereits meinen Heilpraktiker, der an Frust-Maßnahmen reichlich Anteil hatte. Allerdings war das auch sein Naturell (Schaukel-Charakteristik). Im Gegensatz dazu übermittelte er mir ebenso hochsensible Feinfühligkeit. Als ihm klar wurde, dass ich auch drastisch verletzt reagierte, meinte er einmal wie zur Entschuldigung: »Du kannst zwar analytisch denken, aber nicht systemhaft.« **Ein therapeutisches System (Hibbelsburg), das die Gebote Gottes an Nächstenliebe vorsätzlich verletzt, kann ich weder akzeptieren noch anerkennen. ER kennt die Grenzen unseres Aushaltevermögens, der Therapeut nicht. Hybris ist auch eine therapeutische Versuchung. Maßlosigkeit. Allmacht-Phantasien.**
Ganz wichtig war ein Gespräch mit ihm über **die 4 Angsttypen Riemanns.**[56] **Nämlich schizoid – depressiv – zwanghaft – hysterisch. Er erklärte mir, dass es nicht auf die Schwere einer seelischen Erkrankung ankäme (O doch! Wegen der Paradoxie-Zone), sondern auf die Richtung, aus der heraus man therapiere.** Daran konnte ich ihm reichlich spät verdeutlichen, dass eben dies in Hibbelsburg verkehrt herum gelaufen war. »**Ich bin kein aggressiver Grund-Typ, sondern ein depressiver mit zwanghaften Zügen (letzteres seit Hibbelsburg)**«. Er erschrak sichtlich, nahm später das Thema noch einmal klar auf. Ansonsten basierte seine Therapie nicht auf Gesprächen. Ich hoffte, er gab diese für ihn überraschende Klärung weiter an MM. (Der hatte es jedoch Jahre davor bereits von mir selbst erfahren. Beider Kontakt war eindeutig gewesen. Glaubte MM meiner Selbsteinschätzung nicht? Vielleicht hielt er es unter den gegebenen Umständen für unmöglich, dass Gott mich da hindurchgeführt und getragen haben könnte.)

---

55 Mit Reifung/Nachreifung ist immer verbunden, bisher ungenutzte aber potentiell vorhandene Möglichkeiten zu aktivieren.
56 Fritz Riemann »Grundformen der Angst«

Dr. MM

Über Dr. MM ließ ich bisher schon etliches einfließen. Ich meldete mich im Laufe der vielen Jahre etwa 3-4 mal schriftlich bei ihm an, sprach ihn insgesamt 3 mal kurz am Telefon. **Er lehnte ein Treffen mit fadenscheinigen Begründungen ab.** Er meinte stets etwas zu wissen über mich und äußerte dazu seine ablehnende Meinung. Genau genommen, **Behauptungen.** Ich konnte die so für mich nicht voll akzeptieren. Die psychologische Regel, von den eigenen Empfindungen zu sprechen, kam bei ihm selbst reichlich zu kurz. Ich empfand keine Chance zu einem echten Austausch und entgegnete fast nichts **Was hatte ich erwartet? Ein persönlich klärendes Gespräch in Augenhöhe. Versöhnliche Worte über das therapeutisch Erlittene und über seine und meine Gefühle zueinander. Respektierung auf gleicher Ebene. Väterlichkeit und Führung von seiner Seite.** Ein analytischer Therapeut, der thematisch auch den Intimbereich nicht umgeht, muss dazu in der Lage sein. Noch dazu, wenn es so schief gelaufen ist wie bei uns. **Eine würdigende Klärung notfalls auch aktiv herbeiführen, nicht alles von mir erwarten.** Im Gegensatz dazu sorgte er im Hintergrund jahrelang mit einem erweiterten Personenkreis dafür, dass hier gezielt therapiert wurde. Zum Teil falsch. Ihm verdanke ich vermutlich den Ausfall von Wartezeiten bei der 2. und 3. Therapie. Auch entfiel deren lange Anamnese[57] durch seine mehrheitlich zutreffenden Informationen. Es gab genug Versprecher und geäußertes Wissen, das nicht von mir stammte, um diesbezüglich sicher zu sein. Indizien. Trotz der Frust-Ansätze vertraute ich jeweils meinen Helfern, dass sie eine eigene Meinung hatten, sich nicht als MMs verlängerter Arm begriffen. Doch es kam hin und wieder doch zu Grenzüberschreitungen, wenn durch geschickte Angriffe auf meine wunden Bereiche gekränkt und verletzt wurde. **Ich hatte daheim reichlich Stress, da durften in den Therapien nicht auch noch künstliche Herausforderungen gesetzt werden.** Ich zerbrach mir oft genug den Kopf, welchen therapeutischen Sinn so etwas mal wieder aktuell haben sollte. Als ich endlich direkt nachfragte, erhielt ich die phantasievollsten Begründungen. **Um eine Abhängigkeit überwinden zu helfen, muss man nicht schockieren, sondern eine Achtungserklärung abgeben. Der Rest wäre mein Problem.**

---

57 Ermittlung der persönlichen Vorgeschichte einer Krankheit

Bei einer früheren, jahrelangen, unerfüllten Liebe war es genauso, also gut gelaufen. Und damit war in meinem Inneren damals Schluss damit. **So empfand ich MMs »System-Manöver« als rigoros und unerbittlich verrannt in einer teils fragwürdigen Theorie, die keine Grenzen respektiert.** Wie komme ich dazu, mich von ihm in Abwehr, Ärger oder Aggression zwingen zu lassen? **Auch eine Form von Stärke, wenn ich in meiner Schwäche (?) ich selbst bleiben will, paradox mal wieder.** Dennoch: Überschätzte er meine Fähigkeit, Frust abperlen zu lassen, alles »cool« abzuhaken?

Der Herr ließ es zu. Manchmal muss auch der Therapeut geheilt werden von seinem Perfektionismus. Das übernimmt unser Chef-Analytiker »von ganz oben«. Wie auch immer. Wenn jeder von uns sein Bestes gibt, übernimmt Gott den »Rest«. **Kann man nachhaltig heilen wollen, indem man die schlimmsten Vorkommnisse eines Lebens permanent belebt?** Auch das wird paradox widersinnig, wenn es im Extrem abläuft. In letzter Konsequenz gewöhnte ich mich an den versöhnlichen Gedanken, alles als unsere Lebensmission zu begreifen. Als ein Dienen. Die Absichten und Wirkungen kennt der Herr besser als wir.

Ich frage mal ein bisschen kess: »**Wer kann denn hier nicht loslassen? Ich oder MM? Und wer therapiert wen letztendlich? Jeder jeden? Paradoxie-Zone, auch das.** Nicht lange nach Abschluss der Therapie bei Frau Dr. P-Frau arrangierte MM etwas Entscheidendes über meine jetzige Heilpraktikerin. Sie erzählte mir so locker nebenbei etwas von **Spiegelneuronen, die angeblich uns Menschen im Unterbewusstsein miteinander vernetzen. »Das funktioniert von beiden Seiten.«** Manchmal kam ich mir ja vor, wie telepathisch mit MM verbunden. Nun aber tauchte die zunächst verlockende Vorstellung neu auf, wie ich sie beim Ausbruch der 1. akuten Psychose erlebt hatte, damals in der Not fehlender Klärung. Nämlich »simultan« mit ihm verbunden zu sein. Ich reagierte in der Nacht darauf kurz wie elektrisiert, sackte ab in eine Parallelsituation. **Doch relativ schnell wehrte sich alles Gesunde gegen solche Zumutung, in mir selbst nicht mehr allein sein zu dürfen.** Wie weise hat der Herr es eingerichtet, dass Menschen ihr ganz Eigenes haben dürfen, getrennt vom anderen. **Damit war der Spuk vorbei. Ich freute mich, den kritischen originalen Umschlagpunkt in die Psychose-Krankheit nun so harmlos wiederholt und ruckzuck aufgearbeitet zu** haben. Bald danach teilte ich ihm über dieselbe Heilpraktikerin mit, dass ich alles Beunruhigende, Irreparable endlich wieder in die **gesunde Verdrängung** absacken lassen möchte. Ich möchte Ruhe genießen und Freude im Alltag, so weit möglich. Er respektierte das bei ihr längere Zeit. »Aber die Katze lässt das Mausen nicht.« Bei anderen Personen in Heilberufen setzte er immer mal wieder auffällige Bemerkungen an, so als wollte er seine alten Unterstellungen testen, ob nicht doch … Dem wich ich aus, ignorierte es.

Abschließend stelle ich fest, wie Gott in zahlreichen Stellen der Bibel die Regeln für mitmenschliche Konflikte geklärt hat. Vereinfacht: Wer sich falsch verhalten hat, soll es persönlich bekennen, wiedergutmachen und nicht wieder tun. Das nennt ER »Umkehr«, altmodisch »Buße« genannt. MMs persönliches Bekenntnis steht noch aus. Wem geschadet worden ist, der soll vergeben (sieben mal siebzigmal, also immer) und das Richten Gott überlassen.[58] Es sei denn, gerechte geschriebene Gesetze werden übertreten. Dazu gibt es auch menschliche Richter.

Mein Grundsatz ist: Ich tu oder sage, was ich als richtig erkenne und orientiere mich an den Regeln der Rechtschaffenheit (Gottes Gebote der Mitmenschlichkeit / demokratische Gesetze). Was der andere tut, ist seine persönliche Entscheidung, die sich meiner Verantwortung entzieht. Damit fahre ich gut für mein persönliches Gewissen. So hake ich öfter mal Probleme für mich ab und kann sie loslassen. Ich wünsche mir in dem Sinne ein Happy-End, dass es noch zu einem persönlichen Gegenüber und Gespräch (einem echten!) mit MM kommen möge. Dieser Wunsch, dessen Realisierung von ihm ausgehen müsste, ist das Normalste und Gesundeste, was ich mir nach allem Geschehen und Bemühen denken kann.

Ich bin frei von inneren Belastungen. Er ist frei.

Uneingeschränkt dankbar bin ich dafür, dass ich in meiner erwidert gefühlten Liebe damals in Hibbelsburg **das kleine Mädchen in mir wiederentdecken** durfte. Die originale Zeit (etwa 4-5 Jahre alt / Kriegsende / Ruhe im Betrieb), in der meine Mutter mir mit ihren Persönlichkeits-Qualitäten sehr nahe war. Sodass sie mir trotz des bleibenden Zuwendungsmangels einen

---

58 Bibel: z.B. Lukas 15:11-32 / Lukas 19:1-10 // 1. Johannes 1:9 / Psalm 38:19 / Matthäus 7:1 / Matthäus 18:21,22 / Matthäus 6:14,15 / Lukas 23:34

genügenden Spielraum zwischen Geborgenheit, Orientierung und Selbstfindung ermöglichte. Ein anhaltendes, klares Erziehungskonzept zu Selbstbeherrschung, zu Anstand und Pflicht wirkte besonders in der gemeinsamen Arbeit und im Umgang mit den vielen Verwandten und Gästen. **Es war immer ein Wir, selten ein Ich.** Aber: Die Trauma bedingten Unsicherheiten in meinem Selbstwertgefühl führten zu einem mir sehr deutlichen Minderwertigkeitskomplex.

Ich bin jetzt seelisch gesund, fühle mich überwiegend selbstbewusst, trete einigermaßen sicher auf, manchmal resolut, schaffe Klarheiten, bleibe bescheiden, und zugewandt. Ich war von jeher vernünftig, trug stets viel Verantwortung, denke und handele sachlich, aber nie ohne Herz und Liebe. Bleibe verletzlich und gutmütig.

Heute erfreue ich mich einer breiten soliden Mitte, für die ich meine Empfindsamkeit nicht aufgeben muss. Ich habe vielseitige Interessen und Handlungsmöglichkeiten. Meine Begeisterung für Menschen hat gelitten, ist sozusagen geteilt. Meine Nächstenliebe reift am Evangelium. Mit Vorsicht und innerer Distanz halte ich mich von aggressiven Tendenzen und falschen gesellschaftlichen Trends fern. Mein Sinn für Humor verlässt mich nur vorübergehend. Genügend Gründe, mich selbst zu mögen?

Gottes Fürsorge

IHN erlebte ich durch vielfältige, auch direkte Hinweise. Man mag manches psychologisch als »selektive Aufmerksamkeit« oder selbstsuggestive Affirmationen[59] abtun. Dagegen sprechen der Überraschungseffekt für mich und der Not-wendende Zeitpunkt, von dem meine Wahrnehmungen begleitet waren. Solche Botschaften waren z. B. »Der Herr führt – ER liebt uns und mich – Vertrauen haben – stärker werden – ER ist zufrieden (mit mir) – deine (meine) Kräfte reichen aus – Ruhe zulassen, Geborgenheit genießen – Nimm´s nicht so schwer! – Schritt für Schritt – Glück im Kleinen« Ich hatte gerade dann meistens gegenteilige Gefühle in mir. Genaueres behalte ich für mich, es ist mir heilig. **Rückwärts blickend erkenne ich klar SEINE Begleitung in allem. Wichtige seelische Ermutigung »von oben« fing tröstlich in**

---

59 Bestätigungen

den heilenden Jahren meinen zu frühen Zuwendungsmangel auf. Auch damals schon. Jesus Christus[60] verwies bei den von ihm getanen Wundern stets auf den notwendigen Glauben des von ihm zu Heilenden. ER heilte durch ständige Präsenz das Baby in mir. Mein Herz »kuschelte sich« vertrauend an.

Für Skeptiker: Ich hatte nie abergläubische oder esoterische Anwandlungen gehabt. Ich war, bezogen auf Religiöses, von Haus aus sehr skeptisch. Die anfänglichen akut-psychotischen Stimmen in mir wiesen z. B. eine eigene Qualität und bruchstückhafte Inhalte auf. Die glichen einem klappernden Räderwerk ohne rechten Zweck und Sinn. Das war alles längst mit Medikamenten beseitigt, kein auch nur andeutender, irritierender Restbestand.

Auch Menschen, die eingeschränkt in Psychose-Nähe verharren müssen, können sich z. B. in Phantasien (die man nähren kann) ihrer eigentlichen Begabungen, Talente, Fähigkeiten und Sehnsüchte bewusst werden und seelisch-geistig aufbauen. Ein bisschen davon in die Tat umsetzen und Schritt für Schritt erweitern. Dazu braucht es manchmal etwas Druck von innen und / oder von außen. Verlorene Kräfte sind schlimm zu ertragen. Aber ist es ein Verlust für immer? Ich sage nein. Ich durfte meine passive Rolle wieder verlassen und entwickelte die Motivation, anderen Mut zu machen. Auch durch dieses Buch.

Ich glaube und weiß: Gott sagt ja zu uns! ER liebt uns! WIR SIND SEINE KINDER! ER kennt Dich und mich besser als wir uns selbst! ER kennt unser Potenzial! Das Evangelium sagt viel aus über den Sinn irdischer Prüfungen und das Ziel ewigen Lebens bei Gott in Herrlichkeit. ER WILL EIN GEPRÜFTES VOLK. Das setzt freie Entscheidungen zwischen Gut und Böse voraus, zwischen Richtig und Falsch, Gut und Besser.

Das von IHM offenbarte Wissen der Menschheit gilt es für sich selbst zu beleben. Wenn Sie möchten, suchen Sie sich Gleichgesinnte, eine Gemeinde, die solides Evangeliums-Wissen, Glauben, Vertrauen und Liebe vermittelt. Und bitten Sie Gott um Führung. Es lohnt sich. ER tut es.

---

60 Bibel: z. B. Matthäus 9:22 / 8:13, Markus 2:5 / 5:34 / Apostelgeschichte 3:16 u.a.

B.5 Stabilisierung meines Mannes (1994–2017)

Motive meiner Darstellung

1) … Ich möchte zu meiner eigenen Geschichte einer depressiv gepolten Psychose-Kranken wenigstens in Grundzügen das Gegenbeispiel eines aggressiv gepolten Schaukel-Charakters (meinen Mann) hinzufügen. An unseren Verschiedenheiten wird deutlich, wie groß die individuelle Spannweite schon zwischen zwei Menschen ist.

Meine These: Wir sind beide Opfer einer schweren traumatisierenden Kindheit gewesen und hätten ohne diese Grundbelastung keine Psychose erlitten. Es lassen sich individuelle Verhaltenslinien aufzeigen, die von erlittenen Traumen zu heute noch verfestigten, ja zwanghaften Verhaltensweisen führten. Wie vielen anderen geht es ebenso?

2) … Ein Netzwerk von Psychose-Therapien ist notwendig (auch im Entstehen begriffen), wird aber in vielen psychiatrischen Kliniken auf dem Gebiet der psychologischen Fürsorge noch oft blockiert. Warum?

3) … Ich möchte Trost für alle Betroffenen geben, die unter stark aggressiv gepolten Partnern / Partnerinnen in der Ehe / Familie leiden. Ihr seid nicht allein und nicht schuld daran! Unzählige Ehen sind derart belastet, auch ohne Krankheit.

4) … Es gibt stetig fließende Übergänge vom Noch-Gesunden hin zum Krankhaften. Darin liegt die Chance einer Verbesserung, vorausgesetzt, der Betroffene hat genügend Selbstwahrnehmung, Einsicht und guten Willen, etwas zu ändern.

5) … Ein Kind, das in extremem Zwiespalt aufwächst, trägt in der Regel irgendeine seelische Schädigung davon. Es wird später oft privat oder beruflich nicht voll belastbar sein. Doch trifft es nicht alle gleich. Mich wundert, wie viele psychisch und partnerschaftlich gestörte Männer in einer Geschwisterreihe Lieblingssöhne ihrer Mütter waren (u.a. Rolf, Bernd, ein Freund). Woran mag das liegen?

6) … Es geht mir nicht darum, unsere Eltern zu belasten. Es geht um unser aller Verhalten miteinander. Es geht darum, uns von den Qualen der

Psychose-Krankheit zu befreien. Und dazu kann eine Übergangsphase helfen, in der wir auf kindliche Weise unseren Affektstau abarbeiten dürfen. Mit Abwehr des Erlittenen. Dazu ist es eventuell nötig, auch zu den Eltern auf innere Distanz zu gehen, ehe wir uns ihnen wieder auf gesunde Weise nähern. Denn auch sie haben Anspruch darauf, verstanden zu werden.

Familiengeschichte

Es gab ein paar Wochen, in denen Bernd und ich uns besonders viele Gedanken machten, unter welchen **Entwicklungs-Bedingungen unsere Eltern und Großeltern** aufwuchsen. Ich wusste sehr viel darüber von meiner inzwischen verstorbenen Mutter. Von Bernds Mutter erfuhren wir zu der Zeit auch Genaueres über seine Linie. Unsere Mütter wussten auch manches über unsere Väter und natürlich über die Großeltern von beiden Seiten. Ich empfehle jedem zu fragen, solange es noch Zeit ist, um die eigene Familiengeschichte kennenzulernen. Das sind Mitteilungen, die nicht nur ein Licht werfen auf die anderen Zeiten und deren politische, soziale, berufliche Umstände, sondern auch auf sehr Persönliches, auf Schicksalsschläge, Eigenheiten usw. Uns wurde u.a. deutlich, welche aggressiven Fehlverhaltensweisen von einer Generation zur anderen auf der männlichen Linie weitergegeben wurden. Früher glaubte man, das sei vererbt worden. Heute sind wir (hoffentlich) klüger. **Unsere Väter** (geboren 1908 bzw. 1915) wurden stark beeinflusst von den beiden Weltkriegen, von der Wirtschaftskrise dazwischen, von der NS-Ideologie. (Beide waren keine Nazis, beide waren Pflichtsoldaten über mehrere Kriegsjahre gewesen.) Der gleichgeschalteten Meinung konnte sich niemand ohne Existenzsorge entziehen. Bildung war in der Regel auf den Volksschulbesuch begrenzt. Das Männer-Ideal damals nenne ich – freundlich ausgedrückt – arbeitsam, robust, hartherzig, gefühlsarm, Kämpfernaturen, Haudegen. Als unsere Väter Anfang 20 waren, sah angestrebte Männlichkeit so aus: »Zäh wie Leder, hart wie Kruppstahl. Es darf nichts Zärtliches an ihnen sein.« (Hitler) Weichheit oder Fehler wurden nicht zugegeben. Es wurde angeordnet, selten verhandelt – sowohl im Beruf als auch privat. Väter hatten ihren Bereich, **Mütter** ihren. Frauen-Ideal war es, Ehefrau, Mutter und Hausfrau zu sein. Frauen hatten viel Arbeit damit. Frauen hatten bis weit nach dem Ende des II. Weltkrieges geringere Rechte als die Männer und standen genau genommen unter deren »Vormundschaft«. Mein Vater brauchte den Alkohol, um seine Affekte abzureagieren. Er produzierte ständig Aufregungen und Konflikte. Bernds Vater ließ seinen Aggressionen verbal und handgreiflich einen hemmungslos freien Lauf ohne »Hilfsmittel«. Von Bernds Mutter wissen wir, dass ihr Mann weitergab, was er selbst in ähnlicher Ausprägung als Kind von Bernds Großvater her erlitten hatte, nämlich ebenfalls harte Prügel aus nichtigem Anlass oder ganz ohne. Härte war also keine Erfindung der Nazis. Vater hatte seinen Bauernhof in den verlorenen deutschen Ostgebieten aufgegeben, heiratete nach dem Krieg in Norddeutschland in Mutters Anwesen hinein und war 10 Jahre arbeitslos. Das hieß damals, mit Gelegenheitsarbeiten die wachsende Familie ernähren zu müssen, ehe er eine sichere Anstellung erhielt. Er zeichnete sich aus durch harte Arbeit, baute Mutters marodes Fachwerkhaus massiv aus und sorgte in jeder Hinsicht für das materielle Wohl von Frau und Kindern. Wenn er zu Hause an etwas Schwierigem arbeitete, schimpfte er unentwegt laut, bis er fertig war. Die Kinder versteckten sich dann in seiner Nähe und waren gespannt, mit welchem Tier er den zu reparierenden Kühlschrank als Nächstes beschimpfte. Bernd erinnert sich auch an einige Geschenke, die Vater liebevoll für ihn angefertigt hatte. Auch der also ein Schaukel-Charakter zwischen Jähzorn-Ausbrüchen und Fürsorglichkeit.

Ich fühlte mich zu Bernds Vater im Zwiespalt. Wenn er – in meiner Gegenwart selten – in Rage geriet, hatte seine Rede offene, aggressive Herrschsucht in sich. Wenn ich bei jedem Abschied feststellte, wie ihm etwas liebevoll Ruhendes aus den Augen sah, staunte ich verwundert. Ich lernte Bernds Eltern also noch recht gut kennen, ehe sie vor wenigen Jahren starben. Zwei familienbezogene alte Menschen, die mit sich und der Welt ihren Frieden gemacht hatten.

Bernds Geschichte

Ich möchte nur so viel preisgeben, wie es zum Verständnis der Zusammenhänge sein muss. In Bernds Krisen erfuhr ich von ihm, wie sehr er gelitten hatte unter Vaters Unverständnis. Bernd erinnert sich an zwei schwere Arbeiten, die er als etwa 5-7 Jähriger zu tun bekam, ohne dass die Arbeitszeit oder die Menge begrenzt worden wäre. Von einem Haufen alter Bausteine den Zement abklopfen, einen Handwagen voll Kartoffeln sortieren. »Ich war nie fertig.« Er war ebenfalls 5-7 Jahre alt, war etwas verspätet vom Spiel nach Hause gekommen (kannte noch keine Uhrzeit) und wurde deshalb mit einem Gartenschlauch im Jähzorn unter Flüchen wieder einmal verdroschen. »Ich hing wie ein Frosch an seiner Hand in der Luft. So schlug er auf mich ein.« Vaters begleitende rohe Redensarten wiederholte Bernd mir in Verzweiflungs-Situationen. Wenn er damals weinte, musste er sich ähnlich zynische Kommentare anhören. Alle vier Kinder wurden verprügelt, aber Bernd und sein älterer Bruder bekamen am meisten ab. Mutter erzählte – nach anfänglichen Erinnerungs-Aussetzern: »So wie ich die Möglichkeit hatte, mich einzumischen, wenn Vater schlug, zog ich Bernd weg und tröstete ihn.« Das tat sie so liebevoll verwöhnend und nachhaltig, dass der kleine, gänzlich verängstigte und verstörte Junge von Schmerz und Entsetzen nahezu ohne Übergang in die tröstende Fürsorge der Mutterliebe glitt. D. h. traumatische Angst-Anballung wechselte in anfangs noch belastete Wonne. Beides logischerweise in vergleichbarer innerer Vehemenz. Daher später die Euphorie-Anwandlungen?

Es liegt nahe zu vermuten, dass Bernd in seiner traumatischen Angst **schon als Kind in Regression** fiel, also in gesteigerte Kindlichkeit. Empfinden: »Bitte, bitte, tu mir nichts!« D. h. er zeigte nicht altersgemäße, nicht jungentypische Unarten. »Du ahnst ja nicht, wie süß der war, wie drollig. Er war mein Abgott! Verwöhnt habe ich ihn, ja, das stimmt!« So Mutters Begeisterung für dieses vermutlich **anhaltend gestörte Kind**. Er blieb ihr Liebster, auch wenn sie zu allen Kindern liebevoll war. Sie brachte ihnen die Liebe zur Musik bei, las Geschichten und Märchen vor, erzählte gern. Bernd hatte von ihrer Seite keine Pflichten zu erfüllen und wurde wenig in späteren Umgangsformen reguliert. Er schaffte sich seinen Ausgleich zum erlittenen Kummer in leidenschaftlichem Fußball- sowie Handballspiel und später zusätzlich als Bläser in der Feuerwehrkapelle mit deren Geselligkeiten. Vater pflegte bei Tisch zu sagen: »**Rede nicht!**« Mutter ging Aussprachen mit dem Jungen aus dem Weg mit dem Satz: »**Vergiss es!**« **Anleitung zur perfekten Verdrängung als späteres Psychose-Repertoire!** Bernd: »Sie hatte keine Alternativen.« Er übrigens auch nicht. Die hier erwähnten Einzelheiten spielen in Bernds Charakter bis heute eine große Rolle. Er litt und leidet an einer nie offiziell diagnostizierten **Denkblockade und logischen Fehlleistungen.** **Es macht ihm Schwierigkeiten, Zusammenhänge zu strukturieren, so dass er zu falschen Schlussfolgerungen kommt. Er hat Probleme, Ursachen und Begründungen und deren Folgen zu durchschauen,** speziell im mitmenschlichen Bereich, aber oft auch in anderer Hinsicht. **Folgen der Angst durch die Prügeleien und ihrer unlogischen, nicht einsehbaren Schuldzuweisungen mit Schein-Begründungen! Frühe Traumen sind in jedem Fall charakterbildend.** Und damit verbundene Übertragungen können dramatisch sowie aggressiv ablaufen. Nicht mehr von innen her regulierbar, also zwanghaft.

Bernd absolvierte eine mittlere Schulbildung, durchaus mit Problemen, machte mit Erfolg eine Lehre im Bereich Rundfunk / Fernsehen. Vier Jahre als Zeitsoldat folgten in bewusster Absetzung vom Vater. Er schaffte später trotz akuter Krankheitsphasen einen Abschluss als Techniker mit Fachabitur. Unter den gegebenen krankheitsbelasteten Voraussetzungen eine bewundernswerte Leistung insgesamt. Zuletzt arbeitete er in einem großen Werk bis zur Frührente.

Er heiratete mit Mitte 20. Kurz vorher **brach die erste Psychose aus (schizo-affektiv)**, zu einer Zeit, als sich alterstypische Probleme häuften, denen er sich nicht gewachsen fühlte. Kaum Konfliktfähigkeit. Ein scheinbar schuldhaft belastendes Erlebnis war der Anlass für die erste Dekompensation. Er kam in Abständen immer wieder in die **Psychiatrie.** Vor meiner Zeit 20mal, **bis heute 30mal in insgesamt 40 Jahren.**

Seine besondere Liebe gilt seinen 3 Söhnen und jetzt 4 Enkelkindern, um die er sich sehr bemüht, seitdem er nicht mehr so sehr mit seiner Psychose »beschäftigt« ist. Er hat seine Kinder nicht geschlagen wie sein Vater ihn. Von ihnen ist keiner mit Psychose belastet. Mit 42 Jahren schied er krankheitsbedingt aus dem Arbeitsleben aus. Scheidung nach 18 Jahren Ehe fast gleichzeitig.

Bernd: »Ich bin zwischen Himmel und Hölle großgeworden.« **Zwiespalt und Zerrissenheit blieben seine seelische Grund-Disposition. Gegensätze springen paradox über. D. h. extreme Angst des kleinen Kindes, nicht aushaltbar, kann sich beim Erwachsenen in zwanghafte Aggressionsgewohnheit (Pendelausgleich als Umpolung) manifestieren, wenn nicht vorher**

heilend eingegriffen wird. Wo blieb die Mitte, die »Erde« sozusagen, die alltägliche selbständige Realitätsbewältigung mit ihren praktischen, organisatorischen und kommunikativen Herausforderungen? Denen war Bernd auch später nicht gewachsen, er blieb darin unausgereift. **Verwöhnung wird vom Kind später oft als »Normalität« beansprucht. Verantwortung und Vernunft bleiben auf diese tragische Weise unterentwickelt.** Vater: »Hau ab! Mit dir ist nichts anzufangen!« Und später: »Du Waschlappen!« Mutter: »Das brauchst du nicht!« Zu früh geforderte Verantwortlichkeit (zu spät vom Spiel heimkommen) plus mütterliche Verwöhnung führte hier zur Vermeidung von voller Verantwortlichkeit im privaten Rahmen als Erwachsener.

Bernd flüchtete sich früh in den **Sport**, der ihm Gelegenheit bot, sich auszutoben, d. h. auch Affekte abzureagieren. Er liebte seine Söhne, hielt sie zum Sport an. Er ging Konflikten jeder Art stets aus dem Wege, bemerkte nicht, wenn er selbst welche produzierte, stritt das vehement ab. Er spaltet die eigenen heftigen Verbal-Aggressionen in seiner Selbstwahrnehmung ab. Der Überschätzung durch seine Mutter entspricht seine häufig überzogene Selbsteinschätzung. **Bernd war in besonderer Weise Opfer der latenten Tragik innerhalb der Familie, sozusagen deren Kristallisationsfigur.**

In den folgenden Abschnitten hoffe ich noch mehr Übertragungen der hier aufgezählten Gegebenheiten deutlich machen zu können in ihrer besonderen Bedeutung für das Zwanghafte in Bernds Charakter.

Bitte keine Missverständnisse! Trotz aller Einschränkungen ist die klassische Familie in allen Ausprägungen in der Regel jeder anderen Institution naturgemäß überlegen. Es gilt sie zu stärken und zu schützen. Ich wünsche mir mehr echte psychologische Aufklärung darüber in der Öffentlichkeit – ohne Ideologie.

Erste gemeinsame Ehephase von 7 Jahren – Krisenketten (1994–2001)

Heirat und Ehe

Bernd und ich kannten uns von der Gemeinde her zwei Jahre, ehe wir heirateten. Er gefiel mir, weil er in sich zu ruhen schien und Geborgenheit ausstrahlte. Ich wunderte mich bald, dass auch er eine Psychose hatte (welch ein Zufall!) und oft mehrere Wochen in der Klinik war. In meiner Naivität meinte ich, die Erscheinungsformen seiner Psychose seien mit meinen identisch. Eben, weil er so ruhig schien. Wir hatten lockeren Kontakt, bis ich ihn eines Tages zu Hause anrief, weil ich fragen wollte, wie es ihm ginge. Er reagierte ohne Grund ausgesprochen stoffelig, was mich erschreckte und irritierte. Als es ums Heiraten ging, hatte ich deshalb große Bedenken und bat den himmlischen Vater um Entscheidungshilfe. Und das kam so: Wir standen in einer Gruppe an einer Straßenbahnhaltestelle. Kam ein gemeinsamer Freund auf mich zu: »Gratuliere, ihr habt euch verlobt!« – »Wer? Mit wem?« – Na, du und Bernd.« – »Woher weißt du denn das?« – »Na, von Bernd, hat er mir eben gesagt.« Ich schaue zu Bernd hinüber, und der strahlt mich so an! Tja, und so war es beschlossen und besiegelt.

Wenige Wochen später heirateten wir. Am Hochzeitstag hatte er seine erste Krise, die ich miterlebte, noch relativ harmlos. Außer uns bemerkte es niemand. D.h. wenn es ihm vorher schlecht gegangen war, hatte er sich stets zurückgezogen, sodass ich ihn in solcher Verfassung gar nicht kannte. Ich kannte von mir selbst seelische Krisen mit Traurigkeit bis hin zur Verzweiflung. Er aber lebte seine Krisen überwiegend affektiv-aktiv im Handeln aus mit eigensinnigen, sturen Alleingängen, die nicht gerade von Überlegung zeugten. Das ging ziemlich atemberaubend zu. Eine Nacht lang bedrängte er mich immerzu mit denselben Worten: »Gut Nacht, gib Küsschen, schlaf schön!« Selbst zornige Abweisung meinerseits änderte nichts. Bis zum nächsten Morgen gegen 11 Uhr in kürzesten Abständen. Ich konnte nicht zur Arbeit aufstehen, so fertig war ich. Endlich gab ich ihm eine von meinen übriggebliebenen starken Tabletten, die ich nicht mehr benötigte, als Überbrückung. Und er schlief erschöpft ein. Mit der Idee, dafür ein Rezept zu bekommen, suchten wir seinen damaligen Nervenarzt auf. »Ein bisschen was muss man auch aushalten.« – »Aber ich halte das nicht mehr aus.« Nur widerstrebend erhielten wir ein Rezept für ein anderes Mittel zur Überbrückung. »Davon reicht eine Viertel.« (Ich war danach froh, wenn er mit 1 ½ zur Ruhe kam.) So nebenbei erwähnte er, dass unsere Heirat nicht gut sei. Er wollte ihn als Dauerpatienten in die zuständige Landesklinik einweisen. (Das hätte eine Entmündigung vorausgesetzt, der ich als Ehefrau nun wohl im Wege stand.) Weitere bedenkliche Meinungen, z. B. zu Bernds Glauben und zur Überflüssigkeit einer Psychotherapie spare ich hier aus. Bernd kam mit zu meinem Psychiater, mit dem wir beide bis zu dessen Ruhestand wunderbar ärztlich versorgt wurden. Jahre später erst erfuhr ich, dass Bernd sich im »fortgeschrittenen Stadium« einer Psychose befand. Er hatte einen Schwerbehinderten-Ausweis G, d. h. nach Bedarf mit Begleitperson, z. B. bei Busfahrten oder bei ermäßigten Eintrittskarten.

Ursache für seinen tragischen Krankheitsverlauf war mit ziemlicher Sicherheit **Bernds rechthaberisches Unverständnis, was die Notwendigkeit der Tabletten-Einnahme (Neuroleptika) anging.** Da war kein logisches Denken, keine Einsicht. Er diskutierte heftig, wie glücklich er drei Jahre lang ohne dieses »Zeug« gewesen sei. (Bekannte von damals schilderten diese Jahre ganz anders.) **Kurz: Ehekonflikte und diverse Probleme waren vorprogrammiert gewesen und stürmten nun auf mich ein.** Denn er blieb ja bei seinem gewohnten Lebensstil, den er mehrere Jahre allein lebend ausgeprägt hatte. Wir beide um die 50 Jahre alt. Nicht einfach, sich da gegenseitig anzupassen, zumal wir beide mit dieser Krankheit unterschiedlich betroffen waren. Ich war berufstätig und hatte den gesamten Haushalt zu bewältigen mit Kochen, Waschen, Saubermachen, Verwaltung meines Elternhauses usw. Mit seiner unordentlich nachlässigen Art machte er mir überflüssige Arbeit. »Ich umsorge dich gern, aber ich bin nicht dein Lakai!« Dazu die private Bürokratie, Finanzen und alle Planung. Er tat anfangs nur, wozu und wann er Lust hatte, bloß keine Regelmäßigkeit bitte. Ein bisschen einkaufen, ein bisschen abwaschen. Überhaupt nicht zuverlässig. Wenn ich ihm auftrug, gewisse Dinge zu beachten, ignorierte er das, vergaß jeden meiner Hinweise und regte sich über meine nachfolgende Ungehaltenheit auf. Meinen Wunsch, er möge sich in meinen funktionierenden Haushalt einordnen, legte er als ein Unterordnen aus, gegen das er sich massiv wehrte. Alles musste sich ihm anpassen, sowohl Menschen als auch Materialien. Lief etwas schief, war niemals er selbst die Ursache. Ich verteidigte den »Kleinkram« als wichtig für ihn mit den Worten: »Aus Kleinem geht das Große hervor.« Ich hatte viel Grund, ihn »aufmerksam zu machen«. Für ihn war das schon: »Du kritisierst mich dauernd.« War auch nötig, die Korrektur. Er differenzierte weder in der Selbst- noch in der Fremdwahrnehmung. Er selbst das »Goldkind«, ich die »Böse«. Seine Mutter fragte mich am Telefon: »Ist er nicht lieb?« Immer wieder. »Ja, auch, aber … « Wenn ich konkrete Abläufe der letzten Zeit erzählte, antwortete sie jedes Mal: »Genau wie Vater! Genau wie Vater!« Im Gegenzug erkannte Bernd durchaus meine Überlastung und schrieb mir einen langen Lobesbrief auf meinen Fleiß. Endlich – nach 6 Jahren Ehe – schaffte er, von sich aus motiviert, 5 Jahre lang, uns 5mal pro Woche eine warme Mahlzeit zu kochen, wenn ich abgespannt von der Arbeit kam. Dafür war ich ihm überaus dankbar. Etwas Humor half stets über die Runden. Er beherrschte 11 Gerichte, die Überraschung bestand in der Reihenfolge. An den Wochenenden und im Urlaub überließ er wieder alles mir. Mit meinem Durchhalte-Mechanismus (Bett-Trauma) redete ich zu viel. Auch wollte ich, dass er meine Analyse verstand. »Ich höre hin, aber nicht zu«, sagte er einmal. Oder er spottete darüber. Ich komme später noch einmal zurück auf das Phänomen der zwanghaften Übertragung von seinen traumatischen Kindheits-Erlebnissen her, sowie durch sein Verwöhntsein. Denn im Prinzip hat er diese Denkweise beibehalten, noch heute, nach über 20 Ehejahren. Warum hielt unsere Ehe trotz alledem? Wegen unseres gemeinsamen Glaubens und wegen der ausgleichenden Innigkeit, mit der er mich wirklich lieb hat. Das sagte er mir auch unmissverständlich. Denn im Gegenzug bejaht er mich vorbehaltlos und geht sehr freundlich mit mir um. **Wie Tag und Nacht, seine zwei entgegengesetzten Seiten.** Meine Liebe ist sehr regenerationsfähig geworden. Es scheint, ich bin mit mehreren Männern (in einer Person) verheiratet. Neben dem Schaukel-Charakter des Erwachsenen spuken da noch zeitweise kleine unverständige, alberne Jungen oder störrische Jugendliche durch unsere Ehe. Ich habe aus eigener Teil-Erfahrung mit dem Phänomen der Nachreifung dafür Verständnis. (Eine ganze Schar von »eigenen Kindern«. Lernprozess: Worauf kommt es in der Kindererziehung an? Die Rolle einer unfreiwillig nacherziehenden Mutter oder gar Therapeutin einnehmen zu sollen überfordert mich als Ehefrau. Ein Hinnehmen aller störenden Gegebenheiten war jedoch unzumutbar.) Und: Es währte volle 5 Jahre, ehe ich sicher war, dass Bernd durch die erlittenen Prügeleien eine Trauma bedingte anhaltende Denkblockade zunächst schweigend verbarg. Dazu gesellten sich auffallende logische Aussetzer, die vehement als »Wahrheit« verteidigt wurden. (Die Wahrscheinlichkeit dieses traumatischen Ursprungs wurde mir von fachlicher Seite bestätigt.) Daher auch seine langsam deutlicher werdende Uneinsichtigkeit, sein Widerspruchsgeist und seine zementierte Streitlust.

Anfangs allerdings schwieg er noch über lange Strecken, teils um des Friedens willen? »Was meinst du, was ich schlucke!« Es gab nichts zu schlucken, außer meinen Anspruch auf Zusammenarbeit im Haushalt. Typische, harmlosere Situation: »Sag doch mal, was du gerade denkst, plaudern wir doch ein bisschen!« – »Ich denke gar nichts.« – »Das geht nicht. Ich denke immer was.« – »Bei mir schon.« Heute »übt« er das Reden. Manchmal ohne Ende. Mit Vorliebe in Opposition zu mir.

Stellvertretende Analyse

Wir schafften es, dass Bernd diese ersten 7 Jahre keinen Klinikaufenthalt benötigte. Was trug dazu bei?

- Zum Glück war er einverstanden, dass ich ihm unter fachlicher Anleitung dieselben Spritzen geben durfte, die ich einmal im Jahr per Kur selbst anwandte. Das war ihm zu viel »Piekserei«, also bekam er eine geringe Menge wöchentlich. Wirkte mäßigend auf ihn.
- Ich stellte ein Töpfchen mit der Tagesration an Tabletten an den Frühstückstisch, so dass ich wusste, ob er sie genommen hatte.
- Wir stellten auf Depotspritze um. Das schonte ihn in seiner Abneigung gegen die »Schluckerei« und mich in dem damit verbundenen Stress und der Sorge.
- Ich wusste, welche Kindheitsbelastungen mich von der Grundlabilität her in die Psychose getrieben hatten. Bernds traumatische Erlebnisse empfand ich als noch viel schlimmer, auch wenn ich keine Freundin von Rangordnungen bin. So meinte ich, auch er gewinne Freiheit, indem er – wie ich – das Vergangene verarbeiten sollte. Also bewusst portions- und schichtweise wiederholen. Er tat es zu wenig. Ginge es über seine Kräfte?

Die nachfolgende Tabelle zeigt einen Blick auf seine vielfältigen, entgegengesetzten Verhaltensweisen und Krisen. Ich musste das mit aushalten können, teils entsetzt. Beängstigend war es, wenn er sich selbst »aufzulösen« meinte.

Jahre der großen Krisen und Labilität (nur zu Hause ausgelebt)

depressiv	**Sich nach innen wenden:** – weicht Konflikten aus, indem er sich hinlegt und die Decke über den Kopf zieht – Weinerlichkeit, Schweigen, – sieht seichte Filme an, – hört mäßige Schlager – bei Brautpaaren laufen ihm Tränen der Rührung	**Devote Dienstbarkeit:** – fragt, ob er Selbstverständliches tun darf / will mir Handtuch reichen, das ich gerade nehme – meine Schlappen im dunklen Flur bereitstellen, sodass ich darüber fallen kann – zwanghaft unterwürfiges Liebsein	**Angstvolles Kleinkind:** – fühlt sich verfolgt, erleidet »Angst-Attacken« – erscheint tapsig in Unterwäsche, obwohl Besuch da ist, sagt dazu: »Verzeih mir meine Schwachheit.« – Spätere Erklärung: »Ich hatte Angst / Anfechtungen.«	**Erlebte Selbstaufgabe:** – stundenlang irritiert im Bett liegen – »Ich löse mich auf.« (wie beschrieben) – Suizidversuch in Verzweiflung und Apathie, ohne Hoffnung – stellvertretende, affektive Analyse durch mich zur Ablenkung
aggressiv	**Sture Alleingänge:** – Eigensinn, macht, was er will – keine Absprachen, – keine Aussprachen, – verbreitet Unbehagen, Kälte – 3 Tage Schweigen, – mimisch undurchschaubar – lässt sich nichts sagen – duldet kein »Aufmerksam machen« – möchte bestimmen	**Hektische Redeflut:** – geht auf sein Gegenüber nicht ein, »Retourkutschen« – gestörte Logik, auftrumpfen – listet Unterstellungen auf – zahlreiche Gesprächs-Unarten – bleibt nicht beim Thema – endlos niederkämpfen – Widerspruchsgeist – Rechthaberei betreiben – Sieger sein wollen	**Aggressive Phantasien:** – »schluckt« angeblich, wobei er negative Absichten unterstellt, erfindet Vorwürfe von mir gegen sich, – sonnt sich in Schweigen als angebliche »Friedlichkeit« – aktive Gewaltträume (Alpträume) – Selbstgerechtigkeit	**Demonstrative Herrschaft:** – kein Unrechtsbewusstsein, – schießt aus dem Stand hoch bei nichtigen Anlässen, – stampft in Grund und Boden, – schmettert nieder, inquisitorisch, verdreht Tatsachen als »Wahrheit« – baut keine »Brücken«, geht auf keine – triumphiert selbstherrlich

Er legte einen großen Geldschein mit Notiz für einen Sohn auf den Tisch. Dazu ein Abschiedszettel: »Wenn ich nicht mehr da bin. Gib ihm das.« Er lag aber im Bett und schlief sichtlich normal. Am nächsten Tag steckte er wortlos das Geld wieder ein. Einmal jedoch wunderte er sich morgens, dass er noch lebte. »Warum solltest du nicht mehr leben?« – »Weil ich gestern Abend Tabletten genommen habe.« – »Wie viele denn?« – »Ungefähr 20, alle, die drin waren.« Ich starrte ihn an. Er: »Mein Mund ist ganz trocken.« – »Wovon denn?« – »Von den Tabletten. Die sind noch alle drin.« Und er streckte die Zunge raus, die voll weißer Masse war. Er ging, sich den Mund auszuspülen, und er war ein paar Tage reichlich schläfrig, mehr geschah nicht. Das war sein 2. Suizidversuch im Leben. Beide scheiterten an seiner unlogischen, unpraktischen Handlungsweise. Hier spülte er die Ladung nicht runter. Beim ersten Mal in der Klinik (Jahre vor meiner Zeit), wählte er einen zu dünnen Ast aus, der wegbrach, als er sich daran aufhängen wollte. So kann ich seinen Schwächen etwas Gutes abgewinnen. Er ist am Leben geblieben, beide Male. Aber wie viele Ängste und Aufregungen bedeutet das. Dann wieder seine Überheblichkeiten: »Euphorie ist aber auch schön.« – »Nein, sie ist nur ein Schein von Glück und Freude.« **Wenn er dann wieder arg depressiv verzweifelt war, meistens mit beginnender Nacht, rüttelte ich ihn raus aus seinen Abläufen, indem ich mich über seine traumatisch erlebten Prügelszenen STELLVERTRETEND für ihn aufregte.** Es dauerte meistens zwei Stunden, in denen ich ihn beschäftigend ausfragte. Zwischendurch und anschließend hatte ich die Reden und Handlungsweisen seines Vaters kurz und klein geredet mit aller Kritik von heute. Etwa so: »Ein erwachsener Mann, der seinen kleinen Sohn im Jähzorn verdrischt. Das ist feige!« Ich schlug bessere Lösungen vor, wie harmlos aber einfallsreich Vater hätte reagieren sollen. **Bernd hörte gebannt zu, war abgelenkt von seinem akuten Lebensüberdruss. Und ich hatte mir die Angst um ihn weggeredet.** So konnten wir endlich erschöpft einschlafen. Und ich musste am nächsten Morgen zur Arbeit. Hätte ich seinen Vater schonen sollen und Bernd alleinlassen? Oder argumentativ rumreden? Ich erinnere mich an mindestens vier solcher Nächte und weitere ähnliche – weniger dramatische – Gespräche. Jahre später fragte ich ihn, wie er das damals innerlich bewertet hätte. Antwort: »Ich dachte; endlich eine Squaw, die mich unterstützt.« Er hat Talent, sich originell auszudrücken.

Krisen-Schwerpunkte

Die in der Tabelle aufgeführten acht Bereiche waren Schwerpunkte, die oft vorkamen. Da war alles drin (Blitzbereich)[61]. Dazwischen verteilte sich erstaunliche, auch angenehme Normalität.

Trotz seiner Antriebsarmut und diversen Müdigkeits-Varianten (gestörter Tag- und Nachtrhythmus) unter denen er oft litt, bemühte er sich zunehmend um ein gutes eheliches Miteinander: freundlich zugewandt, häuslich, treu, ohne Suchtmittel, ehrlich mit meinem Geld, sagte mir Gutes, lobte, half öfter usw. Der Gegensatz dazu: unbedarft naiv, gedankenlos, schusselig, vergesslich, streitsüchtig, dickfällig, flegelhaft, überheblich, uneinsichtig, mauert, unbehaglich, lernresistent, Schwarz-weiß-Denker. Vernunft und Verantwortung? Alles verschob sich im Laufe der Jahre zum Besseren hin. Einige unmöglich zu verantwortende Berufsideen tauchten auf, die ich ihm nur mit Protest von seiner Seite auszureden schaffte. Wir konnten seine finanzielle Pflegschaft rückgängig machen. Und er erhielt die Erlaubnis vom Arzt, seinen verlorenen Führerschein erneut zu machen. Seitdem hatte er ein gutes Stück Freiheit wiedergewonnen. Nebenbei liefen meine eigenen Heilungsprozesse wie beschrieben. Bernd unterstützte mich darin wohltuend, soweit sein Mitgefühl und seine Einsicht es zuließen.

Zweite gemeinsame Ehephase von 7 Jahren – Akute Rückschläge, Kliniken (2001–2008)

Endlich wurde es mir möglich, die letzten fünf Jahre in Altersteilzeit zu gehen. (2000 – 2005) Merkliche Lohneinbuße. Deshalb musste ich die hilfreichen Spritzen absetzen, was er gut fand. Tabletteneinnahme? Er: »Geht Dich nichts mehr an!« Bernds Niedergang bis zum ersten akuten Rückfall während unserer Ehe begann:
Einerseits blieb er halbwegs normal und gut ertragbar, auch freundlich. Andererseits lebte er euphorische Selbstherrlichkeit aus. Dann wieder suchte er

---

61 Erklärung in Teil III »Entwurf eines Modells … «

Streit und ging bei jeder Nichtigkeit »in die Luft«. Jähzorn steigerte sich zu ausgedehnten verbalen Explosionen. Er lehnte stur ab, was ihn hätte heilen können. Ich erinnere Tage, an denen er alle zwei Stunden eine andere Grundverfassung auslebte. Normalität als schneller Übergang zum nächsten affektiven Zustand. Seine anhaltende Verweigerung von Mitarbeit, von Akzeptanz seiner Krankheit, von Übernahme echter Verantwortung für sich selbst und unseren Alltag – all das erschöpfte meine ohnehin überstrapazierten Kräfte. Ich litt monatelang an Virusinfektionen.

Nach einem Jahr wurde er akut, war auch letztlich einverstanden, in die Klinik zu gehen. Es folgten 10 Aufenthalte in 7 Jahren, zusammengerechnet 10 ½ Monate, also fast ein ganzes Jahr davon in der Klinik.

Erst dann wurde er mit einem starken Mittel, das er vorher abgelehnt hatte, so stabilisiert, dass wir seitdem sehr viel zufriedener leben können. Fast ohne Arztbesuche, nur zum Rezeptbesorgen. Im Vergleich zu vorher, »fast« ausgeglichen. Aber erst einmal musste ich zu Hause »tüfteln«, um für ihn eine neue Normaldosierung herauszufinden.[62] Er selbst hätte nur reduziert.

Bernd wollte stets in der hiesigen städtischen Psychiatrie bleiben, die sehr konservativ strukturiert ist, wie viele andere auch noch. Ich besuchte ihn mindestens jeden 2. Tag und gewann so gute Einblicke in die Abläufe dort mit ihm. Meine Hoffnung, mich zu Hause erholen zu können, wenn er »drin« war, erwies sich als Irrtum. Ich zähle anschließend einige Erfahrungen auf, unabhängig vom genauen Zeitpunkt oder der genauen Reihenfolge:

Erfahrungen mit Psychiatrie

1) ... Beim ersten Aufenthalt landete er wegen Überfüllung mit seinem Bett auf dem Klinikgang. Ich war freundlich und voller Mitgefühl für ihn. Er

---

62 Wir nehmen lebhaft Anteil am Schicksal eines befreundeten, jüngeren Ehepaares. Auch er war in 12 Jahren 10mal akut. Seit zwei Jahren ist er mit demselben Mittel wie Bernd stabil. Er arbeitet in der Lebenshilfe (ist Ingenieur) und darf wieder Auto fahren. Seine Frau, meine Freundin und Wahl-Tochter, hat ihre Arbeitsstelle um 50% reduziert und ernährt damit knapp ihn und sich selbst. An beider Schicksal erkannte ich diverse Parallelen im Persönlichen und im Umgang der Kliniken mit Patienten und Angehörigen hier in der Region. Auch den Fortschritt in allem, trotz verbliebener großer Mängel im Einzelnen. Sie ist verwundbar wie ich, aber sehr viel energischer im Umgang mit Fachleuten.

brüllte mich feindselig an: »Du hast Schuld, dass ich hier bin!« u.a. Ich ging erschüttert und mit Scheidungsabsichten im Sinn weg.

2) ... Ich erreichte bei einem denkwürdigen Gespräch im Botanischen Garten bei ihm endlich Verstehen und Einsicht. Er versprach, die Tabletten exakt zu nehmen und tut es weitgehend bis heute. »Du wirst sehen, wie es besser wird!« Im Urlaub, unmittelbar danach, wirkte die Depotspritze nur noch eine Woche statt zwei. Aggressionen, Klinik. Der Pfleger kannte das Problem, gab eine plausible Erklärung dafür. Der Chefarzt hatte darauf keine Antwort für mich. Auch keine echten Antworten auf andere, von mir ruhig gestellte Fragen, Beschwichtigung war alles.

3) ... In einem Winter wurde Bernd auf dem Hubschrauber-Landeplatz der Klinik allein im Schneetreiben entdeckt. Im Klinikhemdchen flatterte er dort mit den Armen, als wolle er zum Himmel auffliegen. Er wurde zurückgeführt in sein Bett. Wenig später warf er sich mit Wucht gegen die Stationstür, weil er nicht »eingesperrt« sein wolle. Sie war offen gewesen. Klar, dass man ihn nun in die »geschlossene Abteilung« verlegte, die heute »beschützende« genannt wird. Später erklärte er mir, was in ihm abgelaufen war. Und wir konnten beide herzlich lachen. Das zieht raus aus Scham und Demütigungs-Gefühlen.

4) ... Er wurde aufgefordert, vor einer Gruppe von Ärzten und Pflegepersonal aus seinem Leben zu erzählen. Er rief mich vor Angst weinend an, sodass ich ihn rechtzeitig aufbauen konnte. Dann klappte es prima. Endlich einmal keine Tabletten schluckende »Nummer« mehr sein. Ein einmaliges Ereignis.

5) ... Die Klinik schien im Laufe dieser Jahre ihr Konzept geändert zu haben. Neue Lehrmeinungen schienen die Medikation zu bestimmen. Bernd blieb trotz wochenlanger Aufenthalte hochgradig labil. Um »fit zu werden«, joggte er auf dem Klinikgelände, stolperte in seiner körperlichen Koordinationsschwäche über eine Wurzel, brach sich einen Arm. Wechsel in die Unfallklinik. Wegen der Operations-Narkose musste die Medikation heruntergesetzt werden. Lief auch gut. Aber keiner wusste Bescheid. Erneute Erhöhung war angeblich nicht angeordnet worden. Bernd lag apathisch im Bett, nicht ansprechbar. Schwester, etwas schnippisch: »Ich kenne Ihren Mann nicht anders. Der war von Anfang an so.« Ich: »Und ich kenne ihn so nicht als meinen Mann.« Es war Wochenende, niemand in der Psychiatrie, der die erneute Erhöhung anordnen konnte. Ich ließ nicht locker, führte ein Gespräch nach

dem anderen mit desinteressierten, mit ratlosen, mit arroganten Reaktionen. Endlich Erlaubnis hochzusetzen für einen Tag. Am Sonntag hatte eine erfrischend souveräne junge Ärztin Dienst: »Hier wird nichts entzogen!« und ordnete die notwendigen Medikamente erneut an. Aufatmen, aber Stress pur. Nach Rückkehr in die Psychiatrie wurden dort zweimal die Neuroleptika unterdosiert (nachweislich vergessen). Ich bemerkte die überflüssigen Rückfälle meines Mannes und kämpfte buchstäblich an allen Fronten. Gegen Bernds fehlende Einsicht, gegen dasselbe bei einigen Ärzten, Redeverbote des Pflegepersonals und gegen die eigene Erschöpfung.

6) … Eine sehr junge Ärztin (man hat fast jedes Mal mit anderen zu tun), wollte erst einmal feststellen, ob es sich bei ihm überhaupt um eine Psychose handelte. Man plane, alle Tabletten wegzulassen und neu aufzubauen. (Er war nicht akut, nur labil. Wir hatten lediglich um eine Medikamenten-Regulierung gebeten.) Dann ging ihr Ehrgeiz dahin, zwei Sucht gefährdende Tabletten absetzen zu wollen. Bernd hat da eine Low-Dosis-Abhängigkeit, was lange vorher auf geradezu abenteuerliche Weise festgestellt worden war. Der Chefarzt hatte diese Tabletten bis an sein Lebensende »ohne weiteres« erlaubt. Denn ohne die wird er trotz Neuroleptika sofort akut. Das rührte die junge Dame nicht. »Bei Alkoholikern muss der Stoff auch weg. Das dauert nur länger. Und notfalls bringen Sie ihn wieder her.« Dabei ist mein Mann bis zum Lebensende abhängig von Tabletten, da kommt es auf eine Sorte mit wenig Nebenwirkungen, die Sucht auslöst, nicht an. Ich kam mir absichtlich provoziert vor. Oder aber zu viele Ärzte haben keine Ahnung, dass die Lebensqualität der Betroffenen sowie der Angehörigen fortlaufend auf der Kippe steht. Darunter verstehe ich kein Wohlleben, sondern dass man einigermaßen existieren kann, was das Seelische und das Miteinander angeht. Klinik kann wie ein »rotes Tuch« sein. Sie setzten ihr Vorhaben nicht durch.

7) … Nach einem Klinikaufenthalt muss es in der Regel sein, dass der Haus-Psychiater sofort kontaktiert wird. Irgendwann in aller geschilderten Aufregung saßen wir so mal wieder vor unserem neuen Nervenarzt. Meine Erschöpfung und Verzweiflung bordete über, sodass ich gleich zu Beginn herausprudelte, womit ich alles überfordert gewesen war, völlig am Ende. So viel Vertrauen hatte ich zu ihm. Anstelle eines freundlichen Wortes von

Mitgefühl kritisierte er mich kränkend, er wolle nur mit meinem Mann sprechen. Er benutzte Vokabeln, die seine Missbilligung ausdrückten. Ab da war ich von ihren Gesprächen ausgeschlossen. Etliche Zeit danach behauptete Bernd, der Doktor habe angeordnet, er solle zuerst eine Tablette von den Neuroleptika weglassen, dann alle. Natürlich landete er damit schnell in der Klinik, sodass ich allein zu diesem Arzt ging, um zu erfahren, dass Bernd gelogen hatte, wovon ich schon vorher überzeugt gewesen war. »Dann ist seine Psychose mehr fortgeschritten, als ich dachte. Kommen Sie wieder mit rein.« Eine Zusammenarbeit mit der Klinik oder Korrektur dessen, was dort geschah, lehnte er ab: »Das müssen Sie mit denen abmachen.«

8) … Während eines Aufenthaltes freundeten wir uns mit einer Patientin an, Mitte 30. Nach Überwindung ihrer ersten akuten Psychose war sie Jahre später beim Antritt ihrer ersten Arbeitsstelle wieder akut geworden und völlig mutlos. Wir besuchten sie fast täglich und erfuhren ihre Lebensgeschichte. Sie hatte niemanden sonst, mit dem sie ihre wirklichen Probleme besprechen konnte. Die Psychologin wollte mit ihr nur über das reden, was sie nach dem Klinikaufenthalt zu tun gedenke. Ich schlug ihr die spätere Überweisung in eine tiefenpsychologisch arbeitende Alternativ-Klinik vor. Davon war sie sehr angetan. Man verweigerte ihr das. »Das ist nichts für Sie!« Nach unserem letzten intensiven Gespräch meinte sie: »Alles, was Ihr mir gesagt habt, hat mir noch nie jemand gesagt.« Wir versprachen, wiederzukommen. Sie hatte ihre Pizza nebenbei kalt werden lassen. Wir wurden beobachtet. Von da ab wurden wir ausgesperrt. Eine Schwester wies uns an der Tür barsch ab: »Sie kommen hier nicht rein!« Nach einigem Hin und Her: »Die Ärzte haben es verboten!« Man war derart unhöflich, dass wir ihr am nächsten Tag nicht mal an der Tür Bescheid sagen durften, warum wir wegblieben. Als ich sie wenige Wochen danach (Bernd und sie waren mittlerweile in der räumlich und personell getrennten Tag-und-Nacht-Klinik) zum Osterkaffee zu uns einlud, sagte sie zu, kam aber nicht. Nachfrage in der Klinik ergab: »Sie hat suizidiert! Sie lebt nicht mehr.« Ich will nicht sagen, dass wir das verhindert hätten. Aber sie hätte genügend Chancen gehabt. »Ich kann nicht noch einmal alles durchmachen müssen!« Ihre Verzweiflung klingt mir noch heute in der Seele. Sind Psychose-Kranke seelenlose Automaten, bestimmt durch Transmitter-Entgleisungen? Nein, nein, nein!

9) … Bei seinen beiden letzten Klinikaufenthalten litt Bernd bis zum Schluss unter massiven Ängsten. **Bedarfsmedikation** wurde abgelehnt: »Das ist für Sie nicht vorgesehen!« Ein Arzt war nicht zu sprechen. Keine Zeit! Bernd schlief nicht mehr, hatte üble Alpträume in Serie. Angst verschleißt enorme Kräfte. Ich versuchte wieder, aufmerksam zu machen. Der Vertretungsarzt war überlastet. So sagte ich dem durchaus kompetenten Pfleger, mein Mann sei unterdosiert, versuchte ihm die Zusammenhänge zu erklären. Bernd erhielt – missverstehend – statt einer zusätzlichen nur eine andere Tablette. Der Vertretungsarzt weigerte sich, meine Einwände anzuhören.

Plötzlich kommt Bernd bei mir zu Hause an: »**Ich bin abgehauen.**« Er ginge nicht zurück in die Klinik. Ich weigere mich, ihn in diesem unzurechnungsfähigen Zustand aufzunehmen. Der Arzt ruft an, will ihn abholen lassen. Ich spüre, dass das jetzt nicht so sein darf. (Bernd käme sich »abgeführt« vor. Sein neues Vertrauen in Ärzte könnte wieder zerbrechen, Ohnmachtsgefühle oder Trotz hervorrufen.) So bitte ich um Zeit. Es ergibt sich **letztendlich** ein ruhigeres Gespräch mit Bernd über die Ursache seiner Flucht. »Mitpatienten haben mich umzingelt. Die standen alle um mich rum. Das war verabredet. Da bin ich weg.« War natürlich Unsinn, Angstphantasie. Er will unbedingt zu Hause bleiben. Ich lehne konsequent ab. Kann ihm in seiner panischen Angst weder geben, was er braucht, noch ihn aushalten. Auch ich bin wieder einmal am Ende meiner Kräfte, muss immer durchhalten, wenn ich nicht mehr kann. Endlich lässt Bernd sich von mir zurückfahren. In der beschützenden Abteilung habe ich ein sehr gutes, langes Gespräch mit einer liebevollen Ärztin, die uns beide versteht. Nein, hier hätte keiner seine Angst bemerkt: »Sie kennen ihn besser.« Eine Woche später sagt sie zu mir: »Ich weiß gar nicht, was ich mit Ihrem Mann machen soll. Ich kann ihm doch nicht 800 geben, das geht nicht.« Er war noch lange danach nicht stabil. Schließlich hatten die Ärzte ihm versprochen, er dürfe nach Hause, sie würden am Mittag deshalb zu ihm kommen, hielten aber nicht Wort. Bernd war wütend und sehr erregt. Wir setzten uns ins Klinik-Café, wo ich ihm in Ruhe erklärte, was ich vermutete: Dass das eine gewollte Belastungsprobe für ihn sei, um zu sehen, ob er stabil genug sei, nach Hause entlassen zu werden. Er blieb empört, hatte aber letztlich doch Zutrauen zu meiner Erklärung, riss sich zusammen und kam heim. Er wurde mit 350mg des heutigen Mittels entlassen. Es dauerte lange, ehe er stabil war, blieb aber gut verträglich. Jetzt kommt er mit 150mg pro Tag aus plus zwei andere notwendige Tablettensorten. Darunter die Low-Dosis.

Meine Anliegen

1) ... Bei der Einweisung in die Psychiatrie wird Angehörigen und von außen diagnostizierenden Allgemein-Ärzten per Gesetz **außerordentliches Misstrauen** entgegengebracht. Das produziert zu Hause schwere Nöte, gefährdet z. B. die Berufstätigkeit der Ehepartner. Richter und Polizisten sind keine Fachleute, dürfen aber die Situation beurteilen. Ehe die Betroffen einverstanden sind, freiwillig zu gehen, kann Schlimmes abgelaufen sein.

2) ... Ärzte in psychiatrischen Kliniken sollten **weniger Patienten** haben, um die sie sich persönlich besser kümmern können.

3) ... Solche Fürsorge ließe sich auch zum Teil an Schwestern und Pfleger delegieren. Ihnen eine **Zusatzqualifikation** anbieten. Wir sollten auch über das Wahngeschehen sprechen können. »Der Wahn gehört zu mir! Muss ich mich schämen?« Nicht tabuisieren. Wahn ist oft der Realität symbolisch aber verfremdet verhaftet. Wahn hat sinnhafte Teile. Er entsprach bei mir meiner lebenslangen seelischen Grundbefindlichkeit.

4) ... Die **Zeiten** in der Klinik könnte man stark **verkürzen,** wenn man die Patienten seelisch nicht so vereinsamen ließe (trotz Menschenfülle). 6 Wochen sind nicht jedes Mal nötig, z. B. wenn nur eine Tabletten-Korrektur unter Aufsicht gewünscht wird.

5) ... **Unterweisungen der Patienten über ihre Krankheit** konnten wir vergessen. Es war keine Pflicht, teilzunehmen. (»Ach, das kennt er doch alles schon!«) Nein, mein Mann verweigerte mir gegenüber ein Verstehen von einfachen Zusammenhängen. Zwei derartige Veranstaltungen (in 7 Jahren) fanden nur jeweils 1-2mal (von 6 geplanten) statt, weil der vortragende Pfleger anderweitig gebraucht wurde. Eine kleine Mappe mit Stichworten wurde ausgehändigt. Das genügt nicht.

6) ... **Zusammenarbeit mit Angehörigen** liegt nach wie vor im Argen, sie steht oft nur auf dem Papier oder als Werbung im Internet. Man fühlt sich mit seinen Erfahrungen und Schlussfolgerungen nicht für voll genommen, wird oft igno-

rierend »abgefertigt«. Selbst wichtige Notizzettel zur Situation bei der Ankunft scheinen nicht zu interessieren. Wichtige Hinweise beim Annahmegespräch werden auf winzigem Raum eines minimalen Protokolls »verstümmelt«. Ein Gespräch für mich mit dem behandelnden Arzt war in der Regel nur einmal in 6 Wochen möglich. »Keine Zeit!« Mein Mann hat z. B. die Besonderheit, zu Beginn in ein ganz tiefes »Loch« zu fallen, aus dem er ohne drastische Neuroleptika nicht herauskommt. Ist das aber gelungen, kann langsam abgebaut werden. Das wurde zu oft nicht erkannt. Ich wusste es aber aus Erfahrung.

7) … Der jeweilige **Therapie-Plan** sollte für Betroffene und Angehörige transparent gehalten werden **a)** damit die Kranken aktiv »mitarbeiten müssen« **b)** damit die Angehörigen in Notfällen (z. B. Krise im Urlaub) wissen, wie sie mit den vorhandenen Tabletten überbrücken können bis zum Arztbesuch. Schluss mit der **Geheimnistuerei** und dem völligen Schweigegebot der zuständigen Pflegekräfte. Dadurch wird jede mögliche Selbstverantwortung, jede wichtige Absprache, jeder sachliche Informationsaustausch blockiert.

8) … Bei den täglichen **Visiten** genügt es nicht zu fragen: »Wie geht es Ihnen?« Wenn Bernd raus wollte, ging es ihm »gut«. Wenn es ihm wirklich schlecht ging, sagte er: »einigermaßen«, unfähig und unwillig, differenziert zu antworten. Z. B. dass er ohne Schlaf Alpträume hatte oder massiv unter Angst stand. Die Ärzte sollten sich schon die Mühe machen, **gezielte Fragen zu den typischen Befindlichkeiten** zu stellen. Aber das kostet mehr Zeit bei den Visiten. (siehe Punkt 2)

9) … Durch **gezielte Fragebögen**, schriftliche Behandlungsvereinbarungen, Krisenpässe und -protokolle u.a. könnten die Patienten zu mehr Selbstwahrnehmung und Selbstverantwortung angehalten werde. Anbieten von vorgefertigten Formularen entlastet die Klinik zeitlich. **Das ist auch eine Chance für die Angehörigen. Diese sind keine lästigen** »Anhängsel«, sondern BESTENFALLS VERBÜNDETE ihrer Patienten und der Fachleute vor Ort. Akut psychotisch Kranke sind zeitweise schlechte Vertreter ihrer eigenen Interessen, weil ihnen anfangs jegliches differenzierte Denken in dieser Situation abgeht. In ihrem kindlichen, unvernünftigen Zustand verfälschen sie oft die Realitäten aus Harmoniesucht. Und: Überheblichkeit ist auf allen Seiten ein Übel!

10) … Wir erlebten reichlich verbale Abneigung gegen Psychotherapie bei

Psychose. Nach meinem eigenen Suizidversuch hatte ich verzweifelt reden wollen. »Für Sie bin ich nicht da. Ich gebe Ihnen 10 Minuten.« – »Sie wissen, das ist keine Neurose mehr.« Ende. Als die erwähnte Mitpatientin in eine tiefenpsychologisch orientierte Klinik überwiesen werden wollte, hieß es: »Das ist nichts für Sie!« Als unser Freund eben dorthin wollte, lehnte der freie Psychiater auch ab: »Das bringt nichts!« Die Ehefrau »boxte« das buchstäblich durch. Es brachte ihm viel Einsicht in seine vorher von ihm noch nicht erkannte belastete Entwicklung. Ähnlich ablehnend Bernds Nervenarzt vor unserer Ehe.

11) ... Ich wünsche mir ein **THERAPIE-NETZWERK.** Es existiert vorerst nur in Anfängen. Unsere Freunde berichten von heute bereits vielfältigen Möglichkeiten, die in den letzten Jahren eingerichtet wurden und häufig sogar im Internet abgefragt werden können.

12) ... Ich wünsche mir **PSYCHOSE-SPEZIALISTEN aller zugehörigen Fachrichtungen** plus hilfreiche Berufsgruppen für die Wiedereingliederung in den Arbeitsprozess. Es gibt bereits **Selbsthilfegruppen** für Betroffene und Angehörige. Für beide sollten auch Kuren angeboten werden. **VOR ALLEM ABER WÜNSCHE ICH MIR PSYCHOLOGEN, DIE SICH AUF PSYCHOSE SPEZIALISIEREN.** Wer von den Patienten über sein Leben sprechen möchte, darf nicht mehr abgewiesen werden. Vielen fehlt Selbstwahrnehmung. Wir sollten sogar dazu angeregt werden, denn **unsere seelischen Problem-Häufungen sind größtenteils therapeutisch sehr gut bekannt und therapierbar.** Auch **Paar-** und **Familientherapie** kann verhindern, dass die Belastungen der Angehörigen (Kinder!) sich fortsetzen.

13) ... Ich wünsche mir **EINE VERÄNDERTE EINSTELLUNG ALLER ZU DEN URSACHEN UND ZU DER BEDEUTUNG INDIVIDUELLER PROZESSE, INSBESONDERE TIEFENPSYCHOLOGISCHER** (yang-kompakte Traumen oder yin-gestreute Überforderungen) **BEI PSYCHOSE / BORDERLINE.**

14) ... Ich wünsche mir vorbeugend einen liebevollen, verantwortlichen Umgang innerhalb aller **Familien,** bei dem es genügend sinnvolle Zuwendung und Zeit füreinander geben muss, aber auch Orientierung und Regeln, eben echte Liebe. (Wir erleben heute das andere Extrem zu früher, von Ideologen propagiert.)

15) ... Ich danke hier besonders den Ärzten und Ärztinnen, den Schwestern und Pflegern und allen anderen Engagierten, die mit Fachkunde, Entgegenkommen und Empathie- trotz Überlastung – dazu beitragen, dass vieles gut ausgeht.

Dritte gemeinsame Ehephase von 9 Jahren – Stabilisierung und Normalität (2008–2017)

Abnehmende Aggressionen

Bernd hat sehr starke, gute Seiten. Doch wie wird man mit dem Gegenstück fertig? Nach dem letzten aufregenden Klinikaufenthalt blieb Bernd mindestens ½ Jahr ohne jegliche Aggressionsbereitschaft: ruhig, ausgeglichen, angenehm. Ich erholte mich endlich und begann das 1. Konzept dieses Buches. Er las jede Menge Evangeliums-Bücher, die er vorher gesammelt hatte, ohne sich auf mehr als 5 Seiten konzentrieren zu können. Jetzt konzentrierte er sich wunderbar. Vermutlich hatte die massive Angst, die sich für gewisse Zeit in der Klinik Bahn gebrochen hatte, das Aggressionspotenzial gemindert.[63] Seitdem gibt es keine (in meiner Tabelle aufgeführten) depressiven Anwandlungen mehr. Ein intakter Tag- und Nachtrhythmus hat sich eingestellt und aktive Tagesgestaltung. (Im Unterschied zu ihm schlafe ich nachts selten durch – jetzt aber ohne Hilfsmittel – und bin dementsprechend am Tag auf Ruhezeiten angewiesen.) Aber sein **hektischer Jähzorn** begann wieder zu »blühen«. So wie bei mir etwa 3mal in 2 Wochen depressive Schübe zu verzeichnen gewesen waren, hatte er in vergleichbarer Menge seine aggressiven Wellen in sehr unterschiedlichen Ausprägungen. Auch solche Häufung war letzten Endes ein Übergang zu weniger Krisen. Das Aggressive zu beschreiben oder ins Detail zu gehen, ist unerfreulich für alle, wirft aber ein Licht

---

63 Er **dreht** die Sache **um**, indem er bis heute felsenfest behauptet, dass die positiven Folgen die Ursache für seine Stabilisierung gewesen seien./In der Klinik zu viel Angst zuzulassen, ist bitte nicht als Therapie-Konzept aufzufassen. Der Preis und das Risiko für die Betroffenen ist eventuell zu hoch. In Maßen mag das bewusst eingesetzt werden können. Je nach Vorbelastung.

auf die Übertragungs-Zusammenhänge. Deshalb bemühe ich mich, nur das dafür Notwendige zu skizzieren. Es soll ja auch die **Schaukel-Charakteristik** an seinem Beispiel deutlich werden. **Bis heute spaltet Bernd das Wesentliche seiner negativen Seiten ab, vermutlich, weil es sich nicht mit seinem positiven Selbstentwurf verträgt, den er von sich hat und zu verstärken bemüht ist. Ich konfrontiere ihn seit Jahren mit dem, was ich nicht mehr aushalten möchte, einfach deshalb, weil es mir zu sehr zu Herzen geht und an meine Substanz.** Wenn ich ihn so »ertappte« bei einem reichlich aggressiven Ausrutscher in Ton und Inhalt, dann passierte es, dass er konterte: »Das war das erste Mal!« – » Nein, das machst Du mit mir gewohnheitsmäßig seit mehr als 20 Jahren.« Umgekehrt, wenn ich ihn gewohnheitsmäßig für alles lobe, was ich gut finde, dann reitet er auf diesem Lob herum: »Das hast Du das erste Mal gemacht, mich zu loben, in 20 Jahren!« Auch ich verdränge und verzeihe wie die meisten depressiv gepolten Frauen. Ergänzt durch seine Abspaltungen heißt das, wir tragen beide nicht nach.

Aber das Verhalten mehrerer aggressiv gepolter Männer hatte mich in die Psychose getrieben, weil ich mich dagegen nicht wehren konnte. Und da bringt mich keiner mehr hin. Bernd: »Und ich muss jetzt darunter leiden.« Auf einen groben Klotz gehört ein grober Keil? Ein Schulungsprozess für uns beide, und nicht ohne Komik, wenn man genau hinsieht. Ich lernte, gerade das, was ich selbst von ihm verdrängen wollte, aufmerksam zu beobachten und dagegenzuhalten. Mit sachlichem Inhalt, aber im Tonfall ungehaltener werdend. Wenn er kein Ende findet und immer überheblicher wird, reagiere auch ich empört, aggressiv und nicht mehr sachlich. Ich lasse meine absolute Grenze nicht mehr »ungestraft« überschreiten. Wegen der nun jahrelangen Wiederholungen etlicher Muster im Ablauf, bin ich heute fähig, Grundstrukturen zu benennen.

Verdrehungen der gemeinsam erlebten Realität und Rede zeigten sich. Das führt in die **Paradoxie.** Er wiederholte ständig seine anfängliche, einseitige Version eines Problems (bis zu 10 mal gezählt), egal, wie aufmerksam ich mich bemühte, die Sache zu klären. Es gab keinen Fortschritt im Verstehen, also war kein Austausch möglich. Wenn bei ihm sehr schnell der Affekt herrscht, steigert er sich in tausend »Ausflüge« auf sonst etwas hinein und endet als Gipfelpunkt in der Behauptung: »Und das ist Wahrheit!« Davon ist er dann so weit entfernt, wie der Nordpol vom Südpol. Wenn ich versuche, ihm solche Abläufe deutlich zu machen, »dreht er den Spieß um« und wirft mir bei nächster Gelegenheit vor, dass ich angeblich genau das mache, was ich ihm als seine Unart beschrieben hatte. Nach räumlicher Trennung für einige Zeit und Glättung der Wogen, fordert er mir ab: »Du sollst nicht schreien!« Völlig undifferenziert in der Wahrnehmung des Gesamtablaufs. So wie er, habe ich noch nicht gebrüllt. Widerspruch als Selbstzweck. Er hört erst auf, wenn »der Dampf raus ist«. **Genau genommen, eine reine AFFEKT-ENT-LASTUNG mit dem Ziel, »oben auf zu sitzen« und Rechthaberei zu betreiben.** Zwanghaft Sieger und Verlierer produzieren. Er leugnet alles, was seine negativen Seiten betrifft, die ich zeitweilig kaum aushalten kann in der Fülle. Selbstgerechtigkeit und Selbstherrlichkeit sind klar zu erkennen, während ich in Not abwehre und zu analysieren versuche, auch wenn es leider wenig zu bringen scheint. Sicher ist er in der Reflexion überfordert, setzt aber Überheblichkeit und Triumphgebaren ausdauernd fort. Auf Dauer machte mich das alles sehr reizbar, Überdruss setzte oft ein, wird weniger, eher Verzagtheit bis hin zur Verzweiflung.

Hinzu kommt bei ihm eine unnormale **Vergesslichkeit** und **Schusseligkeit.** Fehler zuzugeben sollte nicht als Schwäche, sondern als Tugend aufgefasst werden. Ich bemühe mich zumindest, dies zu tun. Bei seinem **fehlenden Unrechtsbewusstsein** aber ist es ihm außerordentlich unangenehm, das auch zu tun. So umgeht er es. Passend zu allem fällt eine **stark gestörte Selbstwahrnehmung auf, die verbunden ist mit einer gestörten Fremdwahrnehmung.** Das ist ein Wust an Eindrücken. Ich bin seine bequem zu erreichende Zielscheibe, seine Sparringspartnerin, sein Prellbock, sein Opfer auch zeitweise. Wie er es als Kind war. Er hat was davon, ich nicht. Er sollte sich einen Punchingball in den Keller hängen, tut er nicht. **Er missachtet meine Grenzen, wie sein Vater seine als Kind ignorierte.** Achtung und Respekt sind auch in der Ehe und Familie unverzichtbar! Wenn er die absolute Grenze bei mir verletzt und ich ein Ende verlange, hört er nicht auf. (Ich sehe dann seinen unentwegt zuschlagenden Vater vor mir. Prügel kann man auch mit Worten verteilen.) Dann hilft nur noch: »Pack deinen Koffer und geh!« als Androhung. Nur so kriegt er sich dann wieder ein. Am nächsten Tag schaltet er dann um auf seine **Mutter,** verwöhnt mich, macht mir rührende Liebeserklärungen und Komplimente, ist herzlich, »reißt sich ein Bein aus« vor lauter Fleiß im Haushalt und hält das längere Zeit durch. **Er verstärkt also nach dem großen Minus seine Plus-Seiten, anstatt in die mittlere Verständigungsebene zu gelangen.** Wenn ich die hartnäckig anstrebe, veralbert er das[64] oder geht weg. Meine Angebote von Zwischenlösungen ignoriert er, z. B. welche Ventile für seine Affekte er sich als Kompensation denken könnte, z. B. in strammem Marsch 2mal um den Häuserblock gehen. Das kommt nicht an, er denkt nicht mit, es interessiert ihn überhaupt nicht. Statt dessen vertieft er sich dann in einen dicken Eheleitfaden unserer Kirche, zum 4. Mal. Wenn ich ihn dann auffordere, auf mich, seine Ehefrau zu hören, wie ich mich mit ihm glücklich fühlen würde, meint er aufschauend: »Das stimmt auch.« Handelt aber nicht danach, auch wenn vergleichbare Gedankengänge im Leitfaden ebenso stehen.

Fehler haben wir alle, das werfe ich niemandem vor. Es kommt darauf an, wie wir damit umgehen. Ich wäre schon zufrieden, wenn er nach einem Ausbruch von sich aus »Brücken« bauen würde. All das und die notwendigen Reflexionen über uns und sich überlässt er mir. Was er in seinem Sinn hat, davon meint er wohl, das sei klar, das müsse er nicht mitteilen. Ich versuche, Bewegung in die Verkrustungen zu bringen, rüttele und säge an seinen Festungsanlagen. Manchmal bröselt etwas ab. Sagte er kürzlich zu mir: »Ich sehe, Du knackst mich. Doch, doch. Du kannst das schaffen.« Manchmal albern wir herum. Er: » Ich kann Dich nicht knacken.« – »Warum nicht?« – »Weil Du zu knackig bist.« – »Danke für das Kompliment.« Anschließend besorgte er mir eine süße kleine Frühlings-Primel. Es gibt also Erholungsphasen, ehe die gewohnten Spannungen wieder neu auftauchen. Dann wieder verblüfft er mich mit Charme und liebevoll einsichtigem Entgegenkommen. Letzteres seltener: »Das ist mein wahres Ich. Gefällt es Dir?« – »Ja, sehr.« Dann wieder Euphorie-Anwandlungen mit aggressivem Palaver wegen Winzigkeiten.

Soll man das alles ernst nehmen? Nach etwas Abstand siegt dann wieder unser Sinn für Komik. Humor versöhnt eben doch. »Nicht verzagen, Friedel fragen!« »Mach aus Deinen Maschinengewehr-Salven bitte etwas mehr streuende Schrotkugeln!« Ich fordere ihn auf, etwas zu tun: »Aber auch

---

64 Ich lebte meine Kindlichkeit in der Phantasie aus. Bernd lebt sie real aus.

wirklich.« – Er: »Ich bin Dir hörig.« – »Solange Du der Vernunft gehorchst, ist alles in Ordnung.« Wenig später fordert er mich zu etwas auf. Ich: »Ich bin Dir hörig.« – »Du bist mein Lakai.« – »Ich werde Dir gehörig Bescheid sagen.« Gemeinsames Lachen befreit. Oder er erzählte einen Alptraum, in dem er seine halbe Familie ausgetrickst hatte und am Ende ärztliche Unterstützung erhielt, gesund zu sein. Triumph für seine geschundene Seele. Wenn ich solche Traum-Logik Klasse finde, atmet er erleichtert auf und freut sich auch. Ich bemühe mich sehr, ihn die Folgen seines Handelns selbst tragen zu lassen. Das ist auch etwas komisch in seinem Alter. Trotz allen Bemühens gab es auf beiden Seiten Ausraster, die ich nur erwähne, weil es sie gab. Ich reagierte auch selten so: »Ich lasse mich scheiden. Es reicht!« – »Soso. Das kommt nicht in Frage.«

In ausweglosen Situationen halfen uns die besten Freunde. **Priestertums-Segen** waren heilsam für unsere seelischen Wunden. In einem wurde gesagt: »**Bernd wird seinen eigenen Weg zur Heilung finden.**« Das brannte sich mir ein. Er liest und sieht täglich Evangeliums-Botschaften unserer Kirche auf DVDs oder im Internet, stundenlang. Wir lesen beide regelmäßig gemeinsam in den Heiligen Schriften. Wir arbeiten aktiv in der Gemeinde mit. Ahnenforschung interessiert uns auch. Er hilft zu Hause regelmäßig. Mit all dem wird er sicherer in seinem Selbstwertgefühl. Er schult sein gestörtes Denken, lehnt jedoch alles ab, was er nicht übersehen kann. Wenn ich ihm etwas mitteile, von dem ich weiß, es stimmt, will er erst jemand anderen fragen, ob es wirklich stimmt. Also fehlt es ihm an Vertrauen. Dass sich seine Denkblockade lockert, merkt man vor allem daran, dass er zu Hause seit längerer Zeit viel und gerne redet. Leider oft im Affekt. Auch Spitzfindigkeiten im Alltag eignen sich hervorragend für endlose Wort-Debatten.

Ich habe leider immer noch zu wenig Verständnis für seine besondere Art der Nachreifung, die mir etwas fremd ist. Ich fühle mich oft unzulänglich und zu ungeduldig. Geduld als Forderung hat etwas Unendliches an sich! Trotz allem: Hat das etwas mit Liebe zu tun? Ich denke, ja. Alles, was von großem Wert ist, erfordert große Opfer. »Alles vermag ich durch IHN, der mir Kraft gibt.«[65]

---

65 Bibel: Philipper 14:13 / Jesaja 40:29 und 31 / 2. Korinther 4:17

Übertragung und Paradoxie

Ich wies im vorhergehenden Abschnitt nicht jedes Mal darauf hin, wie die beschriebenen Abläufe Bernds ursprüngliches Erleben in der Familie spiegelten. Ich hoffe trotzdem, dass es gut erkennbar war. Mit etwas Übung wird das offensichtlich. Hier möchte ich noch einmal deutlicher werden.

Ich erinnere an die einzige Begründung seines Vaters für die Prügeleien, die Bernd behalten hat, nämlich zu spät vom Fußball nach Hause gekommen zu sein mit etwa 5–7 Jahren. Da wären sachlich-belehrende Absprachen notwendig gewesen, wie es dem kleinen Jungen möglich geworden wäre, die Uhrzeit zu erfahren, zu der er heimzukommen hätte. Ein bisschen Phantasie und Einfühlung bitte, liebe Eltern!

Prügel sind keine Argumente, sondern ein Versagen. Dadurch muss eine tiefe Angst in Bernd sich manifestiert haben. So tief, dass er heute noch ungerechtfertigt »hochgeht«, wenn ich mit ihm Absprachen treffen möchte wegen häuslicher Verhaltensweisen und Ordnungen. Das kennt er weder von Vater noch von Mutter. Da wird die traumatische Angst wach, unmäßig bestraft worden zu sein., Und das lässt er sich heute nicht mehr gefallen. Mit Recht. Aber die heutige Situation ist harmlos – wie auch genau genommen die ursprüngliche Situation harmlos hätte bleiben können. **Speziell Bernds auffälligste Übertragungen von Vater und Mutter her waren und sind häufig festzustellen. Sie weisen ZWANGHAFTIGKEIT auf, denn er kann sie offenbar nicht wirklich ändern. Die Vehemenz, mit der er sich dagegen wehrt, von den Zwängen freizukommen, ist wie eine Betonfestung an Sturheit in ihm.**

Vier Beispiele

1) ... Vor kurzem ergab es sich im Abstand von einigen Tagen, dass ich ihn insgesamt zweimal aufmerksam machte auf eine allgemein übliche Regelung in zwei Handlungsweisen. **Er beharrte auf seiner Version,** während ich ihm die offizielle gut begründete. Das regte ihn so auf, dass er in einer Wortkanonade plötzlich meine Meinung als seine ausgab und seine paradox als meine, **nur um Recht zu behalten. Er:** »Und das ist Wahrheit!«Das kam bei mir so vehement an, dass ich wegen solcher Unwahrheit auch kurz die Fassung ver-

lor und richtigzustellen versuchte. Der Fortschritt seinerseits bestand darin, dass er nicht mehr endlos weitermachte, sondern rausging ins Bad und dort ausgiebig betete, bis er sich wieder gefangen hatte. **UNSACHLICH ZIEHT ER ETWAS AUF DIE BEZIEHUNGSEBENE, WO ES NICHT HINGE-HÖRT. Ich bin keine Psychotherapeutin und möchte auch keine sein. Ich möchte lediglich eine gute Ehe führen, in der die Ausrutscher erträglich bleiben. Jeder hat seine charakterbedingten und verhaltensmäßigen Eigenheiten, die es zu tolerieren gilt, das finde ich selbstverständlich.** Aber wenn das vertretbare Maß überschritten wird und das gewohnheitsmäßig, dann muss etwas geändert werden. Das sind Grenzüberschreitungen! Und wenn solcher Fortschritt vom Gefühl her blockiert ist, muss dann nicht in verstärktem Maße der Kopf eingeschaltet werden? Also warte ich mindestens einen Tag, um dann in völliger Ruhe zu wiederholen, was genau abgelaufen war, vor allem die Verdrehungen darin. Ergebnis zunächst ein Gemurmel wie: »Kannst Du nicht mal vergessen?«(Mutter: »Vergiss es!« statt etwas nachträglich zu klären mit ihm.) Meine Antwort darauf: »Ja gern und sofort. Aber Du wiederholst dasselbe immer wieder, wenn Du nicht selbst »anguckst«, was Du wirklich tust. Und das seit über 20 Jahren.« Seine neueste Reaktion: Er veralbert meinen Klärungsversuch fröhlich, so dass ich den Eindruck gewinne, er verhindert damit das wirkliche Aufnehmen und Nachdenken über solche Wiederholungen. Meine Methode beruht auf Versuch und Irrtum. Dann seufze ich halbzufrieden und hoffe, wir schaffen es noch in diesem Leben, insgesamt in der mittleren Ebene zu bleiben. Ich möchte schließlich auch Fortschritte machen können, was schwierig ist, wenn die Affekte zu drastisch regieren. Ich kann ihm aber vorher überhaupt nicht ansehen, wann er affektiv reagieren wird, so trifft es mich urplötzlich und unvorbereitet.

2) ... **Seine Haupt-Unart ist die spontane Zuweisung von eigenem Fehlverhalten oder gar »Schuld« an mich.** Sogar, als ich ganz ruhig-friedlich war, er aber in Anspannung, sagte er zu mir: »Wenn Du Dich aufregst, geh ich raus!« Oder unangenehmer, wenn ich ihn auf einen Fehler aufmerksam machen möchte, den er bitte nicht wiederholen sollte. Er, zu Unrecht: »Das machst Du auch!« Oder er weicht mit seiner Anschuldigung auf etwas völlig anderes aus, das ich angeblich falsch gemacht hätte. Das funktioniert bei ihm ohne Nachdenken, automatisch. Nachdem ich das hinlänglich beobachtet

hatte, fragte ich ihn vor vielen Jahren: »Hast Du mal irgendetwas erlebt, z. B. mit Deinem Vater, bei dem er im Unrecht war, er aber Dir die Schuld gab?« Ohne nachzudenken, erzählte er es: »Ja, beim Kartenspiel in der Familie. Er mogelte, indem er beim Kartenmischen jedes Mal bestimmte Karten nach unten sortierte und beim Austeilen sich selbst gab. Er hatte ständig die Buben und gewann.« Als Bernd (etwa 12 Jahre alt) sicher war, sagte er: »Papa, Du mogelst.« » Da sprang er auf und brüllte mich an, dass ich Angst hatte, er verprügelt mich wieder.« Wenn ich Bernd bei passender Gelegenheit erkläre, dass er dasselbe (Spieß umdrehen) permanent mit mir tut, schweigt er ungerührt, ändert nichts. Er handelt weiter so, wie auf Knopfdruck.

3) … Er will mich unbewusst in die Rolle seiner Mutter drücken, die ihn ausschließlich bejahte und verwöhnte. Er ahmt oft selbst seine Mutter nach. Das möchte er auch von mir so, denn alles, was ich an ihm (anders als sie) kritisch sehe, bemängelt er heftig, dass ich es sage. Aber sonst würde sich doch alles wiederholen! Weil ich seiner Mutter Mit-Verantwortung dafür gebe, wie ungeschickt und gedankenlos sich Bernd im Praktischen anstellt, denke ich gar nicht daran, mich zu verbiegen. »Ich bin kein Heimchen am Herd, obwohl ich gern Hausfrau bin. Und Du bist nicht mein Abgott!« Ich kann es nicht gut finden, wenn ich ausschließlich durch die Vergesslichkeit meines Mannes über das vertretbare Maß hinaus mit Nachräumen beschäftigt werde. Ehefrauen und Mütter haben auch die Pflicht und das Recht, sich von ihrer Familie selbstverständlich unterstützen zu lassen. Auch ohne Berufstätigkeit. Ein Recht auf Freiräume. Er kriegt also Contra in manchem, vor allem, wenn er sich nichts merkt, sich nichts sagen lässt und deshalb auch noch zu Unrecht aufbraust. Dann legt er los wie sein Vater, ich u. U. auch (wie meine Mutter sich letztlich wehren würde). »Du bist der verwöhnte Fratz Deiner Mutter. Ich möchte einen Partner, einen Mitarbeiter!« – »Und Du bist wie mein Vater und Dein Vater zusammen!« Ein häuslicher Schein-Kampf, wie ihn viele Männer zu lieben scheinen. Ins »Tor« schießen. (Ich kenne etliche, auf diese Weise leidgeprüfte Ehefrauen). Zwar führe ich solche Eheprobleme nicht auf die Psychose-Krankheit zurück, aber ohne die rettenden Tabletten wäre das alles wieder maßlos überspitzt und krankhaft extrem. In der heutigen stabilisierten Verfassung meines Mannes liegen die Konflikte »fast« im Normalbereich vieler sehr, sehr ähnlich belasteter Ehen.

Mit dem Dickschädel seines Vaters ignoriert er die Nachahmung desselben durch sich selbst. Die Angst vor Vater hat sich offenbar früh in Aggressionsbereitschaft umgewandelt (Pendel zur Umpolung). Er merkt gar nicht, wie er an seinem Kindheitsmuster klebt. Einmal geschah es, dass er meine Argumente einsah, er meinte dazu: »Wenn ich nichts wert bin, was soll ich dann noch auf dieser Welt?« Total überzogen. Meine Reaktion nach einigem besorgten Nachdenken: »Ist es so viel einfacher, mit dem Leben Schluss zu machen, als sich ein paar Kleinigkeiten zu merken und sie zu ändern? Was hindert Dich an dem Willen zur Zusammenarbeit?« Das sah er dann ein und äußerte so etwas kaum noch. Was lief hier ab? »Alles oder nichts«. Ein Schaukel-Charakter! Entweder Selbstgerechtigkeit, oder wenn das widerlegt wird, Lebensüberdruss. »Schwarz-Weiß«. Das Leben ist bunt und zeigt viele Mischfarben. Gott sei Dank! Ganz viel Humor rettet uns häufig im Nachhinein.

Zum Glück sind wir oft auch fröhlichen Herzens. Aber zunächst sind wir genauso »bierernst« wie unsere Väter im Konfliktfall.

Leider vergisst er auch gute Aussprachen oft sehr schnell.

D.h. für mich zusammengefasst, er führt sogar in eigentlich harmlosen Alltagssituationen einen späten Kampf gegen den oft ungerecht herrschenden Vater, stellvertretend ungerecht gegen mich. Das beruht auf frühen Prägungen und Nachahmung. Indem er Vaters Vehemenz (oft »originell«, d. h. seinem ureigensten Charakter entsprechend, abändert) wie einen Machtrausch an mir auslebt und als Gipfel dabei mich mit seinem Vater gleichsetzt, obwohl er es letztlich selbst ist. Nett paradox! Übertrage ich in ähnlicher Weise? Ich meine, nicht wirklich. Denn mein Orientierungs-Vorbild, meine Mutter, dachte und argumentierte nicht analytisch. Sie nahm vieles hin, wie ich früher auch. Aber ich explodiere im Endeffekt, wie auch sie es tat. Ich kriege mich recht schnell ein, kann augenblicklich umschalten. Bernd pocht gern auf seine Entscheidungsfreiheit, die er ohne Zweifel hat, aber er übersieht dabei meine, die ich ebenso beanspruchen darf. Wenn er meinen guten Rat befolgen sollte, meinte er »zu Kreuze kriechen zu sollen«, völlig unrealistisch.

Dominanz von meiner Seite könnte z. B. so funktionieren, dass ich meinen Mann in seiner tatsächlichen Unbeholfenheit belasse. Indem ich alles tun würde, ohne von ihm etwas zu erwarten (wie seine Mutter, die ihm dienstbar war!) Es würde ihn in seiner extremen Abhängigkeit festfahren. Das will ich auf keinen Fall.

4) ... Zur Erheiterung noch eine weit verbreitete **Unart**. Die meisten Leute reden gern mal dazwischen, wenn das Thema sie bewegt. Ich auch manchmal. Ich versuche, mich von allein zu zügeln. Und ich bin sofort still, wenn jemand mich deshalb anspricht. Meine Beobachtung: Aggressiv gepolte Leute lieben es, einen anzuherrschen:

»Lass mich ausreden!« Tatsächlich aber ist es schwierig, in ihre Endlos-Rede bei Schein-Ende ihrerseits auch nur einen kurzen Gedanken einzuschieben, ohne dass sie einem dazwischenfahren. Bernd fährt mir oft dazwischen, so dass ich Mühe habe, meinen »roten Faden« beizubehalten und ganz konfus werde. Speziell bei eigentlich kurzen Mitteilungen, die er dadurch in die Länge zieht. Weniger Absicht als unangenehme Gewohnheit. Auch das eignet sich für Verdrehung und Paradoxie.

Zusammenfassung

Mein **Grundmotiv** in allem, was ich mit meinem Mann und für ihn tu, ist, ihm zur Seite zu stehen. Ich möchte, dass er sich zu einem souveränen, aber auch bescheidenen Mann mausern kann. Mit gesundem Selbstwertgefühl. Dabei wäre ich im Konfliktfall gern geduldiger, gelassener und sanftmütiger. Ich fühle mich in meinen Mitteln unzulänglich und oft genug überfordert und ohnmächtig, erschöpft. Auf manches reagiere auch ich »allergisch« aufgrund meiner eigenen Vor-Belastungen. Er benötigt mehr Vertrauen zu sich selbst und zu mir. Vieles beruht auf Übertragungen aus der Kindheit. Ich bin ihm in manchem sehr dankbar. Ich ahne, welche Fülle von Talenten in ihm schlummert. Sein Potenzial sozusagen. Doch wir scheinen nicht auf der Erde zu sein, um unser volles Potenzial entdecken und entfalten zu können. Die Herausforderungen eines Menschenlebens sind so vielgestaltig und oft so überaus hart, dass es unserem Vater im Himmel offenbar auf anderes ankommt, das wir erfahren und lernen sollen. Bernd nahm immer wieder Anläufe, einen sinnvollen Alltag zu leben. Das schaffte er. Auch kümmert er sich eifrig um seine Familie, speziell seine Kinder und Enkel sowie um seine Geschwister, auch um Kirchenmitglieder. Er ist recht zuverlässig und fleißig geworden. Seine Dickfälligkeit hat als positive Ausprägung die Standhaftigkeit im Guten. Schultern, an die ich mich auch anlehnen kann. Vor kurzem saß er morgens an meinem Bett und erfreute mich mit seinem Gesang einiger Kirchenlieder, von denen er an die 30 auswendig kann. Er ist oft so überwältigend liebenswürdig zu mir, dass ich es mir nicht besser wünschen könnte. Was die verbliebenen Konflikte angeht, wäre ich schon zufrieden, wenn er hinterher mit »Betroffenheit« reagieren würde. »Es tut mir leid« sagen und sich fragen würde: »Was mache ich, Bernd, da eigentlich?« **Selbstwahrnehmung üben.** Das gelingt ihm schon ab und zu. Wir haben bessere Aussprachen als früher, wenn er jetzt öfter zur Klärung beiträgt. Er verstärkt das Liebevolle zu mir und ich zu ihm. Er wird Partner. Rückfälle und Spannungen inbegriffen, denn die Affektstärke lässt ihn noch nicht ganz aus ihren »Klauen«. Sie äußert sich jetzt etwas weniger yang-kompakt, dafür mehr yin-ausgedehnt. Inhaltlich in der Regel durch seltsame Vorwürfe, die so nicht zutreffen. Neuerdings vermehrt durch entweder aggressiv getönte oder fröhliche Albernheiten. Es tut sich einiges.

Bernd kann meinen analytischen Weg nicht gehen. Das musste ich einsehen. Er würde Ähnliches bei seiner Vorgeschichte im Gefühl nicht aushalten und im Denken nicht bewältigen. Kürzlich wandelte er seinen Jähzorn zunächst in nur euphorische Abreaktion, fand beides selbst nicht gut. Danach lieferte er mir halbe Tage ellenlange Diskussionen unlogischer Art, natürlich mit Rechthaberei. Und das eine ganze Woche lang jeden 2. Tag. Ich bekam eine maßlose Angst, er würde dement werden können, malte mir aus, wie das werden könnte und weinte für mich allein sehr. Danach hatte er wieder seine »normalen logischen Aussetzer« wie gewohnt, nicht durchgehend.

Als Effekt dieser Entspannung von noch größerer Sorge BEMÜHE ich mich, ihn so zu nehmen, wie er heute ist. Ich empfinde seitdem etwas mehr Geduld mit ihm. Trotz verstärkter Friedlichkeit staut sich immer wieder etwas an in ihm, was sich dann offenbar hektisch-affektiv entladen muss. Leider ohne Frühwarnzeichen. Tendenz abnehmend. Aber wehe, mir passiert etwas Vergleichbares! **Immerhin reden wir offen und direkt miteinander, das ist unbedingt ein Vorteil.** Die Zusammenstöße laufen bei uns beiden immer noch ähnlich ab, sind jedoch beträchtlich weniger und kürzer geworden. Das Respektieren der gegenseitigen Grenzen bleibt im Affekt ein Problem, weil ich mich weigere, die Opferrolle anzunehmen. **In letzter Zeit reagierte er nach einem »Ausfall« von sich aus mit ruhiger Einsicht und Entgegenkommen. Ich kann es noch gar nicht fassen. Er reguliert sich immer besser. »Eine Schwalbe macht noch keinen Sommer.« Aber immerhin, das Unmögliche ist möglich geworden. Das bedeutet, er BEGINNT, seine Abspaltung des eigenen Negativ-Verhaltens zu überwinden. Er stellt sich endlich ansatzweise den eigenen Problemen in sich selbst:** »Ich weiß auch nicht, wer mich da reitet. Wenn ich das wüsste, könnte ich es ja abstellen. Aber das klappt noch nicht so.« Ich atme auf und verstärke jeden guten Ansatz bewusst. Es wird endlich möglich, einen Konflikt hinterher sachlich-ruhig anzugehen, nicht immer. Neulich platzte mir schon morgens der Kragen, weil ich seiner zahlreichen, aktuellen Nachlässigkeiten überdrüssig war. Völlig überraschend reagierte er lustig und liebevoll und nahm mich in den Arm. Ich benötigte etwas länger, um die Wandlung zu begreifen. Am Abend entdeckte ich neben ihm auf unserem Tisch einen Zettel, auf dem stand untereinander »Ruhe bewahren – Liebe – Ruhe bewahren – in Gedanken singen«. Er griente mich an. Das war sein »Programm« mit mir, wenn ich mal explodiere. Auch die Einsicht: »Ich kann das noch nicht.« beruhigte meine Tiefenseele. Wie lange? Wir werden beide im Untergrund ruhiger. Das zählt.

»Nimm ein Problem, das zu lösen ist, nie wichtiger als einen Menschen, der zu lieben ist!« Dies gilt – je nach Sichtweise – für alle..[66]

Obwohl ich »auf der Richterskala« meiner traumatischen Lebens-Belastungen niedrigere Werte als er an seelischen »Erdbeben« erlebte, war die Gesamtzahl meiner allertiefsten Verzweiflungspunkte sogar im Zuge der Gesundung haarsträubend. Übriggeblieben bei mir sind allgemeine Ängstlichkeit (yin) und seltener nächtliche Angstmomente (yang), aus denen Zwiesprache mit meinem himmlischen Vater mich herausführen. (Bernd erlebt ebenfalls diesen verlässlichen Halt.) Der Herr lenkt mich dann ab auf nüchterne Überlegungen und zeigt mir schon am nächsten Tag in meiner Umgebung überraschend manches, was mein Herz anrührt und erfreut. Bernd hat die

---

66 Thomas S. Monson

Umpolung seiner zu massiven Kindheitsangst in die ihn »rettende Aggression« lange durch aktiven Sport abreagiert, und so gemildert – und hat eben dieses jetzt auch für ihn offene Konfliktpotenzial. **WIR SIND AUF DEM WEGE. JETZT MEHR AUF SEINEM. Dazu benötigen wir noch viel Stehvermögen und Phantasie. Wir schauen gemeinsam nach vorn.**

Für Psychotherapie gab es keine Termine für ihn, jahrelange Wartezeiten. Er will auch nicht. Er: »Ich dachte, Du willst da hin.« Was soll es also? Auch er ist inzwischen 70 Jahre alt geworden. So ist der Stand der Dinge heute. Wir bemühen uns gemeinsam um ein rechtschaffenes, liebevolles Leben und haben Freude daran.

Ich greife jetzt einmal etwas vor auf den Teil III dieses Buches, der noch folgt: Ich war mein Leben lang in der depressiv betonten »**Normal-Zone**« beheimatet, geriet in Hibbelsburg in die affektiv dominierte »**Paradoxie-Zone**« und bin heute wieder solide im Normal-Bereich verankert. An besonders ausgeglichenen Tagen erreiche ich auch die erfreuliche »**Optimal-Zone**«. Mein Mann war meines Erachtens ein früh verfestigter, aggressiv betonter **Schaukel-Charakter**, also gewohnheitsmäßig in der »Paradoxie-Zone« angesiedelt. Heute baut er seine »Normal-Zone« aus. Er gerät besonders im Affekt über die Grenze zur »Paradoxie-Zone« hinweg, noch relativ schnell. Diese Tendenz nimmt ab, parallel dazu wächst seine Fähigkeit, mir entgegenzukommen. Das ist eine wunderbare Entwicklung für uns.

Und wie steht es mit dem Segen, der ihm »Heilung auf seine eigene Weise« verhieß? Wir denken über dieses Erdenleben hinaus. Das Schönste kommt ja noch. Gott ist gerecht und barmherzig. Er hat uns die Ewigkeit ins Herz gegeben. Ganz zu Beginn meiner Krankheit, vor etwa 30 Jahren, halfen die Neuroleptika mir nicht nur, wieder normal zu denken, sie beseitigten auch das psychotische Phänomen, innerlich Stimmen zu hören, endgültig. Das war also weg. Irgendwann später hörte ich plötzlich eine klare und präzise innere Stimme: »**Du kannst ohne Evangelium nicht gesund werden.**«

Daran hielt ich mich und fand wie Bernd auch, Orientierung und tägliche Hilfe in der Lehre Jesu Christi, in der Kraft seines Opfers, das er aus Liebe zu uns allen freiwillig brachte. Und in den Verheißungen, die daraus folgen, nämlich Unsterblichkeit und Ewiges Leben. Er ist unser Fels und unser Anker. Er trägt uns jeden Tag. Wir leben damit zufrieden und glücklich.

Unser gemeinsames Bekenntnis:

Bei Gott sind
alle Menschen gleich
ER sieht nicht auf
die Person

Niemand geht seinen
Weg allein
Kommt zu Christus!

Was half uns am meisten?
- Das Evangelium – die Führung Gottes
- Eine lebendige Kirche
- Studium der Heiligen Schriften
- Familie, Freunde und gute Mitmenschen
- Sinnvolles Arbeiten im Alltag
- Verstehende Therapie

Gott ist unser liebender himmlischer Vater
ER kennt jeden persönlich
ER ist nur ein Gebet weit entfernt

DER HIMMEL IST NÄHER, ALS DU DENKST

Teil III

Was ich an Selbsterkenntnis und Menschenkenntnis gelernt habe (Paradoxie-Modell)

Die folgende Typologie, basierend auf depressiver bzw. aggressiver Polarisierung, ergibt sich empirisch aus den vorhergehenden Kapiteln.

Die latente Paradoxie in allem wird deutlich.

Dieser Modell-Entwurf ermöglicht Übersicht im Wirrwarr der realen Erscheinungsformen.

Bessere Beurteilungen werden möglich für Fachleute und in unserem Alltag.

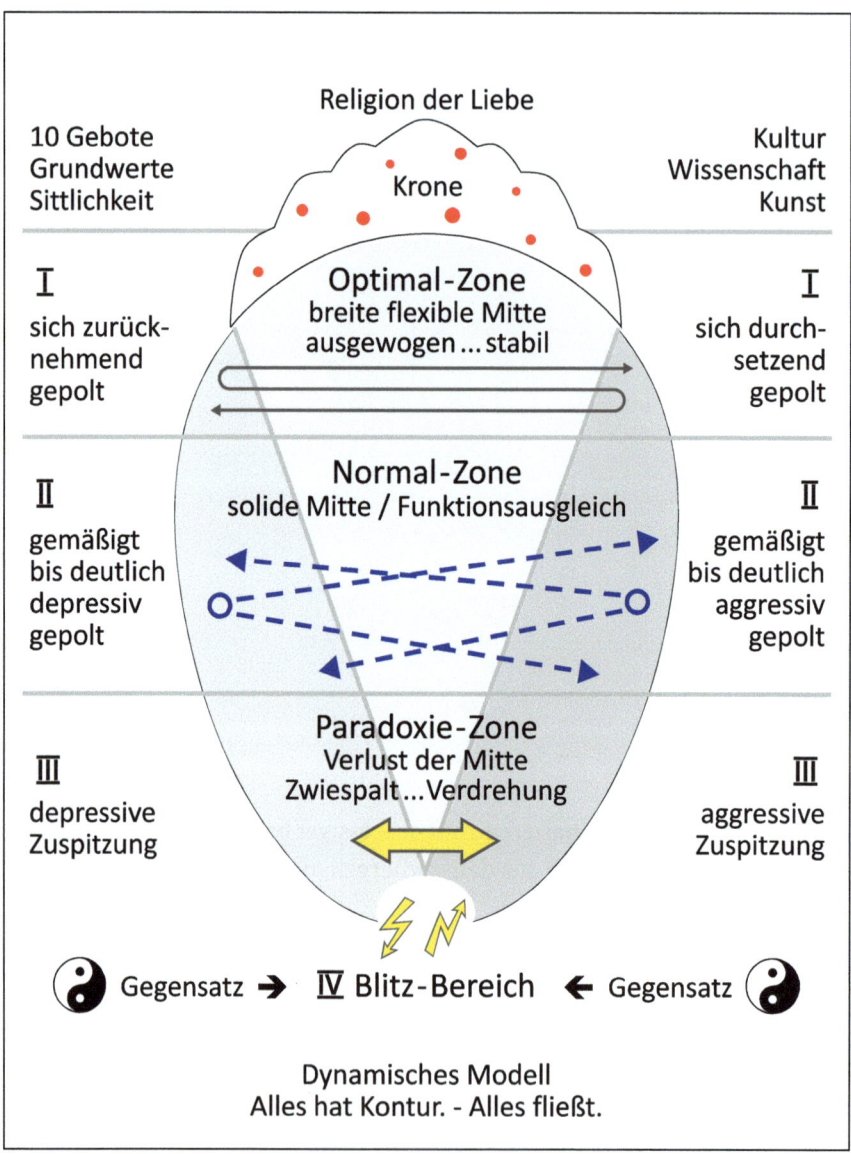

Religion der Liebe

10 Gebote
Grundwerte
Sittlichkeit

Kultur
Wissenschaft
Kunst

Krone

Optimal-Zone
breite flexible Mitte
ausgewogen ... stabil

I
sich zurück-
nehmend
gepolt

I
sich durch-
setzend
gepolt

Normal-Zone
solide Mitte / Funktionsausgleich

II
gemäßigt
bis deutlich
depressiv
gepolt

II
gemäßigt
bis deutlich
aggressiv
gepolt

Paradoxie-Zone
Verlust der Mitte
Zwiespalt ... Verdrehung

III
depressive
Zuspitzung

III
aggressive
Zuspitzung

Gegensatz → IV Blitz-Bereich ← Gegensatz

Dynamisches Modell
Alles hat Kontur. - Alles fließt.

C2. Mittelbereich und Krone

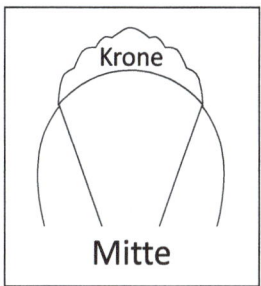

Hier deute ich Werte an, die zum Wohl der Menschen notwendig und gut sind. Sie wirken nicht nur öffentlich, sondern auch in unserem privaten Bewusstsein, Verhalten und Handeln. Sie sollten unsere Motive und Ziele bestimmen. Sowohl gesellschaftlich als auch im persönlichen Alltag. Hoffentlich. Meine nachfolgende Stichwortsammlung möchte ich unter dem Begriff »unsere gewachsene Kultur« zusammenfassen. Ich gebe diese Aufzählung, weil sie alle Menschen auf einer geistig gehobenen Ebene sinngebend miteinander verbindet. Über alle Nationen und Grenzen hinweg manifestieren sie sich meistens in der Sehnsucht nach Wohlstand und Freiheit. Diese ist ohne Bindung nicht möglich. **Ich glaube, dass auch der einzelne Mensch seine persönliche Werte-Akzeptanz braucht, um seelisch im Lot zu bleiben. Diese skizzierte »Mitte« im Großen wie im Kleinen gipfelt in der »Krone«, die nicht jeder schöpferisch erreicht, aber sehr wohl als Konsument.**

»Mitte« und »Krone« zeichnen den kultivierten Menschen aus über seine bloße biologische Existenz hinaus. Diese Bereiche sind flexibel und variabel, auch in der Intensität. Sie bilden das »stabile Rückgrat« unserer spezifisch menschlichen Existenz.

Die persönliche Entscheidung zu mehr religiösem oder mehr humanistischem Denken steht jedem frei. Respekt und Toleranz voreinander müssen sein. Die folgenden Aufzählungen sind nur Beispiele ohne Anspruch auf Vollständigkeit oder Rangfolge. Sie überschneiden sich häufig.

Christliche Werte

Sie sind nicht mehr selbstverständlich in unserem Bewusstsein verankert. Deshalb gebe ich ihnen mehr Raum. In der Bibel werden wir Menschen als Krone der Schöpfung, als königliche Kinder eines liebenden göttlichen Vaters dargestellt. Somit sind wir » Erben der Verheißung«.[67] ER als unser Schöpfer weiß am besten, auf welchem Wege alle Menschen glücklich werden können, grundlegend dafür sind die 10 Gebote.

Wichtig: Gottesverehrung / Erde und Weltall als göttliche Schöpfung / Jesus Christus als liebendes Vorbild, SEIN sühnendes Opfer und SEINE Auferstehung – für uns / Nachfolger, Jünger sein / Glaube, Liebe, Hoffnung als tragende Pfeiler / Entscheidungsfreiheit als göttliches Geschenk / Umkehr von Falschem / Nächstenliebe auch zu den Feinden / allen vergeben, IHM die Vergeltung überlassen / Sanftmut, Demut und andere Tugenden / Kraft und innere Stärke durch IHN / Heilige Schriften studieren und auf uns anwenden / Sorge tragen füreinander / uns bewähren in diesem Erdenleben / geistig und charakterlich wachsen / Frieden stiften / keine Armut zulassen / gerecht und barmherzig sein / sachlich beurteilen, ja – aber persönlich aburteilen, nein / Bündnisse eingehen / würdig in Gedanken und Taten / Verantwortung vor IHM, SEIN Licht und SEINE Wahrheit erkennen / Bekenntnis / Missionsarbeit / wiedergutmachen, um Verzeihung bitten / Rechtschaffenheit, Tugend, Lauterkeit, Opferbereitschaft, Gewissenhaftigkeit, Freundlichkeit, Ordnung, Dankbarkeit, Treue / Ehe und Familie als elementare Grundlagen der Gesellschaft usw.

Gott sagt uns SEINE Hilfe zu, wenn wir nach SEINEN Geboten leben. Gott beherrscht die Paradoxie: Jesu Geburt und Tod sind in sich selbst widersinnig.[68] Je gehorsamer ich Gottes Gebote befolge, umso größer wird mein Maß an Freiheit. Oder: » … wer aber das Leben um meinetwillen verliert, wird es gewinnen.«[69]

Allgemein ethische Werte

Leider scheinen sich heute allgemein gültige Werte zu verengen auf einen egozentrischen Individualismus hin. Das genügt nicht. Es gibt mehr.

Z. B. Wissenschaft / Philosophie / Kunst, Musik, Literatur / Politik, Wirtschaft und

---

67 siehe Römer 8:17 / 1. Petrus 2:9
68 Bibel: Z.B. wird Jesus, der von der Herkunft her rechtmäßige König Israels, als uneheliches Kind in einem Stall geboren. Und wer »am Holz« (durch Kreuzigung) starb, galt als von Gott verflucht. Jesus ist als Messias auch Gott. vgl. auch Jesaja 1:18 und 5:20 für unsere Zeit
69 siehe Matthäus 10:39

Finanzwesen, Rechtsstaatlichkeit, Demokratie, Verfassung und Gesetze / Ethik als Lehre / Umweltschutz / Altruismus, Agape / Vernunft, Maß halten, Gerechtigkeit ermöglichen / Gutes, Wahres und Schönes fördern / Engagement, Humor, Angemessenheit / Sittlichkeit, Moral, Mitmenschlichkeit / Freiheit / Ehrfurcht vor der Würde jedes Lebewesens / Wahrhaftigkeit, Toleranz / Arbeitsethik / Reformen / Ordnungen, Strukturen, Organisationen usw.

Mehr alltägliche Werte
Es erschreckt, wenn wir heute gerade auch bei Jugendlichen einen Verlust an stabilen, soliden Wertvorstellungen beobachten müssen. Oft verbunden mit Anfälligkeit für Drogen und sämtliche Möglichkeiten, die zu Suchtverhalten verführen können.

Z. B. Geborgenheit und Orientierung in der Familie finden und geben / Bindung, Zuwendung, gute Beziehungen / Freundschaft / Schule, Ausbildung, Lehre, Studium / Fleiß, Anstrengung, Leistung / Lebensunterhalt erarbeiten / Selbständigkeit, Eigenständigkeit / Ehe und Kinder wagen / Treue / Begabungen und Talente pflegen / körperliche Gesundheit fördern / sich im Gemeinwesen engagieren / Ehrenämter / sich bemühen / Selbstbeherrschung, Disziplin ohne Starrsinn / Einsicht / Kommunikations- und Dialogbereitschaft / Reifung und Charakterstärke / Friedlichkeit / Achtung und Respekt vor der Würde des anderen / Ausgewogenheit / Beharrlichkeit im Guten und Richtigen / Flexibilität im Denken und Handeln / Ruhe und Distanz zulassen / Ehrlichkeit, Sparsamkeit, Zuverlässigkeit, Pünktlichkeit / Entscheidungsfreiheit / Solidarität / Fairness, Einfühlungsvermögen, Wertschätzung / Verständigungs- und Verhandlungsfähigkeit / Kollegialität / Wunsch und Versuch, Konflikte friedlich zu lösen usw.

Eine gelebte Mitte, die sowohl von der Einstellung her als auch vom dazu passenden Verhalten bestimmt wird, ist in Zone I optimal ausgeprägt. In Zone II wird sie Halt gebend wirksam. In Zone III verliert sie ihre Tragkraft, kann im Affekt sogar verloren gehen.

Im Folgenden skizziere ich die Persönlichkeits-Zonen I bis III und den »Blitzbereich« IV. In diesem »implodieren« die Gegensätze im einzelnen Menschen, d. h. eine Desorientierung findet statt bis hin zum Wahn.

C3. Optimal-Zone I

Ein Pol (sich zurücknehmen bzw. sich durchsetzen) überwiegt letztlich auch in dieser optimalen Verhaltenszone. Aber die hier schwerpunktmäßig »Angesiedelten« haben gelernt, **zwischen den gegensätzlichen Empfindungen und Bedürfnissen in sich selbst zu wechseln oder schwingen zu können. Das festigt die stabile, ausgewogene Mitte als Lebens-Element.**

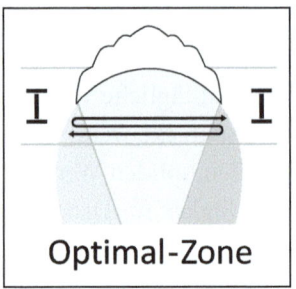

Optimal-Zone

Je nach Notwendigkeit sich zurücknehmen können oder aber die Initiative ergreifen wollen. Das setzt u.a. gute Vorbilder, gute Lehren, gute Prägungen, Lernbereitschaft, gute Erfahrungs-Verarbeitung sowie solides Selbstwertgefühl, Selbstbeherrschung, Kreativität und Einsichtsvermögen voraus. Ein ständiges Bemühen darum, auch wenn man an vielerlei Grenzen stößt. Fähigkeit zu Flexibilität und Orientierung an wertvollen Grundsätzen je nach Fall. Ergebnis solcher Disziplin könnte eine optimale Beziehungs- und Leistungsfähigkeit sein, Selbstregulation, Wirkungsstärke und Stabilität bei gleichzeitiger innerer Vielfalt und Sensibilität. Ein Fels in der Brandung. Ein liebenswerter Zeitgenosse. Innerer und äußerer Friedensstifter. Schon eine Idealvorstellung.

Der »Optimal-Mensch« hat eine breite, ihn und andere sicher tragende Mitte und Tiefe und Sinnfindung entwickelt und in sich aufbauen können. Er ist Autorität. Er vermag punktuelle oder phasenmäßige Einseitigkeiten in kürzerer oder längerer Zeit wieder aufzufangen. Im Einklang mit Gott, Schöpfung und Mitmenschen bzw. entsprechenden Idealen und mit sich selbst (in Wesentlichem) bejaht er sein Leben und gestaltet es aktiv. Er geht Aufgaben, Herausforderungen, auch Leiden nach gewissem Anlauf oder spontan an, eigene wie fremde wahrnehmend. Er setzt Prioritäten und zerlegt Ziele in Teilziele, die er nacheinander zu verwirklichen trachtet. Eine harmonische, gereifte, vielleicht auch kämpferische Persönlichkeit, die letztlich nach dem

Ideal der Vollkommenheit strebt. In entlasteten Zeitspannen ist das für viele erreichbar.

Die nun folgenden Verhaltensweisen sind als Möglichkeiten gedacht. Beide Seiten umfassen wertvolle Eigenschaften.

Optimale Verhaltensbeispiele

zurücknehmend gepolt (Beziehungs-Mentalität)	sich durchsetzend gepolt (Leistungs-Mentalität)
Harmoniestreben / starkes Du-Bewusstsein / Innigkeit / zurückhaltend / selbstkritisch / mehr passiv abwartend / sich belasten lassen / Einfühlungsvermögen / leisere Töne / vertrauensvoll / fürsorglich / selbstlos / behutsam / zuverlässig / treu / im Stillen wirken / durchhalten / liebenswürdig / freundlich / eher schüchtern / dient gern / anpassungsfähig / bewahrend / sucht und findet Kontakte / Bindungsstärke / Familiensinn usw.	*sowohl-als auch abwägend / gesundes Ich-Bewusstsein / selbstsicher / wagemutig / leidenschaftlich / Geltung wahrnehmen / energischere Töne / sich und anderen etwas zumuten / Verantwortung suchen / Initiative ergreifen / aktiv zufassen / delegieren können / umgänglich / planen und organisieren / Übersicht behalten / Öffentlichkeit einbeziehen / etwas darstellen / unabhängig und frei entscheiden / Neues wagen / Unabhängigkeit usw.*
mehr weiblich / Blick für Beziehungsrealitäten, für Soziales, Partnerschaft, Familie / Fürsorge Gleichwertigkeit / Ausgleich	*mehr männlich / Politik / Naturgesetze / Technik / Abstraktes / gemäßigtes Konkurrenzdenken und Rangordnungen*

C4. Normal-Zone II

In Zone II findet sich als durchschnittlicher Normalfall die größte Anzahl der Menschen. wieder. [70] **Hier fällt es uns schwerer als in Zone I das Gegennaturell angemessen in uns selbst und mit anderen auszutarieren.** Wegen der betonten Einseitigkeit (yang-kompakt) ist jeweils punktuell (yin-gestreut) ein Ausgleich nötig, um gesund zu »funktionieren« für sich selbst und mit anderen. Jeder möchte gern rundum zufrieden sein, auch von den Mitmenschen akzeptiert und gemocht werden. **Dieser »FUNKTIONSAUSGLEICH« im Dienste eines variablen Gleichgewichtes zwischen den Gegensätzen innerhalb einer Person fällt unharmonischer aus als in Zone I.** Daher kann man beobachten, wie ein deutlich depressiv gepolter Mensch bei genauerem Hinsehen doch einige »Ausflüge« ins »Aggressive / Aktive« (kleine Kommando-Bereiche oder Marotten) erobert hat. Dort gebärdet er / sie sich durchaus bestimmend und selbstsicher. Umgekehrt pflegt ein deutlich aggressiv gepolter Mensch gelegentlich »Inseln der Liebenswürdigkeit« und »depressiven« Bescheidenheit sowie Entgegenkommen, mit denen er / sie seine / ihre Kritiker und Gegner angenehm überrascht. Wird solcher Funktionsausgleich nicht ausgelebt oder bleibt er auf bloße Phantasien beschränkt, lebt dieser Mensch zumindest nach außen unausgewogen, oft bedrückt oder unzufrieden, erregt oder im Stress, überzogen oder gebremst. Möglicherweise therapiebedürftig. **Mit gelebtem Funktionsausgleich kann man sich und andere besser tolerieren und sich miteinander arrangieren.**

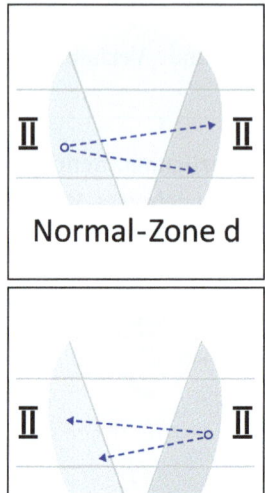

Normal-Zone d

Normal-Zone a

---

70 Vgl. Gauß´sche Normalverteilung

Sicherlich ist einiges angeboren, aber nicht unbedingt festgelegt. Es wird unterschätzt, wie viel in der nahen und weiteren Umgebung (Vorbilder) abgeguckt bzw. geprägt wird durch bewusste oder unbewusste Einwirkungen und Konsequenzen. Ein Mensch kann auch im Laufe seiner Entwicklung die Einsicht gewinnen, dass er seine ungenutzten psychischen, geistigen, körperlichen oder kreativen Fähigkeiten entwickeln und üben möchte. Auch literarische oder therapeutische Anregungen oder solche aus Filmen sind gut möglich. Zu bedenken ist die Rolle der Phantasie, des Wunschdenkens, des Unausgesprochenen und des Unausgelebten im Inneren, im Gemüt. Gewohnheiten im Alltagsstress überlagern oft die innere Auseinandersetzung mit Angestrebtem. Zone II bietet gute Chancen zur Selbsterkenntnis und selbständigen Verbesserung. Für diesen Bereich Diagnosen zu stellen, ist nicht einfach. Wegen der fließenden Übergänge insgesamt. GEHÖRT EIN VERHALTEN ZUM GRUND-TYP DES BETREFFENDEN ODER ZU SEINEM FUNKTIONSAUSGLEICH? EIN SCHLÜSSEL FÜR FEHLDIAGNOSEN, WIE BEI MIR GESCHEHEN.[71]

Zone II ist als Modell auch hilfreich für alle, die sich und andere besser verstehen möchten. Nicht alles, was ich im Folgenden auflliste, ist in einer Person zu finden. Es sind Möglichkeiten, die als Funktionsausgleich von beiden Seiten in demselben Menschen gefunden werden können. Real können sie auch im Wechsel mit Eigenschaften der Optimal-Zone auftreten.

---

71 Die Durchhalte-Abwehr meiner Depression in Hibbelsburg (als schizoid-hysterisch missdeutet) entsprach einem Funktionsausgleich im hier beschriebenen Sinn.

Normale Verhaltensbeispiele

gemäßigt bis deutlich depressiv gepolt (Anpassungs-Mentalität)	gemäßigt bis deutlich aggressiv gepolt (Dominanz-Mentalität)
selbstkritisch / sehr empfindsam / nachgiebig / Hemmungen / leicht beeinflussbar / sehr angepasst / ordnet sich ein und unter / wählt eher einen indirekten Weg / bescheiden, gutmütig / zögerlich, schüchtern, unsicher / leidensbereit / sich beklagen / sich aufopfern / wunderlich / sich überlasten (lassen) / sehr vorsichtig / nicht unangenehm auffallen / nett und friedlich / oft verträumt / langsame seelische Verarbeitungen / häufiges Durchhängen / labiles Selbstwertgefühl / alles geht sehr nah / schnell beleidigt / sieht Probleme, wo gar keine sind / abwehrende Hektik / sittliche Empörung / explodiert in Not sehr spät usw.	*Kritiker / Widerspruchsgeist / körperlich und seelisch robust / hart im Nehmen und Geben / Abenteurer / Dickschädel / eigensinnig / forsch / direkt / ausdauernd, auch im Schweigen und »Mauern« / überheblich / arrogant / urteilen und verurteilen / entschlossen / sich vehement entlasten / Einsatzbereitschaft / leitende Rollen in Arbeit und Familie anstreben / bestimmend / Nörgler / Rangordnungen betonen / Geltung beanspruchen / risikofreudig / schwierig zu beeinflussen / raue Schale / energiegeladen / stabiles Selbstwertgefühl bis Selbstgefälligkeit / flüchtige seelische Verarbeitungen / provoziert Probleme / schnell affektiv / explodiert gern usw.*
Verliererbewusstsein, oft moralischer Sieger	*Sieger-Bewusstsein, oft moralischer Verlierer*

C5. Paradoxie-Zone III

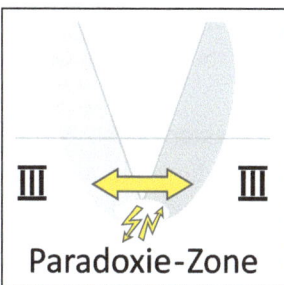

Eine kritische Verhaltens-Zone, in der eine Polarisierung gleichermaßen zu beiden Gegensätzen hin stattfindet.

Der Funktionsausgleich von Normal-Zone II ist hier so stark ausgeprägt, dass es zu einer Art Schaukel-Charakteristik kommt. Hier verfestigte Menschen leben im Zwiespalt ihrer eigenen Persönlichkeit. Ein abrupter Wechsel von der aggressiven zur depressiven Seite hin (und umgekehrt) ist an der Tagesordnung. Dieser Rollenwechsel irritiert andere. Entweder-Oder-Denker bzw. Schwarz-Weiß, Alles oder Nichts. (Als kritische Phase in der Jugend, «Flegelalter», durchaus häufig.)

Zone III kann belastet sein durch eine schwache oder kaum ausgebildete oder verloren gegangene, aber grundsätzlich erstrebenswerte Mitte. Kommunikation oder Sozialisation können hier in hohem Maße instabil auftreten. Der Funktionsausgleich ist sozusagen »perfekt« oder manifestiert, indem die liebenswürdige, fürsorgliche Komponente genauso stark ausgebildet zu sein scheint wie die aggressive.

Allerdings überwiegt bei guter Kenntnis der Person auch hier trotz allem eine Seite im Grundverhalten. Beide Pole sind unausgereift, sozusagen elementar vorhanden. Da dürfte im Lebenslauf einiges schief gelaufen sein. Entweder als tendenziell angeborener oder als früh geprägter Grundcharakter. Solche Prägung kann durch entgegengesetzte Erziehungs-Stile der nahen Bezugspersonen zustande kommen, z. B. restriktiv konsequent sein einerseits bzw. passiv gewähren lassen oder verwöhnen andererseits. Der Funktionsausgleich durch Umklappen nach Traumen, die als Kind erlitten wurden, kann sich in diesem kritischen Verhaltens-Bereich früh verzögern oder bis zu **bleibender Umpolung (z. B. depressive Angst in Aggression)**

steigern.[72] In solchen Familien haben Kinder und Enkel es wiederum schwer. Die Gegensätzlichkeit kann sowohl in den verschiedenen Personen auftreten (zu strenger Vater im Gegensatz zur stark verwöhnenden Mutter) als auch in derselben Person (ebenfalls Schaukel-Charakteristik). Selbstwahrnehmung, Selbstbeherrschung und Selbstregulierung, Einsicht und Humor sowie selbstverständliche Entschuldigung und Achtungsbezeigung zueinander können die Kinder in solchen Familien aufrichten und deren Nachahmung und Prägung günstig beeinflussen. Nichts ist verloren. Über mehrere Generationen hinweg können Familien so »gesunden«.

Im Extremfall scheint der ambivalente Schaukel-Charakter beides zu beherrschen: sowohl das Liebevolle, Übersensible, Fürsorgliche als auch das Rücksichtslose, das hemmungslos Austeilende. Beides scheint gleichermaßen in Reinkultur möglich. Trotz des dominierenden Schwerpunktes wird auch der »Gegencharakter« zeitweilig voll ausgelebt. So, als könne der Betreffende sich schwer entscheiden zwischen seinen Gegensätzen und deren Dominanz, oft affektabhängig. Gut möglich, dass eine Seite der »Medaille« mehr im Gefühl und in der Phantasie ausgelebt wird und seltener nach außen (Versteckspieler) – kurz oder ausgiebig. **Selbsterkenntnis wie Menschenkenntnis kann im Privaten wie auch als Diagnose in Heilberufen zu einem Irritier- und Verwirrspiel werden.** Speziell in Zone III und ihrem Grenzbezirk, den ich noch als »Blitz-Bereich« beschreiben werde. Das ambivalente Schaukel-Verhalten verknüpft sich **im Belastungsfall zunehmend mit Realitätsverlust, bzw. gestörter Selbst- und Fremdwahrnehmung. Punktuelle, phasenmäßige oder verfestigte Neigungen zur Verdrehung von Tatsachen bzw. allgemein anerkannter Maßstäbe im Gröberen oder Feineren werden bewusst oder unbewusst ausgelebt.** »Oben-auf-sitzen-wollen« mit Rechthaberei oder im Gegenzug, Rechtfertigung ohne Ende, um zu überleben. Entsprechend der privaten aggressiven oder depressiven »Lebens-Philosophie«

---

72 Relativ sozial verträglich lief so etwas z.B. in **traditionellen bäuerlichen Familien** ab (z.B. bei meiner Mutter). Die Kinder wurden oft regressiv und mit Schlägen erzogen. Durch zuverlässiges Miteinander sowie frühes Mitarbeiten erwuchs trotzdem ein solides Selbstwertgefühl sowie Leistungsvermögen. Damit wurde die nächste Generation wieder regressiv erzogen. Ein Wechselspiel in denselben Personen.

des Einzelnen. Die betroffene Person sichert sich damit eine Art Abreaktion von Gefühlsintensitäten, die eventuell von Übertragungs-Mustern aus der Kindheit herrühren. Steigerung je nach Erregungszustand, auch urplötzlich (Jähzorn / Weinkrämpfe). Alles das dürfte im Ursprung auf massive Grundängste aufgebaut sein.

Wenn keine verhandlungsbereite Mitte mehr ausgelebt wird, also **Kommunikations- und Dialogfähigkeit schwer gestört** sind, greifen die besten psychologischen Grundsätze (die heute z. B. als Paartherapie gelehrt werden) leider oft kaum noch. Im Privatbereich (Ehe / Familie) ist oft zu viel Affekt oder Zwanghaftes im Spiel. Da sind manchmal Betonfestungen zum Bröckeln zu bewegen. Ein »Wackelpudding« hingegen bräuchte Festigkeit. **Unterschiedlich gepolte, einseitig gelagerte Charaktere ergänzen sich oft zu einer Lebensgemeinschaft, in der die / der Eine aggressiv agiert und die / der Andere immer wieder aufgestört leidet. Eventuell letztendlich auch not-aggressiv antwortet (Co-Phänomene).** Tagessieger gegen moralische Siegerin. Ehekrieg. **Entgegengesetzte Motive werden mit scheinbar gleichen Mitteln ausgelebt.** Eine unharmonische Allianz gegenseitigen Missverstehens wegen der entgegengesetzten Reaktions-, Verhaltens-, Erlebens- und oft auch Bewertungsmuster. Solche Ehen funktionieren wie knirschende, oft verkeilte, dann irgendwann still stehende oder zerbrechende Zahnräder. Eine schwer belastende Hypothek für davon betroffene Kinder. **Paradox** ist auch, wenn ein ausgeglichener Partner (in Normal-Zone II beheimatet) vom kritischen Partner (in Zone III beheimatet) so stark behelligt wird, dass Ersterer – wenn er / sie nicht aufpasst, dahin getrieben wird, auf Provokation so zu reagieren, wie der aggressive Andere es vorher unterstellt hat. Nämlich genau so, wie der Provokateur es in seiner Jugend erlitten hatte. Ein Zahnrad bewegt das andere. Das kann dramatisch ablaufen. **Aus dem ehemaligen Opfer wird der Täter. Und der behauptet nun das Gegenteil.** Ein Kuddelmuddel, aus dem nur distanzierende Selbstbeobachtung, Konsequenz, Humor und selbstlose Liebe sowie Vertrauen herausführen. Das kann man schulen. In der Paradoxie-Zone III leben nicht etwa schlechte Menschen, denn es liegt eine zunehmende oder hoffentlich auch manchmal abnehmende Tragik darin. Krankhafte Steigerungen finden sich in bipolaren, manisch-depressiven Störungen. Bedenkliche Steigerungsformen können mit »nur persönlichen Grenzverletzungen«, Drogenkonsum oder schlimmstenfalls mit sexuellem Missbrauch, »öffentlichen Gesetzesübertretungen« bis hin zur Kriminalität einhergehen. Wenn die Anzahl schwer belasteter Menschen (kritischer Bereich der Zone III) relativ klein bleibt, ist das für die Gesellschaft tragbar. Steigt deren Anzahl in Krisen- und Notzeiten (auch in Zeiten des Werte-Verlusts) einer Gemeinschaft unverhältnismäßig an, gehen vielfältige Probleme oder sogar Gefahren für die Allgemeinheit von ihr aus. Zeitkritisch: Kinder einer entgrenzten Gesellschaft suchen Begrenzung im Extremismus.[73]

Unterliegt die Paradoxie (scheinbare Widersinnigkeit) sogar selbst der Paradoxie? Potenziert sie sich sozusagen? Z. B. indem ich mein Entsetzen wegen einer paradoxen Ausweglosigkeit in Lachen entlade oder in gesunder Heiterkeit zulassen kann, dass es Widersinnigkeit gibt? Wenn ich sie erkenne, bin ich eher bereit oder auch gezwungen, sie zu akzeptieren. Aus »Teufelskreisen Richtung Abgrund« können »Christusspiralen Richtung himmlische Höhen« werden. In Krisentagen oder -phasen oder -zeiten kann nahezu jeder in Notaffekte geraten und sich vorübergehend in Zone III wiederfinden. Die Streuung ist sehr ausgeprägt. Verdrehungen und Paradoxien lassen sich harmloser als Missverständnisse klären oder aber dramatischer als flegelhafte Unverschämtheiten klassifizieren. **Beide Ausprägungen der Schaukel-Charakteristik sind in der »geladenen Emotionalität« möglich. Und dann verwechselbar, weil eventuell (paradox) die Gegenseite (schein-) aktiviert wird (krasser als in Zone II).**

Das äußerlich Sichtbare ist dann gleich, während die darunterliegenden Motive entgegengesetzt sind. Entsprechend ruhig sollte man als Außenstehender darauf reagieren, selbst keine Vorurteile haben bzw. sich nicht mit hineinziehen lassen.

Wie schwierig ist es doch, die vielfältigen eigenen oder mitmenschlichen Handlungen, Äußerungen und Motive zu erkennen, zu bestätigen, zu bejahen oder aber mir und anderen zu vertrauen. Wenn es zu meinen Lasten geht und ungerecht wird, muss ich mich nicht als Opfer benutzen lassen.

Die folgende Auflistung kritischer Verhaltensbeispiele ist wiederum nur eine

---

73 sinngemäße Formulierung in unserer Tageszeitung

unvollständige Sammlung von Möglichkeiten. Kein Charakterbild eines Einzelnen. Denn: Bei allen Menschen ist alles denkbar, je nach Situation. Entweder gewohnheitsmäßig oder aber ganz selten auftretend.

Alltägliche Beispiele, in denen gegensätzliche Motive zu verwechselbarem, manchmal identischem Verhalten führen

	depressiv	aggressiv
a) Handlung (Motiv)	**Gutes tun** *(sich aufopfern an Fürsorge)*	**Gutes tun** *(sich bestätigen aus Geltung)*
b) Zustand (Motiv)	**Depression erleiden** *intensiv, häufig -* *(Harmonie-Suche)*	**Depression erleiden** *kurz, selten -* *(Versöhnung suchen)*
c) Vorgang (Motiv)	**Zorn explodiert** *– Ich-Du-Botschaften –* *(Abwehr, Notgebärde, Appell)*	**Zorn explodiert** *– Ich-Du-Botschaften –* *(Rechthaberei, Herrschergebärde)*

Kritische Verhaltensbeispiele

Extreme Rückzugs-Mentalität	Extreme Durchsetzungs-Mentalität
Verdrehungszunahme zu eigenen Lasten/verzögerte Wahrnehmungs- und Bewertungsschwäche	Verdrehungsgewohnheit zu Lasten anderer/spontane Wahrneh- mungs-und Bewertungsschwäche
depressive Wertungen gegen sich selbst/stellt sich selbst (verdre- hend) als aggressiv dar/Depres- sionen als ausgedehnter Teil alltäglichen Empfindens, belastend und hartnäckig lähmend/überflüs- sige Gewissensbisse/wähnt sich negativ im Mittelpunkt/quälende Selbstzweifel bis hin zu Selbsthass/ Traurigkeit als Grundstimmung/ Schuldzuweisungen an sich selbst/ verlangt von sich Vollkommenheit/ devot/Minderwertigkeitskomplex/ Inkonsequenz/Leid und Verlassen- heit anziehen/schnell verletzt sein/ andere überbewerten/überemp- findlich/Flucht in Sehnsucht z.B. nach seelischer Geborgenheit, Frohsinn und Liebe/maßlose Anfor- derungen an sich selbst/klagt sich ungerechtfertigt selbst an/Galgen- humor/unnötige Selbstverteidi- gung/Nervenschwäche/kleben an belastenden Erlebnissen, die kaum	permanenter Widerspruchsgeist/ greift an/Depressionen kurz und heftig/kurze Vernunftanwandlun- gen/Versprechen möglich, die als »Eintagsfliegen« schnell verflie- gen/leichtsinnig/eigenes grobes Vergehen wird zu vergessen bean- sprucht, fremdes wird in Feinheiten ausgiebig angeprangert/Vorwürfe und Forderungen/verweigert Anpassung/Dominanzstreben/ Chef-Anwandlungen/Herrschsucht/ Aktivisten/Draufgänger/Abbrüche/ Hitzköpfe/Sturheit/euphorische Selbstherrlichkeit, Selbstgerech- tigkeit, Selbstgenuss, Narziss- mus/offene Aggressionen/Zorn, Machtlust, Feindseligkeit, Angriff/ unbeherrscht/Zynismus, Sarkas- mus/Triumphgebaren/Neigung zu verbaler und/oder handgreiflicher Gewalt/Schuldzuweisungen/Sün- denböcke suchen/Schwarz-Weiß/ scheinbar Nerven wie Stahlseile/

Extreme Rückzugs-Mentalität	Extreme Durchsetzungs-Mentalität
verarbeitet werden und lange haften / Angst, Zuwendung zu verlieren / unzumutbare Beziehungen aufrecht erhalten / lässt eigene Grenzen verletzen, bereit, diese quälend ausweiten zu lassen / verunsichert / entmutigt / trotzig / nervt eventuell andere / begründetes Jammern / Selbstüberwindungskünstler / langer Anlauf bis zur verzweifelten Explosion / hat in der Regel gute Freunde / nervliche und körperliche Erschöpfung	Verdrängen und Abspalten des eigenen Negativ-Verhaltens / grandiose Selbst-Phantasien / verletzt Grenzen anderer, weitet sie aus / lässt schnell jemanden fallen / Schamlosigkeit / kaum Unrechtsbewusstsein für sich selbst / Verletzung gesellschaftlicher Normen / empört andere / unterstellt eigene negative Beweggründe dem »Gegner« und bekämpft diese zu Unrecht / stets auf dem Sprung / hat Kumpane / überdreht und explodiert oft
häufig: Somatisierungen ausleiden	häufig: Süchte exzessiv ausleben

Relativierungen – Einschränkungen im Modell

Entwürfe, Modelle, Typologien, Schubladen-Denken können stets nur als »Krücke« zur Einzel-Erkenntnis taugen. Es ist große Vorsicht geboten, abschließende Diagnosen zu stellen. Vorläufige, ja. Darin lag mein Haupt-Motiv, als ich mein Zonen-Modell entwickelte. Es dient dazu, eine Sprache zu benutzen, mit der sich der komplizierte Komplex der Persönlichkeits-Struktur vereinfachen und ausdrücken lässt. Vereinfachen ist immer mit Bedacht zu handhaben. Ich kenne schwierige Partnerschaften aus eigenem Erleben. Ich beobachte seit Jahrzehnten nebenbei meine Umgebung auf diese Phänomene hin und finde das Modell als Ganzes bestätigt und zu analytischer Arbeit tauglich. Bescheidenheit ist immer geboten. Mein Leitmotiv ist Nächstenliebe.

- Die drei Zonen weisen in sich vielfältige Steigerungen auf, ehe die nächste Zone zutrifft. Auch wenn jeder in einer Zone überwiegend »zu Hause« ist, fließen sämtliche Übergänge. Das ist kaum darstellbar, ohne die Klarheit einzubüßen. Es gibt sogar Sprünge hinauf und hinunter in jedem Menschen, abhängig von einzelnen Entwicklungen, vom Lebensalter, Zeitgeschehen, von Situationen, Herausforderungen, Grundorientierung usw.
- Jeder Mensch kann punktuell kurz oder phasenweise länger in eine der nicht gewohnten Zonen aufsteigen oder absinken. Das hängt unter Umständen ab von gesundheitlichen, psychischen, sozialen Belastungen. Diese verstärken sich oder lösen sich auf oder verfestigen sich im Laufe des Lebens. Auch vom Temperament oder der Affektlage abhängig oder vom Lebensalter oder Zeitgeschehen bedingt.
- Wir sind auf dem seelischen Modell-Bogen sozusagen Wandernde. Stabil, instabil oder spielerisch. Ausflüge in ungewohntes Verhalten ausprobieren. Alles ist möglich.
- Der »Funktionsausgleich« in Zone II und III kann in der Beurteilung verwirren. Zur Diagnose-Findung setzt das längere Beobachtung und Gespräche in ruhiger Verfassung voraus. Graduelle Unterschiede sind zu berücksichtigen. Was gehört zum Grund-Typ, was ist Funktionsausgleich? Bedingung ist Ehrlichkeit mit sich selbst und anderen. Auch der Therapeut muss sich selbst kennen. Diagnosen sind immer vorläufig.
- Quellen für Fehleinschätzungen finden sich besonders im Gewirr von Denken, Fühlen, Sprechen, Verschweigen, Phantasie, Affektstärke, Handeln oder wenn das alles eben nicht ausgelebt oder selbst nicht erkannt und infolgedessen nicht gesagt wird. Eine große Rolle bei der Selbstdarstellung spielen die Vorstellungen, die man gern leben möchte oder meint, dass der andere sie hören will.
- Vieles (Wesentliches?) läuft im Einzelnen selbst, nach außen unsichtbar, ab. Es kann sogar vom Betroffenen selbst falsch eingeschätzt und falsch dargestellt werden (unbewusste oder absichtliche Verdrehungen!).

Vermutlich gibt es noch mehr zur Vorsicht mahnende Feinheiten zu meinem Modell. Und dennoch ist es praktikabel. **Eine ordnende Denkhilfe, die zementierte Fehldiagnosen vermeiden helfen könnte.** (Anwendung von

Tests ohne offenes, gründliches Gespräch ist unerhört.) GERADE WEGEN DER AUFGEZEIGTEN KOMPLIZIERTHEIT UND VIELSCHICHTIGKEIT MENSCHLICHER CHARAKTERE UND SITUATIONEN. UND NICHT ZULETZT WEGEN DER KAUM ERFORSCHTEN PARADOXIE, AUCH IM MENSCHEN SELBST. (Therapeuten sind ebenso betroffen. Auch ihr Charakter muss einbezogen werden. Therapie bedingt Selbsterkenntnis des Therapeuten:) Hüten wir uns vor Abwertungen. Haben etwa aggressiv gepolte Charaktere (schätzungsweise die Hälfte der Menschheit?) kein Anrecht auf Empathie und Bestätigung ihrer Stärken?

Ich nenne mein Modell einen »Entwurf«, weil ich sicher bin, dass mir trotz aller Mühe etliches fehlen könnte. Ich reduziere das System auf die beiden Gegen-Pole hin, die den Ausschlag geben, aus welcher Richtung (gegensätzlich) therapiert wird.

In der Realität treten variable Gegebenheiten auf, das macht u.a. unsere Unverwechselbarkeit und Individualität aus. **Ich verstehe mein Paradoxie-Modell als ein Instrument, mit gebotener Sensibilität und Vorsicht mehr Selbsterkenntnis und mehr Nächstenliebe zu erlangen. Die Zonen sind keine »Bürostempel« für Menschen.**

Ich-Strukturen, Körperfunktionen, und -haltungen, Denkvorgänge, Kommunikation und gesellschaftliche Entwicklungen, Wirtschaft und Kultur, Philosophie und Evangelium – ja, **die gesamte Schöpfung Gottes scheint der immanenten Paradoxie, bzw. der paradoxen Auslegungsmöglichkeit zu unterliegen. Paradoxie erscheint mir (wiederum scheinbar widersinnig) als eine flexible Ordnung im System der Gegensätze dieser Welt. Das sind zwiespältige Spannungen, Energien und Kräfte. Durch die Möglichkeit des Überspringens oder Hineinschwingens von einem Gegensatz zum anderen entsteht oder wirkt solche Paradoxie.**

In Zone I sind Leistungsvielfalt und sozialer Frieden zu erwarten. In Zone II sind ebenfalls solide Leistungsbereitschaft und soziale Ausgewogenheit üblich. In Zone III ist zunehmend gestörte Leistung an der Tagesordnung, und es sind private wie öffentliche Machtkämpfe ausgeprägt. Die wiederum produzieren Günstlinge bzw. Opfer.

Im Seelenleben des Einzelnen werden umso mehr Energien »verpufft« je näher wir der Gefahrenzone »totale Paradoxie«, von mir »Blitzbereich« genannt, kommen. In gleichem Maß wie der Mensch seine Energien für die Wiederherstellung seiner individuellen Ausgewogenheit anspannen muss, gehen sie ihm in seiner produktiven Arbeitskraft verloren. Diese kann schließlich ganz ausfallen. **Umgekehrt setzt Harmonisierung im paradoxen Seelenhaushalt ein hohes Maß an Arbeitsenergie frei. Psychotherapie in diesem Sinn ist auch gesellschaftlich effektiv.**

Im Folgenden zähle ich zur Entspannung und weil Paradoxie (auch Ironie genannt) im Alltag viel Übung in der Wahrnehmung erfordert, einige auf.

Ironie des Schicksals im Alltag

- In einer Seniorengruppe schildert eine alte Dame ihr Problem. Eine zweite hört aufmerksam zu und sagt, was sie tun würde. Eine dritte mischt sich gewohnheitsmäßig ein mit dem Satz: »Gib anderen keinen Rat, die mögen das nicht!« Was tut sie? Sie gibt Rat.
- Eine stark depressiv gepolte, scheue Frau meint, alle Bekannten beachten jede Kleinigkeit an ihr und denken abfällig darüber. Frage: Wer denkt hier abfällig über andere? Wer stellt sich in den Mittelpunkt aller?
- Eine Gruppe von Menschen mit einer übereinstimmenden politischen Meinung wirft einer anderen Gruppe mit anderer Orientierung Intoleranz vor. Toleranz ist kein Befehl für Andersdenkende.
- Die Fehler, die zu einer Schuldenkrise führten, werden zur Lösungsstrategie erklärt.
- Positives Denken kann heilen. Ein Diktat, nur positiv zu denken(Probleme verdrängen anstatt sie zu verarbeiten) kann krank machen.
- Ich-Empfindungen zu äußern, kann Frieden stiften. Ebenso können sie als Egozentrik verstanden oder missverstanden werden und Unfrieden erzeugen.

C6. Blitz-Bereich IV

Blitz-Bereich

Ein kaum beachteter Bereich, der ebenfalls individuelle Gesetzmäßigkeiten aufweisen dürfte, die sich vermutlich auch typisieren lassen. Damit meine ich die letzte Bastion von Selbstschutz vorm Ausrasten, vorm Nervenzusammenbruch, bzw. vorm Zerbrechen der Person. »Hexenkessel«, »Teufelskreise« mit Affektzuspitzung bzw. totalem Rückzug auf innerseelisches Geschehen. **Vorm Ausbruch des Wahns versagte bei mir mein aggressiver Funktionsausgleich. Die depressive Einseitigkeit war zu heftig, nicht mehr ausgleichbar durch Pendeln bzw. Schaukeln.** Ausfall normaler Tagesaktivitäten. Inhaltliche Verdrehungen und Verzerrungen der Tatsachen, ein ungewolltes Umschalten ins irrationale Chaos. Damit meine ich den absoluten Ausnahmezustand, der eintritt, wenn die Seele nach unsagbaren Anstrengungen wegen Überlastung aufgibt. Wahn genannt. Sogar das psychotische Wirrwarr weist individuell strukturierte Züge auf, die versinken jedoch meistens schnell wieder in der Vergessenheit. **Es ist das zugespitzte Endstadium an Angst und Verzweiflung. Wahrnehmung und Bewertung erfahren eine Desorientierung. Das Irrationale des Unbewussten tritt scheinbar bedeutsam NEBEN die äußere Realität oder dominiert mit wechselnden Anteilen. Nicht steuerbar, nicht abschaltbar, zwanghaft.** Der Umbruch-Bereich – Blitz-Bereich – vom »noch gesunden« Erleben hin zum Wahnhaften kennzeichnet sich in besonderer Hinsicht dreifach:

- **zeitlich**: subjektive Beschleunigung des Erlebens
- **räumlich**: Verdichtung und Nebeneinander von rationalen wie irrationalen Inhalten
- **in der »Höhe«**: Verunsicherung, Irritierung, Relativierung in der Sinnfrage (Werte)

Das Seelische ergibt vorm und beim ersten Eintreten von akuter Psychose eine Wechselwirkung mit einem gestörten Gehirnstoffwechsel. Somatisierung? In der Regel gibt es ein für den Einzelnen typisches seelisches Erleben, welches der/die Betreffende vor Ausbruch nicht verkraften konnte. Bei mir, meinem Mann und einigen Bekannten (und wie vielen anderen?) waren die bleibenden Transmitter-Entgleisungen im Gehirn klar eine Folge von absoluter persönlicher Überforderung, verbunden mit Selbstaufgabe. **Ursache: das individuelle Lebens-Schicksal in seiner Steigerung zum aktuellen Anlass hin.** Bei anderen mag die Reihenfolge anders sein, das entzieht sich meiner Beurteilung. Es gibt bestimmt diverse Heilungsvarianten. Mein Heilungsweg beweist, dass es bei mir nicht an den Genen lag. Sonst hätte er nicht gelingen können. Die analytisch-emotionale Verarbeitung meiner Vergangenheit brachte schichtweise die Heilung. Tragen wir doch bitte alle unsere persönliche Verantwortung füreinander mit Respekt und Achtung in Nächstenliebe. Auch in der Psychotherapie. Unser aller Sehnsucht gilt einer intakten, harmonischen Familie. Schaffen wir Klarheit, verzeihen und vergeben wir – und machen es selbst hoffentlich besser.

Psychotherapeutische Hilfe (als Ergänzung der medizinischen Versorgung durch Neuroleptika) ist möglich und Not wendend. Tiefenpsychologische, analytisch orientierte Selbst-Therapie plus zuhörende Psychotherapie ermöglichten mir einen langsamen Tablettenabbau, weil sich auf diesem Wege gleichzeitig meine Grundängste reduziert hatten. Die Auseinandersetzung des Kranken mit seiner Alltags-Realität ist sehr wichtig. (Sich selbst in kultivierter Weise versorgen, z. B. auf Körperpflege, Sauberkeit und Ordnung im eigenen Heim oder vernünftiges Essen selbst achten).

Die Vergangenheit sollte nach Möglichkeit mit einbezogen werden, um den entgleisten Gefühlen die ursprüngliche »Substanz« wiederzugeben. (Parallelen zum Heute feststellen, im GEFÜHL das vergangene Erleben in aushaltbaren Portionen wieder zulassen sowie VERNÜNFTIGE SCHLUSS-FOLGERUNGEN daraus ableiten. Mit etwas bewusster Übung setzt sich das sehr bald von allein fort.) Das kostet zunächst unbeschreibliche Selbstüberwindung als Abbau von Trägheit. (Eigenmotivation bitte sowie Hilfe von außen!) Auch damit drängt er/sie die Herrschaft des Irrationalen ins Unterbewusstsein zurück. Denn da gehört sie im Normalfall hin. Eins kommt zum anderen, Gesundung funktioniert nicht eingleisig. Gleichzeitig muss man sich vor Überforderung hüten. Scheinbar widersinnig, auch das. Ich möchte noch eine andere persönliche Hypothese darstellen, von selbst erlebten Abläufen in Akut-Nähe abgeleitet. Vor Ausbruch meiner Psychose – nur in Hibbelsburg so deutlich – erlebte ich eine Persönlichkeits-Veränderung ins für mich Abnorme. Ich kann das zum Teil mit der Typologie von Riemann[74] beschreiben. Wie in jeder Typologie – auch in meinem Modell-Entwurf – wird vereinfacht. D. h. in der realen Anwendung gibt es Reinformen und Mischformen und Übergangsformen – aus vielerlei Gründen. Riemann unterscheidet vier Grundtypen der Angst, nämlich die schizoide, die depressive, die zwanghafte und die hysterische Persönlichkeit. **Ich skizziere äußerst knapp Weniges an auffallendem Verhalten aus eigenen Eindrücken.**

Grundformen der Angst

schizoid	depressiv
beziehungsarm / kühl nach außen / kontaktscheu / eigensinnig / misstrauisch / selbstbezogen / meidet Nähe u.a.	sensibelste Kindlichkeit / fühlt sich minderwertig / gibt auf / oder wehrt hektisch ab / möchte verstanden werden / schuldbewusst u.a.
oft Abneigung oder Gleichgültigkeit im Gegenüber weckend	oft Mitgefühl oder Hilfsbereitschaft weckend

---

74 Siehe Literaturverzeichnis »Grundformen der Angst«

zwanghaft	hysterisch
nicht steuerungsfähig / stereotype Wiederholungen / keine Resonanz auf Einwirkungen von außen / penetrant / stur / unberührt u.a.	euphorische Selbstherrlichkeit / Selbstgenuss / exzentrisches Tun / hektisch unberechenbar / strapazierend u.a.
oft Ratlosigkeit oder Abwehr weckend	oft Kopfschütteln oder Überdruss weckend

Sind diese vier Richtungen im Einzelnen gleichzeitig voll auslebbar? Eigentlich nicht. Scheinbar aber doch. In psychotischer Akut-Nähe **kann** die Seele in letztem Überlebenswillen auch verschüttete Ich-Kräfte in sich mobilisieren, bis die Regulierungs-Fähigkeit der Natur erschöpft ist. Ich erlebte so etwas gegen Ende in Hibbelsburg. **Im sich zuspitzenden Grenzbereich zur Krankheit hin ERWEITERN sich die Gegebenheiten zuerst, um sich anschließend auf das nicht mehr zu beeinflussende Wahnerleben hin wieder zu *VERENGEN* bzw. zu »KONZENTRIEREN« (paradox). Das Es, nicht das Ich beherrscht nunmehr die Situation. Von außen sind DIE VIER AKTIVIERTEN ANGSTANTEILE nur teilweise wahrnehmbar, wenn Reden oder Handeln Aufschluss geben. Im Inneren jedoch ballt sich alles zusammen, unterschiedlich gewichtet und unwillkürlich wechselnd in den Schwerpunkten. Überlebenskampf im Inneren.** Unausgesprochen und eventuell nicht ausgelebt. So gibt es Personen, bei denen an der Akut-Grenze kaum noch etwas abzulaufen scheint außer »nackter Angst«. Abhängig vom Vor-Erleben jedes Einzelnen, von seinen Prägungen, seinem Charakter? Psychoanalytisch eine Quelle für Fehleinschätzungen, Dramatisierungen oder Verharmlosungen, denn die Übergänge sind alle fließend.
Und der äußere Schein kann paradox verdrehen.

So wurde ich aus Hibbelsburg mit der für mich haarsträubenden Diagnose »schizoid – hysterisch« entlassen, obwohl ich gerade von diesen beiden Erlebens- und Verhaltens-Mustern nicht einmal ein bisschen gefühlt und gezeigt hatte in damals immerhin 40 Lebensjahren. Im Gegenteil: durch die kontraindizierte Therapie wurde ich ungewollt und unerkannt in eine extrem zwanghafte und depressive Stimmungslage (»schuldlos«) hineingezwungen. Durchsetzt mit einigen Höhenflügen aufgrund der tiefen Liebe zum Therapeuten. **Zwiespalt pur in mir.** Und keiner hatte von außen bemerkt, in welcher absoluten Gefahrenzone ich festgefahren wurde. Am Ende auch noch schweigend abgewiesen. **Wie kam die falsche Schlussdiagnose zustande?** Blindheit allein schied für mich aus. Ich war überzeugt: »Hier ist was Paradoxes im Unglücks-Spiel.« Frage: Hatte ich die Gegenstruktur meines tatsächlichen Wesens unter jenem unsagbaren Druck als letzte Überlebenstaktik entwickelt und gezeigt? Eigentlich auch nicht richtig. Daraus schließe ich, dass solche typisierenden Anhaltspunkte im Verhalten (im Sinne Riemanns) in dieser extremen Seelenlage auch als PSEUDO-PHÄNOMENE auftreten können. **Vor allem in dem bereits beschriebenen Sinn, dass gleiche Verhaltensweisen entgegengesetzten Motiven entspringen können.**

Wegen der falschen, nicht überprüften Eingangs-Diagnose war Projektion des Therapeuten im verfahrenen Ablauf maßgebend. Drei Dinge sind anzumerken:

- **Irrtum erkennen:** Um meine persönliche Katastrophe zu verhindern, hätte vom Therapeuten her zu seiner und meiner Sicherheit mindestens ein normales, offenes, gutes Gespräch auf Augenhöhe ermöglicht werden müssen. Und zwar am Anfang. Wenn nicht früh genug als dringend erkannt, dann mindestens am Schluss.
- **1. Fehl-Folge:** Re-Traumatisierung / totale Regression. Unter zu starkem Druck erfolgte sofort eine Aktivierung von untypischen Gefühlen und Verhaltensweisen bei mir. »Erzwungene« Monologe erzeugen Verlassenheit, ja Einsamkeit beim Patienten.
- **2. Fehl-Folge:** Paradoxe Motiv-Zuweisungen. Scheinbare Bestätigung der Eingangs-Diagnose. Das ergab noch eine zweite Fehl-Diagnose bei der Entlassung aus der Klinik.

Daraus folgt, dass Diagnosen grundsätzlich zu überprüfen sind. Diagnose und Verlauf einer Therapie müssen m. E. zwischen den Beteiligten aus Vorsicht offen angesprochen werden, auch wenn das unbequemer ist und etwas Zeit kostet. Eine Psychose-Erkrankung kann ein Leben lang andauern. Ich sollte die Ursachen meines Leids nicht den Rest meines Lebens raten müssen. Auch die Beruhigung und die Anregung der Patienten zur Rückmeldung sollte für die Therapeuten Pflicht sein in einer so drastischen Therapie, notfalls auch danach.

All das ist vier Monate lang zu keiner Zeit erfolgt, ja verweigert worden. Das ist mein Vorwurf. Mein Buch dient unter anderem der Klärung auch solcher Fragen, damit viele daraus lernen können. Es wurde zu jeder Zeit alles von mir erwartet in der Therapie und später. Kein Entgegenkommen oder gar Ermunterung wie in einer Gesprächstherapie. Methodenwechsel sollte möglich sein. Wie weit diese Mängel im Therapeuten begründet waren oder im »System« der Klinik lagen, entzieht sich meiner Beurteilung. Ich richte nicht. Man kann einseitig ein therapeutisches Prinzip »zu Tode reiten«. Dann tötet es am Ende »Pferd und Reiter«. **Wenn schon Regression in Kindlichkeit absichtlich durch Frust hervorgerufen wird, muss wieder aktiv das Erwachsene in mir gestärkt werden, ehe ich entlassen werde.** Und es muss klar sein, in welcher Verfassung ich mich zu Beginn und im Verlaufe der Therapie befinde. Gespräche darüber sollten verpflichtend sein. Wenn der Patient Fachmann für sich selbst zu sein hat und das kann, braucht er keine Therapie.

Mittlerweile gibt es Bestrebungen, Psychoanalyse zu verändern. Nämlich vom **intra-psychischen** zum **inter-personellen** Vorgehen des Therapeuten zu wechseln.[75] Das würde auf jeden Fall eine tragische Vereinsamung des Patienten / der Patientin lindern. Entlastung und Freude am Tun brauchen alle, auch die Professionellen. Leicht gerät Psychoanalyse selbst in die Paradoxie-Zone (nichts ist davor sicher): Man will nicht manipulieren und tut es unerkannt hochgradig (Re-Traumatisierung). **Und dennoch hat mir meine »Reise in vergangene Traumen« LETZTENDLICH seelische**

---

75 Also von der Innenschau des Patienten hin zum Blick auf das, was zwischen Patient und Analytiker abläuft. **Interaktionen beider.**

Nachreifungen und damit Heilung ermöglicht. (Und genau das wäre der eigentliche Sinn der Kliniktherapie gewesen.)[76] Aber für welchen Preis bei mir!

Das Gebot Gottes: »Einer trage des anderen Last«[77] übertrifft und vervollkommnet alle Therapien. Das Befolgen dieses Gebotes sollte optimal im Rahmen der Ehe / Familie und unter engen Freunden dazugehören. Bei notwendigen Psychotherapien sind nahe Menschen oft überfordert oder sogar an der Entstehung beteiligt. Eine mögliche **Zwickmühle**. Gute Psychotherapie entlastet bestenfalls alle.

Ausblick

Ich empfinde seelische Gesundung unter den dargestellten Umständen als einen schwierigen Balance-Akt zwischen allen seelischen Möglichkeiten entsprechend den Bedürfnissen der Person, deren Situation und Umwelt. Die Paradoxie-Zone sollten wir zu meiden versuchen. Sie ist an extreme, gegensätzliche Pole gebunden. Im Kleinen wie im Großen. Schaukel-Charaktere sind (noch) nicht krank! Häufiger strapaziert es ihre Angehörigen als seelische-nervliche Überlastung. **Besser ist es für alle, in Normalzeiten vorzubeugen, d. h. die beschriebene mittlere Orientierung und allgemeine Werte zu stärken und nur so weit zu verlassen, dass man zurückfinden kann.** Oder abzuwehren oder auszuweichen, dem was mich überfordert. In der kritischen Zone III und dem Blitz-Bereich (der Psychose nah) erschweren inhaltliche Verdrehungen und Verzerrungen von Wahrnehmung und Realität das Miteinander, jede Therapie, jede Heilungschance. Ziel ist dann, mit Hilfe der medikamentösen Medizin eine Rückentwicklung anzustreben, z. B. in die obere Zone III, dann II, wenigstens in Teilbereichen

---

76 Ohne meinen Glauben, eine Unmöglichkeit. / Aber MM hat mit dem Lesen vieler, vieler Seiten zu meiner Heilung beigetragen. Über Jahre hinweg, mir treu – wenn auch überwiegend bedeckt – zur Seite gestanden. Ob er sich diagnostisch anhaltend irrt, werde ich hoffentlich noch erfahren.
77 Bibel: Galater 6:2

aufwärts zu streben. Sich auseinander setzen mit sich selbst an Stelle eines trotzigen »Ich kann nicht anders.« **Hilfe von außen bedingt in der Regel Selbsthilfe. Belastungen kann man bewusst auspendeln lassen, auch als gesunder »Normalmensch«.**

Manifestierte (chronische) Psychose (wie mein Mann sie hatte) erlebte ich als Angehörige jahrelang wie eine schier unendliche Kette bei ihm: schwerste Verzagtheit, Verzweiflung, Aggressions-Ausbrüche, Eigensinn usw., durchsetzt mit Unzurechnungsfähigkeit, sowie kurzer, angenehmer Normalität. Euphorie erschien wie ein ihn befreiender Rauschzustand. Es folgte regelmäßig ein Abrutschen in blanke Angst sowie verinnerlichte tiefste Paradoxie-Anballung. Dann war er nur noch mit sich selbst beschäftigt, nach außen starr. Und mal wieder in die Klinik! Er konnte sich hinterher kaum erinnern bzw. nicht ausdrücken. Den Schwingungs-Bereich unserer Tiefen-Existenz, in dem die Selbstregulation den Ur-Affekten Platz räumen muss, vergleiche ich mit einem Paternoster, der am Wendepunkt durchs Kellergeschoss rasselt bzw. still steht. Affektiv-explosive Ausbrüche traten z. B. zwanghaft auf. Wieder ein paradoxer Gegensatz-Sprung, wenn etwas Explosives dann durch Starrheit am Wahnbeginn abgelöst wurde. Sind das extreme **Pseudo-Phänomene** in diesem Bereich? **Um Wahnsinn zu heilen bedarf es »wahnsinniger« Anstrengungen.** Aber das Fast-Unmögliche ist möglich. Ich bin dafür ein lebendes Beispiel. Der Kurzschluss meines Denkens kurz vorm Aufgeben produzierte auf jedes logische Argument ein logisches Gegen-Argument. Absolute Not und Verzweiflung mündeten, als Ausweglosigkeit erlebt, im Wahn. Verschärfend hinzu kam die Unfähigkeit oder Vergeblichkeit, darüber mit den Verursachern zu sprechen. Paradoxie tritt also in innerer und auch in tatsächlicher Wechselrede auf und bildet Rede-Ketten und im Streit auch Rede-Knoten. Bzw. dasselbe im Denken. **Die herkömmliche Psychoanalyse mutet dem Patienten zu viel innere Einsamkeit zu, ja provoziert diese.** Die Summe der individuell sehr unterschiedlichen Höchstbelastungen ist wie ein Problem-Gebirge, das sich in einzelne Berg- und Hügelketten zerteilen und abtragen lässt. Notfalls mit der Schubkarre. Besser als Stagnation, die subjektiv empfunden zu oft einer Verschlimmerung gleichkäme. Stillstand ist Rückgang. Sich jeden Tag neu anstrengen. Die zu leistenden Überwindungsqualen (und viel Ruhe als Ausgleich) zahlen sich aus.

Im Psychose-Patienten, ebenso bei Borderline-Symptomatik (mir war beides attestiert worden) sind andere psychische Erkrankungen einbezogen, die sich schwerpunktmäßig sehr gut therapieren lassen. Auf diesen »harmloseren« Gebieten wird mittlerweile sehr viel fachliche Kenntnis und Hilfe angeboten. Warum blockieren so viele psychiatrische Ärzte (besonders die in den Kliniken) eine ganzheitliche oder eine behutsam aufdeckende Psychose-Therapie? In der nach-akuten Situation (sowohl in der Klinik als auch danach) sind die am meisten belastenden Ereignisse eines Lebens seelisch sehr, sehr nah. Dort könnten sie behutsam abgefragt werden, zum Mitteilen angeregt und damit als bedeutsam bewusst gemacht werden für **eine spätere echte Verarbeitung.** Eine langwierige Fürsorge ist in der Regel sowieso gegeben. Viele gehen darauf gern ein, andere weniger. In meiner Erfahrung war das mir attestierte Borderline-Syndrom bereits meine abgeschwächte Psychose oder Schizophrenie. Ich freue mich auf die Zeit, in der das Psychotherapeutische selbstverständlich einbezogen wird in den psychiatrischen Kliniken und danach. Wir sind auf diesem Wege. Die Psychologen sind oft zwar vorhanden, werden jedoch manchmal als Hilfsärzte eingesetzt oder sind wegen Überlastung zu knapp mit Gesprächszeiten. Auch Klinik-Seelsorger sollten die Initiative ergreifen, auf jeden Einzelnen zugehen und ihm / ihr ein Gespräch über den Sinn des Lebens und des Leidens anbieten.

Auf lange Sicht lässt sich die paradoxe Affekt-Anballung zurückbilden in KLARE, DEUTLICHE GEGENSÄTZLICHKEIT, diese in das subjektive Erleben von zuerst schwerem, danach wieder normalem *ZWIESPALT.* Der verwandelt sich letztendlich OPTIMAL IN DYNAMISCHE FLEXIBILITÄT EINES GESUNDEN VERHALTENS (entweder – oder / sowohl – als auch). Das ist mein Wunschdenken für alle von Psychose Betroffenen. Die Heilung dauert oft Jahrzehnte und verlangt unbedingt Eigeninitiative. Ich durfte diesen Traum unter Gottes Führung und mit lieber Mitmenschen Hilfe und Sympathie verwirklichen. Vielleicht gelingt es mir mit Hilfe meiner Darstellungen, auch Fachleute aller Richtungen zu ermutigen, uns »psychische Außenseiter« der Gesellschaft noch mehr psychologisch anzugehen. Mit noch mehr Forschergeist, Geduld, Vertrauen und Verstehen, Liebe – und Glauben. Ich musste lernen, dass eine Therapie entgegengesetzt »anfasst«, je nachdem, ob ein / e Patient / in depressiv oder aggressiv gepolt ist. **Wie therapiert man**

Schaukel-Charaktere? Durch Schaukel-Therapie? Gibt es überhaupt Therapie-Strategien, oder müsste man sie erst entwickeln? Es gibt noch viel zu lernen und zu tun. Der Einzelfall entscheidet. Die im Vor-Erleben bereits vorhandenen seelischen Probleme aufdecken und verlorenes Vertrauen wiederherstellen! Das geht nicht ohne Nächstenliebe, verbunden mit Respekt vor dem Selbstschutz aller Beteiligten. Ich erlebte eine fahrlässige Erst-Diagnose und erlitt in ihrer Folge eine kontraindizierte tiefenpsychologische Fehl-Therapie, auf die nach meinen eigenen vergeblichen Schlichtungsversuchen **eine schwere Psychose folgte. Ich durfte die RÜCKENTWICKLUNG erleben über Borderline mit jeweils schweren Depressionen und seelisch-körperlichen Verspannungen, Zwängen, Neurosen, Ängsten, Anspannungen. Auch meine übriggebliebene Neurasthenie wandelte sich noch um in das alte Leiden von schlichter Psychosomatik. Altern und Verschleiß wirken mit. Die Einzelphänomene sind therapierbar.** Ein / e Psychose-Patient / in befindet sich in Regression / Kindlichkeit, deshalb gibt es meines Erachtens keine wirksamere Therapie als eine kombinierte tiefenpsychologische. Gleichzeitig ist keine gefährlicher als die (klassische?) Analyse mit ihrer oft als kränkend empfundenen Abstinenz.[78]

Ich wünsche mir, dass Fachleute meinen Modell-Entwurf als Anregung durchdenken und in der Anwendung weiterentwickeln mögen. Dass Betroffene und Angehörige angeregt werden, ihr Schicksal nicht passiv hinzunehmen. Es könnte Segensreiches für alle Beteiligten herausgefunden werden. Bescheidenheit anstelle von Überheblichkeit könnte die derzeitigen für alle noch unbefriedigenden Zustände grundlegend verbessern. **Ein neues Selbstbewusstsein brauchen gerade auch die professionellen Helfer.** Nächstenliebe anstelle von RIGOROS EINSEITIGEN SYSTEM-THERAPIEN, die unter Umständen allen ohne Unterschied aufgedrückt werden. Ebenso falsch wären KONZEPTLOSE VORGEHENSWEISEN. Welcher Typ von Patient braucht welchen Typ von Therapie? FINANZIELLE BEGRENZUNGEN gab es zu allen Zeiten, auch in der klassischen »Normalmedizin«. Werden Apparate wichtiger als beseelte Menschen?

---

78 Es hat genügend rein analytische Einzel-Therapien gegeben, die ein Abgleiten in die Psychose erst hervorgerufen hatten. Nicht nur bei mir. Ein Alptraum jedes Analytikers.

Ich wünsche mir, dass Bestrebungen von Vermessenheit ignoriert werden, die verlangen, dass Psychotherapeuten / innen niemals im Leben private Kontakte mit ihren Schützlingen knüpfen dürfen. Während der Therapie, klar tabu, aber nicht »niemals«. So etwas bedeutet einen ungeheuerlichen Eingriff in die **persönliche Entscheidungsfreiheit des Menschen.** Was Gott allen geschenkt hat, kann einer Berufsgruppe nicht als angebliches »Berufsethos« entzogen werden (wieder paradox). Das wäre Hybris als allgemein verbreiteter »Krankheit« unserer Zeit, die sich in vielem durch Maßlosigkeit darstellt.[79]

Ich möchte schließen mit einem leidenschaftlichen **Appell** an jeden Einzelnen und an die Öffentlichkeit, die dieses Buch erreicht: **Tun wir alles im Bewusstsein und im Handeln, um DIE TRADITIONELLE EHE UND FAMILIE ALS ERDENWEITE URFORM DES ZUSAMMENLEBENS ZU ACHTEN, ZU BEWAHREN, ZU FÖRDERN UND ZU GARANTIEREN. Geschützte, intakte Familien jeglicher Ausprägung sind Voraussetzung für das Gedeihen und das Glück der zukünftigen Generationen. DIE FAMILIE IST DIE ORDNUNG DES HIMMELS. ALLE MENSCHEN SIND GESCHWISTER.** Es darf keine Not leidenden Menschen geben (materiell und geistig), ohne dass grundlegend geholfen wird, die Menschen eigenständig werden zu lassen. Die Starken sind für die Schwachen mitverantwortlich. Egoistische Ausbeutung muss in allen Spielarten ein Ende haben. Die Globalisierung der heutigen Zeit bringt uns einander näher wie nie zuvor. Die Nationen und Religionen rücken zusammen, oft wider Willen und problemreich.
Wenigstens im engsten Rahmen der Familie sollte Frieden gewährleistet sein.
WIR SIND MITVERANTWORTLICH FÜR KINDER UND ERWACHSENE, FÜR DEN EINZELNEN WIE FÜR DAS GESAMTE, IM ZEITLICHEN WIE IM GEISTIGEN. WIR SIND EINE MENSCHHEITSFAMILIE.

---

79 Schon der Turmbau zu Babel in der Bibel weist diese menschliche Schwäche, die sich paradox als Stärke gebärdet, auf / Genesis (1.Mose) 11

Literaturverzeichnis

Ich habe nicht Psychologie studiert, erwarb jedoch im Studium einen Überblick, einschließlich einer Prüfung. Übung im wissenschaftlichen Arbeiten
kommt hinzu. Sicherlich auch eine gewisse Begabung für Psychologisches
und viel bleibendes Interesse. Reflektierte Erfahrung, Selbst- und Fremdwahrnehmung, Umformung eigener Erkenntnisse in wissenschaftliche Ergebnisse begründen die Aussagen dieses Buches. Meine Auswahl an hilfrei-
cher Literatur war eher zufällig, weil ich, an Psychose erkrankt, keine Kraft
hatte, mich »schlau zu lesen«.
Teil I – III sind auf dieser Grundlage vollständig selbst entwickelt (induktives
Vorgehen). Weitere Forschungen wären nützlich. Für bessere Diagnosen,
besonders aber für Therapien, die u.a. auf den Gegensatz zwischen depressiv
und aggressiv gepolten Charakteren ausgerichtet sind.

Allgemeines:
1) Fromm, Erich »Die Kunst des Liebens« Ausgabe vor 1981
2) Moser, Tilman »Lehrjahre auf der Couch« Ausgabe vor 1981

Spezielles:
3) Dornes, Martin »Die frühe Kindheit« Frankfurt / M 1997
4) Norwood, Robin »Wenn Frauen zu sehr lieben« Hamburg 1990
  – Die heimliche Sucht, gebraucht zu werden –
  (Ein gutes Buch bis auf einen Irrtum: Co-Alkoholikerinnen seien nicht fähig
  zur Nähe. Das Gegenteil ist richtig.)
5) Riemann, Fritz »Grundformen der Angst« München 1979
  – Eine tiefenpsychologische Studie –
6) Wolfgang Schmidbauer »Liebeserklärung an die Psychoanalyse« Hamburg
1991

Zu problematischen Beziehungen:

7) Berckhan, Barbara »Jetzt reicht´s mir« München 2012
 – Wie Sie Kritik austeilen und einstecken können« -
8) Berckhan, Barbara »Das dicke Fell« München 2014
 – Wie Sie sich vor Frustfallen und Nervensägen schützen -

Ein großes Dankeschön gilt denen, die Korrektur gelesen haben und mir hilfreich zur Seite standen: Frau CH. B., Frau R. C., Frau E. F. und Herrn G. J. Mein besonderer Dank gilt dem Graphiker, Herrn A. Thamm. – und nicht zuletzt meinem Mann, der damit einverstanden ist, dass ich den Text über ihn so veröffentliche. Mit Namensänderung selbstverständlich! Und nachdem ich ihm den Sinn erklärt hatte, dem der Text dient, – und wir ihn gemeinsam gelesen haben. Bernds Kommentar: „Wenn ich das geschrieben hätte, würde ich manches anders sehen."
Meine Antwort:
„Das ist immer so. Tu es!"
Ich wünsche mir den Erfahrungsbericht eines aggressiv gepolten Mannes als Gegenstück zu meinem Bericht. Wer traut sich?